（最後の
チャンス！）

事業承継税制
特例承継計画と
納税猶予の申請
（三訂版）

中小企業診断士・CFP・相続診断士・事業承継士 平賀　均 著

LOGICA
ロギカ書房

はしがき

　中小企業は我が国の企業数全体の約99％、従業員数の約70％を占め、地域経済・社会を支える存在として、また雇用の受け皿として極めて重要な役割を担っています。現在、国内の中小企業数は減少傾向にあり、そして経営者の平均年齢は上昇が続いています。経営者の高齢化と後継者の確保が重要な問題となってきています。

　中小企業を守るため国が主導して、事業承継に関する様々な取り組みを行ってきています。平成20年に経営承継円滑法が成立し、翌21年には事業承継税制が創設されました。その後、数次にわたる改正を経て、平成30（2018）年1月には、画期的とされる大改正が行われました。

　これは、高額となりがちな非上場株式の贈与税・相続税額の全額を猶予できる期間限定の措置として、「特例措置」と呼ばれます。

　中小企業の経営やその周辺業務に携わる関係者にとっては、今や事業承継に関する国の施策に対する理解は避けて通れないところです。ところが、株式や不動産といった資産課税分野は複雑でなじみにくく、とりわけ事業承継税制は難解で、何をどう対処したらよいのかわからない、申請方法や国のマニュアル（解説書）の存在すら知らないという方も多いのが実情です。

　本書は、経営承継円滑化法を概観するとともに、とりわけ改正された「事業承継税制の特例措置」について、実務上のポイントをまとめたものです。納税猶予の申請は、所轄税務署宛に行ないますが、その前段階となる都道府県知事宛の申請内容および申請手続きについて重点的に記述しています。

　第1章〜第3章では、事業承継税制の特例措置の概要について解説するとともに、提出期限である令和8（2026）年3月31日までに、「特例承継計画」をどう策定し、いかに都道府県へ申請すればよいのか、具体的な手順と内容、その際の留意点を示しています。

　第4章では、特例措置に関する認定要件について解説しています。今回の改

訂では、あらたに実際の相談・認定事例を盛り込んでおり、理解は一層深まることでしょう。第5章以降では、「贈与税・相続税の納税猶予の認定申請」や「年次報告」が行えるよう最新の様式・記入例を掲載しています。国の様式には認定要件をチェックする機能があり、その記入をおろそかにはできません。

現在、官公庁のDXの進展に伴い、納税猶予に関する申請業務のオンライン化が検討されていますが、現状は紙での申請業務でさえ不備が多く、記入要領を十分理解していないと、将来のパソコンでの入力もおぼつきません。

筆者は、経営コンサルタントとして、中小企業の経営支援、とりわけ、事業承継に関する様々なアドバイスを行ってきました。また、都道府県においては、事業承継税制の特例措置に係る認定業務を創設時から担当し、1,500件を超える窓口相談案件をこなした経緯があります。そうした実務経験を踏まえ、実践的な内容とするため、多くの図表を取り入れ、紙面にも工夫を凝らしたつもりです。

本書が、事業承継についての実務を担う公認会計士・税理士の先生方、そして経営者に指導・助言をおこなう立場にある認定経営革新等支援機関の皆様方にご活用いただければ幸いです。

2024年4月1日現在施行の法令等に基づいて執筆していますが、今後の法令等の改定によっては記載内容に変更が生じる場合があります。わかりやすさを最優先としたため、根拠となる法令等の条文の掲載は最小限にとどめており、用語の定義等についても極力簡略化しています。また、税金の計算分野については国税庁・所轄税務署マターのため、詳細な記述はしていませんので、その点はあらかじめご了承ください。

幸い前著までは多くの方に読まれ、ここに三訂版を発行するに至りました。企画時から刊行までご指導いただいた株式会社ロギカ書房の橋詰守氏、そして紙面構成にご尽力いだいた藤原印刷株式会社のスタッフの方々には心より感謝申し上げます。

2024年8月

平賀　均

■目次

はしがき

第 1 章　経営承継円滑化法

1. 中小企業を巡る事業承継の現状 ・・・・・・・・・・・・・・・・・・・・・・・・・・・・・・・・・ 2
　(1) 中小企業数は減少傾向 ・・・・・・・・・・・・・・・・・・・・・・・・・・・・・・・・・・・・・・・ 2
　(2) 進む経営者の高齢化 ・・・ 2
　(3) 後継者難による廃業の懸念 ・・・・・・・・・・・・・・・・・・・・・・・・・・・・・・・・・・ 2
　(4) 事業承継に対する国の対応 ・・・・・・・・・・・・・・・・・・・・・・・・・・・・・・・・・・ 4

2. 知っておきたい事業承継に係る諸問題 ・・・・・・・・・・・・・・・・・・・・・・・ 6
　(1) 後継者を誰にするのか ・・・・・・・・・・・・・・・・・・・・・・・・・・・・・・・・・・・・・・・ 6
　(2) 自社株式の評価額が高くなっていると贈与税・相続税が
　　　高額化する ・・ 6
　(3) 経営権の安定のためには自社株式の集中が必要 ・・・・・・・・・・・・・ 8
　(4) 財産分割にあたっては民法上の遺留分に配慮する ・・・・・・・・・・ 9
　(5) 金融機関からの借入金に関する個人保証及び資金調達の問題 ・・・ 10

3. 経営承継円滑化法の概要 ・・・・・・・・・・・・・・・・・・・・・・・・・・・・・・・・・・・・・・ 11
　(1) 事業承継税制 ・・・ 11
　(2) 遺留分に関する民法の特例 ・・・・・・・・・・・・・・・・・・・・・・・・・・・・・・・・・ 11
　(3) 金融支援 ・・・ 13
　(4) 所在不明株主に関する会社法の特例 ・・・・・・・・・・・・・・・・・・・・・・・・ 14

第 2 章　事業承継税制

1. **事業承継税制の概要** ··· 16
    (1)　事業承継税制（法人版）の概要 ······················· 16
    (2)　特例措置と一般措置の比較 ······························· 17
    (3)　特例承継計画 ··· 19
2. **贈与税と相続税の納税猶予制度** ························· 20
    (1)　贈与税の納税猶予制度 ····································· 20
    (2)　相続税の納税猶予制度 ····································· 22
3. **手続の流れ** ··· 25
    (1)　贈与税の納税猶予 ·· 25
    (2)　相続税の納税猶予 ·· 27
4. **納税猶予の活用パターン** ····························· 30
    (1)　後継者へ贈与するパターン ······························ 30
    (2)　後継者へ相続するパターン ······························ 32
    (3)　先代経営者が生きているうちに後継者（2代目）が
    　　　次の後継者（3代目）に贈与するパターン（猶予継続贈与） ······· 34

第 3 章　特例承継計画の申請

1. **納税猶予を受けるための手続き** ······························· 40
2. **特例承継計画の作成** ······································· 42
3. **認定支援機関の指導・助言** ·· 45

4. 特例承継計画に関するＱ＆Ａ ……………………………… 46

5. 特例承継計画の記入 …………………………………………… 55

第 4 章　特例措置の認定要件

---

1. **特例措置の主な認定要件** ………………………………………… 73
   - ⑴　会社の要件 ……………………………………………………… 73
   - ⑵　先代経営者の要件 ……………………………………………… 81
   - ⑶　後継者の要件 …………………………………………………… 91
   - ⑷　先代経営者以外の株主の要件 ……………………………… 95
   - ⑸　雇用確保の要件 ………………………………………………… 99
   - ⑹　議決権判定上の留意点 ……………………………………… 100
2. **特例措置に関するＱ＆Ａ** …………………………………… 106
3. **特例措置の相談・認定事例** ………………………………… 113

第 5 章　贈与税の納税猶予の申請

---

1. 贈与税の納税猶予の申請 ……………………………………… 126
2. 第一種特例贈与認定申請 ……………………………………… 129
3. 第二種特例贈与認定申請 ……………………………………… 151
4. 認定中小企業者の特定資産等について ……………………… 164
5. 税務署への贈与税の申告手続き ……………………………… 172
6. 申告期限までの担保提供 ……………………………………… 172

第 6 章　相続税の納税猶予の申請

1. 相続税の納税猶予の申請 ···································· 176
2. 第一種特例相続認定申請 ···································· 178
3. 第二種特例相続認定申請 ···································· 196
4. 認定中小企業者の特定資産等について ···················· 210
5. 税務署への相続税の申告手続き ·························· 210
6. 申告期限までの担保提供 ································ 211

第 7 章　報告と届出

1. 年次報告 ·· 214
2. 随時報告 ·· 232
3. 臨時報告 ·· 234
4. 切替確認 ·· 235
5. 継続届出 ·· 239

第 8 章　取　消

1. 取消事由 ·· 244

巻末資料

9-1　法定相続分と遺留分 ・・ *250*

9-2　遺留分侵害額請求の事例 ・・・・・・・・・・・・・・・・・・・・・・・・・・・・・・・・・・・・ *251*

9-3　親族の範囲（血族 6 親等・姻族 3 親等）・・・・・・・・・・・・・・・・・・・ *252*

9-4　贈与税の速算表 ・・ *254*

9-5　相続税の速算表 ・・ *255*

9-6　相続税額の早見表 ・・・ *256*

9-7　暦年課税制度と相続時精算課税制度 ・・・・・・・・・・・・・・・・・・・・・ *257*

9-8　自社株式の評価方法 ・・・・・・・・・・・・・・・・・・・・・・・・・・・・・・・・・・・・・・ *259*

9-9　相続税納税猶予額の計算手順概要 ・・・・・・・・・・・・・・・・・・・・・・・ *264*

9-10　申請基準日一覧 ・・・ *265*

9-11　都道府県庁の担当窓口一覧 ・・・・・・・・・・・・・・・・・・・・・・・・・・・・ *266*

参考文献 ・・・ *268*

索引 ・・・ *269 ～ 272*

■様式・記入例等

特例承継計画（様式第 21）・・・・・・・・・・・・・・・・・・・・・・・・・・・・・・・・・・・・ *62 ～ 65*

特例承継計画（様式第 21）　提出時の書類・・・・・・・・・・・・・・・・・・・ *66*

特例承継計画（様式第 21）　提出時の留意点 ・・・・・・・・・・・・・・・・・ *67*

特例承継計画提出時のチェックシート ・・・・・・・・・・・・・・・・・・・・・・・・ *68 ～ 69*

第一種特例贈与認定申請書（様式第 7 の 3）・・・・・・・・・・・・・・・・・ *139 ～ 150*

第二種特例贈与認定申請書（様式第 7 の 4）・・・・・・・・・・・・・・・・・ *154 ～ 163*

特定資産等に係る明細書 ··· 169～171

第一種特例相続認定申請書（様式第8の3）···················· 186～195

第二種特例相続認定申請書（様式第8の4）···················· 199～209

年次報告書（様式第11）··· 222～231

■参考（中小企業庁のHPからダウンロードする手順）

特例承継計画のマニュアル ··· 44

特例承継計画の様式 ·· 61

納税猶予の申請マニュアル・帳票・添付書類等 ················ 127

第1章
経営承継円滑化法

1. 中小企業を巡る事業承継の現状

(1) 中小企業数は減少傾向

中小企業は我が国企業数の約 99％、従業員数の約 70％を占めており、地域経済・社会を支える存在として、また雇用の受け皿として極めて重要な役割を担っています。

中小企業の数は、約 337 万者（2021 年データ。者という表示は個人事業主も含んでいるため）となっています。2001 年には約 470 万者でしたから、この 20年間に、133 万者減少しています。特に、中小企業の 85％を占める小規模企業者（製造業で従業員数 20 名以下、小売・卸売・サービス業で 5 名以下）の減少数が大きいと指摘されています。

(2) 進む経営者の高齢化

経営者の高齢化も進んでいます。経営者年齢のピーク（最も多い層）は、2000 年に「50 〜 54 歳」であったのに対して、2015 年には「65 〜 69 歳」となっています。さらに、足下の 2020 年を見ると、「60 〜 64 歳」「65 〜 69 歳」「70 〜 74 歳」に分散しています。これまでピークを形成していた団塊世代の経営者が事業承継や廃業などにより経営者を引退していることが示唆されます。

経営者の**平均年齢**は約 61 歳とされている一方で、中小企業経営者の**引退年齢**は平均では 69 歳とされています（帝国データバンク「全国社長年齢分析調査2023 年」）。

(3) 後継者難による廃業の懸念

廃業・解散企業は、倒産企業よりも多く、高水準で推移しています。また、後継者不在率は、2016 年に 66％台でしたが、2023 年には 53.9％と改善傾向にあるものの、半数以上の企業で後継者がいません。

1. 中小企業を巡る事業承継の現状

図表 1-1-1

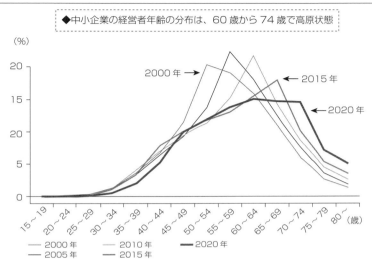

出所：(株) 東京商工リサーチ「企業ファイル」再編加工

図表 1-1-2

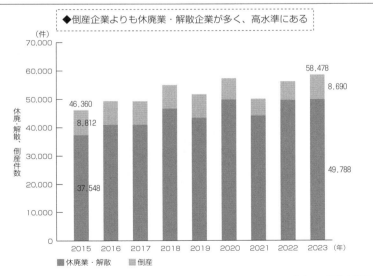

出所：(株) 東京商工リサーチ「休廃業・解散企業動向調査 2023年」 一部筆者修正

4　第 1 章　経営承継円滑化法

　日本政策金融公庫総合研究所が 2020 年に公表した調査によれば、経営者の半数以上が廃業を予定していると回答しています。

　廃業予定企業の廃業理由は、「そもそも誰かに継いでもらいたいと思っていない」（43.2%）が 1 位で、2 位は**後継者難**となっています。「後継者がいない」「子供に継ぐ意思がない」「適当な後継者が見つからない」といった「後継者難による廃業」を上げる経営者が 29.0% に達しています。

　なお、この調査では、廃業予定企業であっても、「約 3 割の経営者が同業他社より好業績」、「約 4 割の経営者が今後 10 年間は少なくとも現状維持は可能」と回答しています。

　経営者の年齢別の売上高をみると若い経営者層では、売上高が増加する傾向にあります。また、経営者の交代のあった中小企業は、交代のなかった中小企業よりも、売上高経常利益率が高いというデータもあります。持続可能な企業を維持し、世代交代を伴う円滑な事業承継を行うことは、中小企業にとって、新しい時代に向けたまさに成長の契機になり得るということです。

⑷　事業承継に対する国の対応

　中小企業庁の調査によれば、2016 年から 2025 年までの 10 年間に、70 歳（社長の平均引退年齢）を超える中小企業・小規模事業者の経営者は 245 万人となるのにもかかわらず、このうちの約半数の 127 万人（日本企業全体の 1/3）が後継者未定となっています。

　現状を放置すると、中小企業の廃業の急増により、2025（令和 7）年頃までの 10 年間の累計で約 650 万人の雇用と約 22 兆円の GDP（国内総生産）が失われる可能性があるとの試算を公表しました（2018 年）。

　国は、世代交代を通じた事業の持続的発展を確保することが喫緊の課題であるとの認識から、多様な経営引き継ぎの形態に応じた次世代経営者への事業承継を加速させるため、様々な支援措置を創設してきています。

　とりわけ、円滑な事業承継を実現するためには、早期に事業承継の計画を立てて、後継者の確保を含む準備に着手することが不可欠であるとしています。

1. 中小企業を巡る事業承継の現状

図表 1-1-3

◆経営者年齢別の売上高（直近3年間）をみると、若い経営者層では、売上高が増加する傾向にある

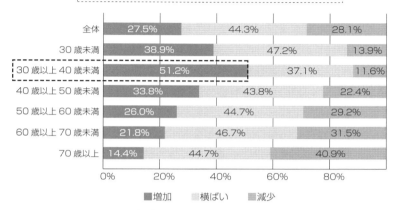

（平成28年度中小企業庁委託調査）

出所：経済産業省「平成31年度経済産業関係税制改正について」から抜粋

図表 1-1-4

◆2025年に70歳以上となる中小企業経営者は、93万人、個人事業者は、150万人と推計される

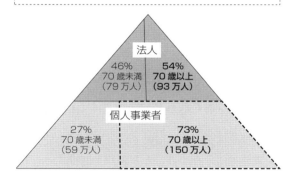

出所：平成28年度総務省「個人企業経済調査」、平成28年度（株）帝国データバンクの企業概要ファイルから推計

6 第1章 経営承継円滑化法

2. 知っておきたい事業承継に係る諸問題

　中小企業における**事業承継**とは、会社の経営を後継者に引き継ぐことです。人、物、金、情報等の承継です。具体的には、従業員、事業用資産、運転資金、仕事のノウハウ、会社の信用、顧客情報、技術等を引き継ぐことになります。事業承継には、**経営の承継**と**財産の承継**の2つの側面があると考えるとわかりやすいでしょう。

　会社の設備や資金等は本来会社名義となっているので、個々に譲り受けるのではなく、自社株式の贈与・相続を通じて、会社全体の経営権・運営権を掌握することになります。そして、**自社株式**は、それ自体を贈与する場合と、他の財産とともに相続する場合があります。

　事業承継税制を理解するうえで、ぜひ知っておきたい事業承継に係わる諸問題として、次の5つがあげられます。

(1)　後継者を誰にするのか

　経営者交代は、年間3万6千件前後で推移していますが、誰に会社（経営）を承継させるのかはとても重要です。

　通常、**親族内承継・従業員承継（内部昇格・MBO/EBO）・M＆A（社外への引継ぎ）**に分かれます。以前は、親族内承継が過半を占めましたが、近年は、従業員承継、M＆Aもそれなりのウエイトを占めます。

(2)　自社株式の評価額が高くなっていると贈与税・相続税が高額化する

　上場企業の株式の株価は公表されており、証券取引所で売買されます。これに対して、中小企業の株式はそのほとんどが**非上場株式**であり、証券取引所で売買されることはありません。非上場株式の売買は当事者間では可能ですが、実際に売買するには相手を探さないといけません。**M＆A**（会社の吸収・合併）時における**資産査定**で譲渡価額を算出する場合や、贈与や相続のときに、財産の一部としての自社株式評価をするとき以外は、株価を計算することはありま

2．知っておきたい事業承継に係る諸問題　7

図表 1-2-1　中小企業の事業承継のイメージ

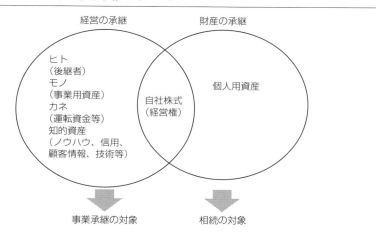

図表 1-2-2　事業承継の類型

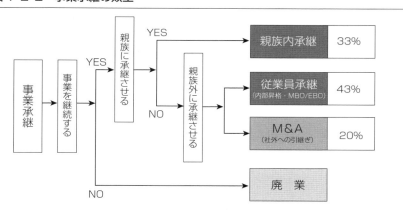

出所：データは（株）帝国データバンク「全国後継者不在率動向調査」（2023年）。
　　　なお、従業員承継には、外部招聘を含む。

せん。

　また、法人税申告の際にも、自社株式の評価が義務付けられているわけではありませんので、日常業務に多忙な経営者が、自社株式の評価を意識することはほとんどないといっていいでしょう。

　資本金が1,000万円の会社であれば、株式の評価額は1000万円くらいにしか思っていない経営者も存在します。

　自社株式の評価方法については巻末資料でその概要をまとめていますが、一般に業歴の古い老舗の会社や業績が好調の会社は、**自社株式の評価額**が資本金の額をはるかに超えて、非常に高くなっています。

　先代経営者が後継者に対して株式を贈与するときに、多額の贈与税を後継者が支払わなければならないケース、相続の時に相続税が高くなりすぎて納税資金が準備できないケース、あるいは株式を含めた財産を誰にどう相続させるかで揉める（相続が争続になる）ケースが発生します。

(3)　経営権の安定のためには自社株式の集中が必要

　法的な意味では、事業承継は、①会社の代表者としての地位（代表取締役社長）を引き継ぐこと、および②自社株式を引き継ぐことです。

　非上場会社においては、経営者＝株主であること、すなわち経営（代表取締役社長就任）と会社の所有（株主の保有）とが一致することで、経営の安定化を図り、迅速な意思決定を行うことができます。

　後継者が自社株式の**過半数**を持てば、配下の役員の選任・解任権があり、自分が解任されることはありません。また、**3分の2以上**を保有すれば、株主総会での特別決議が可能となり、ほぼ思いのままの経営ができます。

　株式を3％保有すれば、会計帳簿の閲覧請求権や株主総会招集請求権、1％の保有で株主提案権があります。中小企業の場合には、これらの権利が行使されることは稀ですが、株式が分散していると、少数株主からの請求で、思わぬトラブルに発展する懸念はあります。

　したがって、理想は100％、最低でも過半数、できれば3分の2以上の株式を後継者単独あるいは後継者の身内を含めた同族内で保有するなど、**株式の集中**を図っておくことが極めて重要になります。

⑷ 財産分割にあたっては民法上の遺留分に配慮する

被相続人（亡くなった人）に遺言書（法律上はイゴンショという）があれば、その内容に基づいて相続財産を引き継ぎます。「遺言書」がなければ、**相続人**（財産を受け継ぐ人）の間で、誰がどのように相続財産を分けるかの話合い（**遺産分割協議**）を行い、**遺産分割協議書**を作成することで相続財産を分配します。

悲しみに暮れながらも、通夜・葬儀・法事等を慌ただしく済ませ、各種の手続きを市町村中心に行うことになります。**相続税**は相続開始の日（死亡日）の翌日から10カ月以内に、現金で税務署に納めなければなりませんので、日時的な余裕はありません。

法律上の相続人を**法定相続人**、取得できる財産の法律上の割合のことを**法定相続分**といいます（巻末資料9-1）。遺産分割協議は話合いですので、この法定相続分より多くあるいは少なく取得することができます。

遺言書があっても、相続人全員の協議によって遺言内容と異なる合意が成立したときには遺産分割協議が優先されます。通常であれば法定相続分に従い分割する、あるいは協議をして内容を詰めていくことになりますが、円満に解決しない場合には遺産分割**調停**を家庭裁判所に申し立て、調停不成立の場合には、**審判**による分割となります。

遺留分（イリュウブン）とは、遺産に対する「最低限の取り分」のことです。法定相続分と同様、民法で定められています。兄弟姉妹を除く、法定相続人（配偶者、子、直系尊属である父母）には、遺言によっても取り上げることのできない遺留分があります。

相続財産が遺留分に満たない場合は、ほかの相続人に対して、**遺留分侵害額請求**を行うことができます（巻末資料9-2）。

以前は、遺留分減殺請求という名称で、不動産や株式の相続などを侵害された限度内で取り戻すことを請求できましたが、その際には不動産や株式が共有状態になり、権利関係が複雑になりました。

2019年7月以降は、遺留分を侵害された価額を金銭で請求できるようになったため、遺留分には十分な配慮が必要です（巻末資料9-1参照）。

(5) 金融機関からの借入金に関する個人保証及び資金調達の問題

　中小企業の社長の多くは、銀行等の金融機関から借入をしていますが、その借入金について、新社長（後継者）は金融機関から、**連帯保証人**になることを求められます。

　借入金に対する個人保証の問題は、事業承継にあたって大きな支障になることがあります。「**経営者保証に関するガイドライン**」（中小企業・経営者・金融機関の自主的なルール）の拡充や特則の策定等によって、事業承継時における経営者保証の解除に向けた総合的な対策も図られています。

　親族内承継で、自社株式を贈与・相続等で取得する場合には、贈与税・相続税の納税資金が必要になります。そして、親族外承継の場合には、親族外の従業員・役員に対して自社株式を贈与・相続することは少なく、多くの場合、後継者に買い取ってもらうことになります。

　事業承継に伴って発生する**納税資金**や**株式買取資金**といった名目の資金使途で、後継者に対する資金の融通など金融支援措置の必要性がでてきます。

3. 経営承継円滑化法の概要

　中小企業の事業承継が困難になってきたことに対して、事業承継円滑化のための総合的支援策を講ずる**「中小企業における経営の承継の円滑化に関する法律」**（以下**「経営承継円滑化法」**）が、2008（平成20）年10月に施行されました。

　経営承継円滑化法は、事業承継に伴って生じる贈与税・相続税の負担、民法上の遺留分の制約、事業承継時の資金調達難、所在不明株主という問題に対処するために制定され、改正されてきています。

　現行の経営承継円滑化法では、**「事業承継税制」**・**「遺留分に関する民法の特例」**・**「金融支援」**・**「所在不明株主に関する会社法の特例」**の4つの支援策があります。

(1)　事業承継税制

　この制度は、対象者が法人か個人事業主かによって、

①　非上場株式等に係る贈与税・相続税の納税猶予制度

②　個人の事業用資産に係る贈与税・相続税の納税猶予制度

の2つに分かれます。

　法人にあっては非上場株式等を先代経営者から、個人にあっては事業用資産を先代事業者から、それぞれ贈与または相続によって、後継者が取得した場合、**都道府県知事の認定**を受け、税務署へ申告することによって、後継者の贈与税・相続税の納税が猶予および免除されるものです。

(2)　遺留分に関する民法の特例

　後継者を事前に定め、自社株式を集中して承継させようとしても、遺留分を侵害された他の相続人から遺留分侵害額請求がなされた場合には、円滑な事業承継やその後の会社経営に支障をきたすことが考えられます。このような遺留分の問題に対処するため、遺留分に関する民法の特例が定められています。

　遺留分に関する民法の特例は、遺留分権利者全員で合意書を作成し、**経済産**

図表1-3-1　経営承継円滑化法の概要

「中小企業における経営の承継の円滑化に関する法律」（以下「経営承継円滑化法」）は、
1. 事業承継税制
　　①非上場株式等に係る贈与税・相続税の納税猶予制度（一般措置、特例措置）
　　②個人の事業用資産に係る贈与税・相続税の納税猶予制度
2. 遺留分に関する民法の特例
3. 金融支援
4. 所在不明株主に関する会社法の特例

の４つを盛り込んだ事業承継円滑化に向けた総合的支援策の基礎となる法律である。

１．事業承継税制

◇事業承継に伴う税負担を軽減する特例を措置

①非上場株式等に係る贈与税・相続税の納税猶予制度
都道府県知事の認定を受けた非上場中小企業の株式等の贈与又は相続等に係る贈与税・相続税の納税を猶予又は免除

②個人の事業用資産に係る贈与税・相続税の納税猶予制度
都道府県知事の認定を受けた個人事業主の事業用資産の贈与又は相続等に係る贈与税・相続税の納税を猶予又は免除

４．所在不明株主に関する会社法の特例

◇都道府県知事の認定を受けること及び所要の手続きを経ることを前提に、所在不明株主からの株式買取り等に要する期間を短縮する特例を新設【令和３年８月施行】

- 会社法上、株式会社は株主に対して行う通知等が「５年」以上継続して到達しない等の場合、当該株主（所在不明株主）の有する株式の買い取り等の手続きが可能
- 本特例によりこの「５年」を「１年」に短縮

事業承継の円滑化
地域経済と雇用を支える中小企業の事業活動の継続

２．遺留分に関する民法の特例

◇後継者が、遺留分権利者全員との合意及び所要の手続きを経ることを前提に、遺留分に関する以下の特例を措置

①生前贈与株式等・事業用資産の価額を除外（除外合意）
生前贈与した株式等（※会社）・事業用資産（※個人事業）の価額が、遺留分を算定するための財産の価額から除外されるため、相続後の遺留分侵害額請求を未然に防止

②生前贈与株式等の評価額を予め固定（固定合意）
後継者の貢献による株式等価値の上昇分が、遺留分を算定するための財産の価額に含まれないため、後継者の経営意欲を阻害しない
（※個人事業は利用不可）

３．金融支援

◇事業承継の際に必要となる資金に、都道府県知事の認定を受けることを前提に、融資と信用保証の特例を措置

①株式会社日本政策金融公庫及び沖縄振興開発金融公庫法の特例　（融資）
対象：中小企業の会社の代表者（※）
　　　事業を営んでいない個人

②中小企業信用保険法の特例（信用保証）
対象：中小企業者及びその代表者（※）
　　　事業を営んでいない個人

※中小企業者［会社］の代表者

事業承継に伴う幅広い資金ニーズに対応（M&Aにより他社の株式や事業用資産を買い取るための資金等も含む）

経済産業省「経営承継円滑化法マニュアル　令和６年４月改訂版」を一部修正。

業大臣に確認申請書を提出し確認を受けてから、**家庭裁判所**の許可を受ける必要があります。

1)非上場株式等に対する民法の特例

・非上場株式等を遺留分侵害額請求の対象から除外する（除外合意）

　　後継者が贈与により取得した自社株式について、遺留分算定の基礎財産から除外する合意です。この合意により、後継者が取得した自社株式については遺留分の主張ができなくなり、後継者は自社株式を取得しやすくなるため、相続に伴う株式の分散を防止することができます。

・非上場株式等の評価額をあらかじめ固定する（固定合意）

　　後継者が贈与により取得した自社株式等の評価額をあらかじめ固定する合意です。

　　この合意により、後継者が取得した自社株式について、後継者のその後の経営努力で自社株式の価額が上昇しても、株式価値上昇分が遺留分算定の基礎財産の対象外となります。後継者が相続時に想定外の遺留分主張を受けることなく、後継者の経営意欲が阻害されなくなります。なお、除外合意と固定合意を併用することも可能です。

2)個人の事業用資産に対する民法の特例

　個人事業主の事業用資産の価額について、遺留分算定の基礎財産から除外する合意です（除外合意）。この合意により、後継者が取得した事業用資産については遺留分の主張ができなくなり、後継者は事業用資産を取得しやすくなるため、事業用資産の後継者への集中を図ることができます。なお、個人事業主の場合は、固定合意は利用できません。

(3)　金融支援

　中小企業において経営者が交代する際に、法人や後継者個人に生ずる様々な資金需要を支援することをその目的としています。

　金融支援には、**都道府県知事の認定**が必要になります。

1）株式会社日本政策金融公庫法および沖縄振興開発金融公庫法の特例

　個人の方（会社の代表者、事業を営んでいない個人）は、政府系の金融機関である日本政策金融公庫または沖縄振興開発金融公庫から特別に安い金利で融資を受けることができるという制度です。

2）中小企業信用保険法の特例

　中小企業者（会社および個人事業主）または個人の方（会社の代表者、事業を営んでいない個人）が、金融機関から資金を借り入れる場合には、原則として信用保証協会の通常の保証枠とは別枠の金額が用意されており、資金調達を行いやすくするという制度です。

　それぞれ、株式・事業用資産の取得資金、承継に伴う運転資金、贈与税・相続税の納税資金、後継者不在の会社から株式等を買い取るための資金、M＆Aにより他社の株式や事業用資産を買い取るための資金等、幅広い資金ニーズに対応しています。

⑷　所在不明株主に関する会社法の特例

　一般的に、株主名簿に記載はあるものの、実際には連絡が取れなくなり、所在が不明になってしまっている株主を「**所在不明株主**」といいます。

　会社法上、株式会社は、所在不明株主に対して行う通知等が5年以上継続して到達せず、5年間継続して剰余金の配当を受け取らない場合、その保有株式を競売または売却する手続が可能になります。この5年間という期間の長さが事業承継のハードルのひとつになっていました。

　そこで、所定の要件を満たして都道府県知事の認定を受け、一定の手続を前提に、この「5年」を「1年」に短縮する会社法の特例が創設されています。令和3年8月に施行された新しい特例です。

第 2 章
事業承継税制

1. 事業承継税制の概要

(1) 事業承継税制（法人版）の概要

事業承継税制には、

① 非上場株式等に係る贈与税・相続税の納税猶予制度（法人版）

② 個人の事業用資産に係る贈与税・相続税の納税猶予制度（個人版）

の２つがあります。本書では、このうち①の法人版の事業承継税制について、解説をしていきます。

中小企業の後継者が、自社の非上場株式等を贈与又は相続により取得した場合、その非上場株式等に係る贈与税・相続税について、一定の要件のもと、その納税が猶予され、免除される制度です。

非上場株式等とあるのは、上場されていない株式および上場申請のなされていない株式、さらに、合同会社・合名会社・合資会社の出資の場合なども含めるからです。以下簡略化し、株式等ではなく、株式と表記します。

事業承継税制は、よく間違えられるのですが、あくまでも納税の猶予・免除であり、非課税制度ではありません。ただ、活用の仕方によっては、課税されない期間が長く続くメリットがあります。

事業承継税制のスタートは、2008（平成20）年10月施行の「**経営承継円滑化法**」ですが、その後何度か改正を重ねてきました。

しかし、手続きが煩雑で使い勝手が悪く、とりわけ、事業承継後５年間の適用要件が厳しく、所定の要件を満たさなくなった場合は納税猶予が取り消されてしまい、その時点で猶予された**納税額**と**利子税**の納付が発生します。このため、なかなか普及しませんでした。

今後10年程度を事業承継の集中実施期間と位置づける国の意向を反映して、**2018（平成30）年度の税制改正**では、これまでの措置（以下、「**一般措置**」）に加えて、10年間の時限措置として従来の制約を大幅に緩和し、新たな制度を盛り込んだ「**特例措置**」が創設されました。

（2） 特例措置と一般措置の比較

　特例措置と一般措置の主な相違点は**図表 2-1-1** に示したとおりです。異次元の大改正ともいわれる特例措置では、従来の一般措置のデメリットとされていた点がほぼ解消されたところから、事業承継税制の活用が大幅に増加することが期待されています。

　特例措置は、**2018（平成 30）年 1 月から 2027（令和 9）年 12 月まで**の時限措置です。一般措置は、恒久措置として存続しますので、2027 年 12 月までは、2 つの措置が並行して存在することになります。

　一般措置では発行済み株式の 3 分の 2 までしか対象にならなかったのが、特例措置では全株式が対象になりました。株式の評価額に対する納税猶予割合も、一般措置では、相続税に関しては 80％まででしたが、特例措置では、贈与税・相続税とも 100％適用されるようになりました。

図表 2-1-1　特例措置と一般措置の比較

	特例措置	一般措置
事前の計画策定等	特例承継計画の提出 2018（平成 30）年 4 月 1 日から 2026（令和 8）年 3 月 31 日まで	不要
適用期限	次の期間の贈与・相続等 2018（平成 30）年 1 月 1 日から 2027（令和 9）年 12 月 31 日まで	なし
対象株数	**全株式**	総株式数の 最大 3 分の 2 まで
納税猶予割合	**100％**	贈与：100％　相続：80％
承継パターン	**複数の株主から 最大 3 人の後継者**	複数の株主から 1 人の後継者
雇用確保要件	**弾力化**	承継後 5 年間 平均 8 割の雇用維持が必要
事業の継続が困難な事由が 生じた場合の免除	**あり**	なし
相続時精算課税の適用	**60 歳以上の者から 18 歳以上の者への贈与**	60 歳以上の者から 18 歳以上の推定相続人（直系卑属）・孫への贈与

出所：税務署パンフレット　「法人版事業承継税制のあらまし」から抜粋

18　第２章　事業承継税制

　例えば、相続に関しては、これまで発行済株株式の３分の２の80％まで（約53％）の納税猶予しかできなかったものが、発行済株式の全部について100％の納税猶予ができるようになりました。

　後継者への贈与についても、一般措置では先代経営者１人からしかできなかったものが、特例措置では代表者以外の複数の株主から贈与を受けられるようになっています（2018年１月からは、一般措置でも複数株主からの贈与が可能）。また、一般措置では、後継者は代表者１人に限られていましたが、特例措置では、代表者であれば最大３人の後継者への承継が可能になりました。

　一番大きな改正箇所は、**雇用確保要件の弾力化**でしょう。一般措置では５年間平均で、承継（贈与・相続）時の８割の雇用を維持しないと納税猶予が取り消されます。特例措置では平均８割を下回った場合でも認定取消・納税とはなりません。一定の報告を行えば納税猶予を継続することが認められるようになりましたので、実質的には撤廃されたといってよいでしょう。

　もちろん雇用の確保をしなくてよいということではなく、慢性的な人手不足という経営環境下にあって、万一雇用要件を満たさなくなった場合でも、取り消しリスクを心配しないで済むようになったということです。

　事業承継後５年経過後に、会社の解散など事業継続が困難な事態が生じたときは、廃業時の評価額を基に納税額を再計算し、事業承継時の株価を基に計算された納税額との差額を減免するなど、**経営環境の変化**による将来の不安も軽減されています。

　贈与に係る税制として、暦年課税制度と相続時精算課税制度があります（巻末資料9-7）。**相続時精算課税制度**は、60歳以上の父母か祖父母から、18歳以上の子または孫（直系卑属）への贈与が2500万円（2024年１月以降は基礎控除年110万円あり）まで非課税となり、将来の相続時点で贈与財産が相続財産と合算されて、相続税として課税され精算を行う制度です。

　事業承継税制の特例措置では、この相続時精算課税制度が直系親族以外の親族外承継者へも適用が拡大されています。

　なお、2017（平成29）年12月31日までに、既に贈与・相続による株式を取得して一般措置の設定を既に受けた場合は、特例措置の認定を受ける（あるいは一般措置から特例措置へ認定を変更する）ことはできません。

⑶ 特例承継計画

　このように特例措置の内容は、すべての面で一般措置より有利です。したがって、特例措置が利用できる期間（2018年1月から2027年12月まで）については、特例措置を利用できるように、事業承継の準備を進めておくことが得策です。

　特例措置を利用するには、**2018（平成30）年4月1日から2026（令和8）年3月31日**までに「**特例承継計画**」を作成し、都道府県庁に提出しておく必要があります。そして知事の確認を受けます（特例承継計画については第3章参照）。

　特例承継計画の提出にあたっては、「**認定経営革新等支援機関**（以下「**認定支援機関**」）の所見（指導・助言）の記載が必要になります。

　認定支援機関とは、一定の基準を満たして国に登録している公認会計士や税理士（法人を含む）、中小企業診断士、商工会議所、商工会、金融機関などのことです。

　特例承継計画は2026（令和8）年3月31日までに提出する必要があります。提出時点では実際の贈与や相続が行われていなくてもかまいません。しかし、2027（令和9）年12月31日までに、贈与や相続（相続の発生は予測不可能ですが）を行い、株式等の承継を済ませておかなければ、特例措置の適用を受けることはできません。

　特例承継計画は、当初2023（令和5）年3月31日まででしたが、これまで2度、最終的には3年延長されています。しかし、特例措置は、2027（令和9）年12月31日までであり、これについては延長しないとされています。

20 第2章 事業承継税制

2. 贈与税と相続税の納税猶予制度

(1) 贈与税の納税猶予制度

贈与とは、当事者の一方が自己の財産を無償で相手方に与える意思表示を
し、相手方がこれを受諾することによって成立する契約です。贈与は、**贈与者**
（贈る人）と**受贈者**（もらう人）双方の意思表示が必要になります。実務上は、
贈与契約書を作成し、双方が一通ずつ所持することになります。

後継者が贈与により取得した自社株式（非上場株式）に係る贈与税の100％
が猶予されます。この制度の適用を受けるためには、経営承継円滑化法に基づ
く都道府県知事の認定を受け、原則として贈与税の申告期限から5年間は、所
定の適用要件を満たす必要があります。

この5年間を「特例経営贈与承継期間」といいますが、簡略化し、「**事業継
続期間**」とします（後述する経済産業省のマニュアルもこの表現）。

事業継続期間は、贈与の場合は贈与税の申告期限（3月15日）の翌日から5
年間になります。

この5年間は、原則として後継者は代表者を辞任できませんし、株式を譲渡
することもできません。最低でも5年間は事業を継続し、代表取締役として株
式を持ち続けなければなりません。

5年以内に後継者が退任するなど、適用要件に該当しなくなった場合は、猶
予されていた贈与税と申告期限からの**利子税（令和6年度は約0.4％）**を併せ
て納付することが求められます。

5年経過後は、適用要件が緩和されます。後継者が代表者を退任した場合、
同族で過半数の議決権を有しないこととなった場合、後継者が同族内で筆頭株
主でなくなった場合などは納税を求められません。

ただし、**資産保有型会社等**（第4章参照）に該当した場合などは、猶予され
ていた贈与税と利子税を併せて納付することになります。5年経過後に取消事
由に該当した場合は、5年間の利子税は課されず、5年目以降の利子税が課税

2. 贈与税と相続税の納税猶予制度　21

図表 2-2-1　贈与税の納税猶予制度

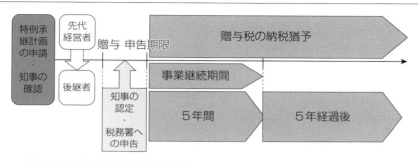

	5年間	5年経過後
後継者が代表権を有しないこととなった場合	納税	免除
同族内で過半数の議決権を有しないこととなった場合	納税	免除
同族内で、後継者よりも多くの議決有する者がいる場合	納税	免除
株式を譲渡した場合（※）	納税	納税
資産保有型会社等に該当した場合	納税	納税
次の後継者への贈与	納税	免除
会社の倒産	納税	免除
会社の解散（※）	納税	納税
先代経営者の死亡	免除（相続税の課税対象）	免除（相続税の課税対象）
後継者の死亡	免除	免除

（※）経営環境の変化に該当する場合には、猶予税額の再計算をすることができる。
出所：経済産業省「経営承継円滑化法申請マニュアル」を一部修正

されることになります。

　贈与税の納税猶予中に、後継者が死亡した場合には、猶予されていた贈与税は免除されます。また、贈与者（先代経営者）が死亡した場合は、猶予されていた贈与税は免除された上で、贈与を受けた株式を贈与者から相続により取得したものとみなして相続税が課税されます（贈与時の価額で計算）。

　その際には、都道府県知事の確認（**切替確認**）を受けることで、相続税の納税猶予を受けることができます。

(2)　相続税の納税猶予制度

　相続とは、民法で規定する法定相続人が遺産を取得することであり、**遺贈**（イゾウ）とは、遺言によって、相続人やその他の人（他人を含む）が財産を取得することです。相続は法律的に自動的に決まるものであり、遺贈つまり遺言は一方的にする行為であり、相手方（遺産をもらう方）の意思は関係ありません。当事者としては、**被相続人**（亡くなった人）と**相続人**（財産を引き継ぐ人）があります。

　相続と遺贈を合わせて相続等といいますが、本書では以下単に相続と表記します。

　後継者が相続により取得した自社株式（非上場株式）に係る相続税の100％が猶予されます。この制度の適用を受けるためには、経営承継円滑化法に基づく都道府県知事の認定を受け、原則として相続税の申告期限から5年間は、所定の適用要件を満たす必要があります。

　この5年間を「特例経営承継期間」といいますが、簡略化し、「**事業継続期間**」とします（後述する経済産業省のマニュアルもこの表現）。

　事業継続期間は、相続の場合は相続税の申告期限（死亡日から10カ月後）の翌日から5年間になります。

　この5年間は、原則として後継者は代表者を辞任できませんし、株式を譲渡することもできません。最低でも5年間は事業を継続し、代表取締役として株式を持ち続けなければなりません。

　5年以内に後継者が退任するなど、適用要件に該当しなくなった場合は、猶予されていた相続税と申告期限からの**利子税（令和6年度は約0.4％）**を併せ

図 2-2-2　相続税の納税猶予制度

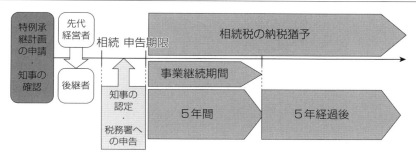

	5年間	5年経過後
後継者が代表権を有しないこととなった場合	納税	免除
同族内で過半数の議決権を有しないこととなった場合	納税	免除
同族内で、後継者よりも多くの議決有する者がいる場合	納税	免除
株式を譲渡した場合（※）	納税	納税
資産保有型会社等に該当した場合	納税	納税
次の後継者への贈与	納税	免除
会社の倒産	納税	免除
会社の解散（※）	納税	納税
後継者の死亡	免除	免除

（※）経営環境の変化に該当する場合には、猶予税額の再計算をすることができる。
出所：経済産業省「経営承継円滑化法申請マニュアル」を一部修正

て納付することが求められます。

　5年経過後は、適用要件が緩和されます。後継者が代表者を退任した場合、同族で過半数の議決権を有しないこととなった場合、後継者が同族内で筆頭株主でなくなった場合などは納税を求められません。

　ただし、**資産保有型会社等**（第4章参照）に該当した場合などは、猶予されていた相続税と利子税を併せて納付することになります。5年経過後に取消事由に該当した場合は、5年間の利子税は課されず、5年目以降の利子税が課税されることになります。

　相続税の納税猶予中に、後継者が死亡した場合には、猶予されていた相続税は免除されます。

3. 手続きの流れ

　納税猶予を受けるためには、**都道府県知事の認定**と**税務署への申告**の２つの手続きが必要になります。

　事業承継税制の特例措置を利用するためには、「特例承継計画」の申請を行い、都道府県知事の確認を受けておくことが必須となります。相続と贈与に分けてそれぞれ流れを追って説明しましょう。

(1) 贈与税の納税猶予

　相続はいつ発生するかわかりませんので、「特例承継計画」は、将来贈与を行うおおよその時期を予定して、策定することになります。

　「**特例承継計画**」は、実務上、認定支援機関の所見の記載がある所定の書類を、**2026（令和 8）年 3 月 31 日**までに都道府県庁に提出しておく必要があります。提出時点では、実際の贈与を行っていなくてもかまいません。

　納税猶予を受けるためには、都道府県知事による特例承継計画の確認を受けて、さらに**2027（令和 9）年 12 月 31 日**までに、自社株式の贈与を実施して、承継を済ませておく必要があります。

　贈与した年の 10 月 15 日から翌年の 1 月 15 日までの間に、自社株に関する贈与税の納税猶予の「**認定申請書**」を**都道府県庁**に提出します。認定にあたっては、会社・先代経営者（贈与者）・後継者（受贈者）などそれぞれの適用要件が設けられており、これらをすべてクリアしないといけません（第 4 章参照）。

　所定の要件を満たして認定を受けた場合、通常 2 カ月以内に都道府県知事の「**認定書**」が交付されます。その認定書の写しとともに、受贈者の住所地にある**所轄税務署**に「**贈与税申告書**」等を提出し、納税猶予を受けます。

　贈与実施後に特例承継計画を提出することも可能ですが、その場合でも特例承継計画は、2026（令和 8）年 3 月 31 日までに、都道府県庁に提出しておく必要があります。

　また、贈与税の納税猶予額（利子税含む）に見合う**担保を提供**する必要があ

26　第2章　事業承継税制

図表2-3-1　贈与税の納税猶予を受けるためのスケジュール

「都道府県知事の認定」と「税務署への申告」の2つの手続きが必要。

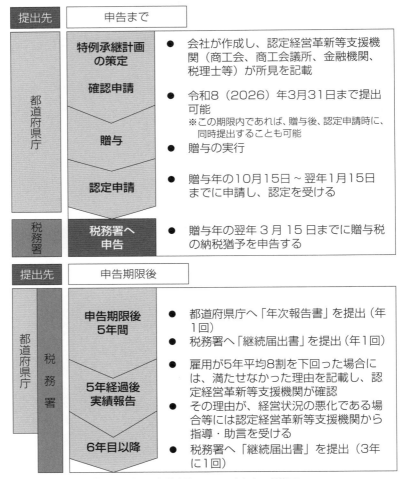

出所：経済産業省「経営承継円滑化法申請マニュアル」を一部修正

ります。担保は不動産等でもいいのですが、通常、対象株式の全部を提供すれば担保提供として認められます（**みなす充足**と呼ばれる）。

　贈与税申告書の提出は贈与日の翌年の2月1日から3月15日までの間に行います。

　贈与税の申告期限後の5年間（事業継続期間）は、毎年1回、都道府県庁へ「**年次報告書**」を提出し、さらに税務署へ「**継続届出書**」を提出します。

　5年経過時点で、雇用が5年間平均で8割を下回った場合でも、認定取り消し・納税とはなりませんが、満たせなかった理由について都道府県に報告を行わなければなりません。その報告に際し、**認定支援機関**は、雇用が減少した理由について所見を記載するとともに、中小企業が申告した雇用減少の理由が、経営悪化あるいは正当ではない理由によるものの場合は、経営改善のための指導及び助言を行う必要があります。

　5年経過後6年目以降は、都道府県庁への報告は不要となり、3年に1回、税務署へ「**継続届出書**」を提出することになります。適用要件を満たしていれば、贈与税の納税猶予が継続されます。

⑵　相続税の納税猶予

　相続はいつ発生するかわかりませんので、「特例承継計画」は、将来贈与を行うおおよその時期を予定して、策定することになります。

　「**特例承継計画**」は、実務上、認定支援機関の所見の記載がある所定の書類を、**2026（令和8）年3月31日**までに都道府県庁に提出しておく必要があります。提出時点では、実際の相続が開始していなくてもかまいません。

　納税猶予を受けるためには、都道府県知事による特例承継計画の確認を受けて、さらに**2027（令和9）年12月31日**までに相続が発生した場合に、納税猶予が適用されます。相続発生後に特例承継計画を提出することも可能ですが、その場合でも特例承継計画は、2026（令和8）年3月31日までに、都道府県庁に提出しておく必要があります。

　相続開始（死亡日）の翌日から5カ月～8カ月以内の間に、自社株に関する相続税の納税猶予の「**認定申請書**」を**都道府県庁**に提出します。認定にあたっては、会社・先代経営者（被相続人）・後継者（相続人）などそれぞれの適用要

図表 2-3-2　相続税の納税猶予を受けるためのスケジュール

「都道府県知事の認定」と「税務署への申告」の2つの手続きが必要。

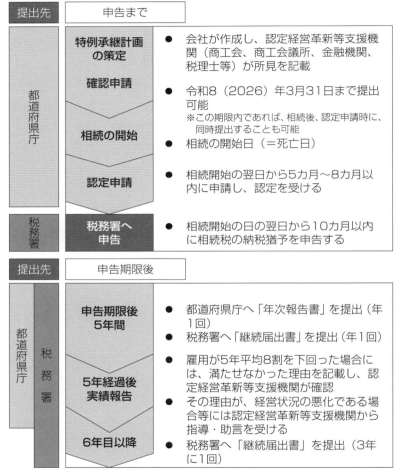

出所：経済産業省「経営承継円滑化法申請マニュアル」を一部修正

件が設けられおり、これらをすべてクリアしないといけません（第4章参照）。

　所定の要件を満たして認定を受けた場合、通常2カ月以内に都道府県知事の「**認定書**」が交付されます。その認定書の写しとともに、相続人の住所地の**所轄税務署**宛に「**相続税申告書**」等を提出し、納税猶予を受けます。相続税申告書の提出は相続開始の日の翌日から10カ月以内に行います。

　また、相続税の納税猶予額（利子税含む）に見合う**担保を提供**する必要があります。担保は不動産等でもいいのですが、通常、対象株式の全部を提供すれば担保提供として認められます（**みなす充足**と呼ばれる）。

　相続税の申告期限後の5年間（事業継続期間）は、毎年1回、都道府県庁へ「**年次報告書**」を提出し、さらに税務署へ「**継続届出書**」を提出します。

　5年経過時点で、雇用が5年間平均で8割を下回った場合でも、認定取り消し・納税とはなりませんが、満たせなかった理由について都道府県に報告を行わなければなりません。その報告に際し、**認定支援機関**は、雇用が減少した理由について所見を記載するとともに、中小企業が申告した雇用減少の理由が、経営悪化あるいは正当ではない理由によるものの場合は、経営改善のための指導及び助言を行う必要があります。

　5年経過後6年目以降は、都道府県庁への報告は不要となり、3年に1回、税務署へ「**継続届出書**」を提出することになります。適用要件を満たしていれば、相続税の納税猶予が継続されます。

4. 納税猶予の活用パターン

　円滑な事業承継を行うために、贈与税および相続税の納税猶予を組み合わせて活用することで、何代にもわたって、自社株式の事業承継に伴う税負担を軽減させることができます。ここでは、代表的な3つのパターンについて解説します。

(1) 後継者へ贈与するパターン

　先代経営者が後継者に贈与するパターンです。一般的にはこのパターンが多いものと思われます。

　特例措置を受けるためには、「特例承継計画」を提出期限である2026（令和8）年3月31日までに提出しておきます。そして、株式の一括贈与は2027（令和9）年12月31日までに実行します。

　贈与税の申告期限後5年間は、後継者による事業継続が求められます。後継者は、代表者を退任したり、株式を売却したりすることはできません。5年経過後は、株式の継続保有等の適用要件があります。適用要件を満たす限り、納税猶予が継続します。

　社長の平均退任年齢は約70歳とされていますので、先代経営者が贈与したときが70歳、後継者の年齢を40歳としましょう。後継者（2代目）が引退する年齢70歳になるまでの向こう約30年間、納税猶予を継続することが可能です。

　実際には、その前に**先代経営者（贈与者）の死亡**が発生します。70歳の男性の平均余命は約86歳（簡易生命表による）ですので、16年後には、先代経営者が死亡すると仮定します。

　先代経営者（70歳）が後継者（40歳）に株式を贈与して、その後先代経営者が死亡する（86歳時）と、後継者（56歳時）に納税猶予されていた贈与税が免除になります。

　先代経営者（1代目）の死亡により、先代経営者の相続が発生しますが、後

4. 納税猶予の活用パターン

図表 2-4-1　後継者へ贈与するパターン

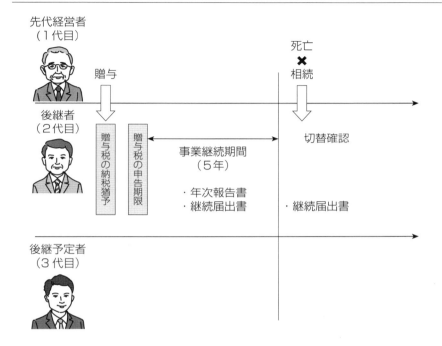

・先代経営者が後継者に自社株式を贈与する。

① 先代経営者が死亡した場合
・後継者に納税猶予されていた贈与税は免除になる。
・後継者は、自社株式を先代の相続により取得したものとみなされる。
・先代経営者の相続の開始に伴い、贈与された株式については、相続税の納税猶予に切り替えること（切替確認）ができる。
切替確認を受けないで相続税を支払ってもよい。選択は２代目後継者の任意。
・切替確認は、事業承継期間（５年）内でも可能。

② 先代経営者の死亡前に、後継者が死亡した場合
・後継者（２代目）に納税猶予されていた贈与税は免除になる。
・２代目の相続時に、３代目が相続税の納税猶予を選択するか相続税を支払うかは任意。

継者（2代目）は自社株式を相続により取得したものとみなされます。

先代経営者の死亡時点の相続財産に、納税猶予されていた贈与株式を加算して、相続税を計算することになります。自社株式は贈与時点の価額を基礎として計算されます。

このままだと相続税を納税しなければなりませんが、贈与されていた株式については、相続税の納税猶予に切り替えることができます（**切替確認**）。もちろん、相続税を支払ってもかまいません。選択は後継者の任意です。

なお、特例措置で贈与税の納税猶予を受けている場合には、贈与者の相続発生が2028（令和10）年以降になったとしても、特例措置で相続税の納税猶予（**切替確認**）を受けることができます。例えば、2027年に贈与を行い、贈与税の納税猶予の特例措置を受けた後、2043年に贈与者に相続が発生したときには、当該相続税については特例措置が適用されます。

次に、後継者（2代目）が死亡した場合です。後継者（2代目）が死亡した時点で、猶予されていた1代目の贈与税は免除されます。2代目の相続時に、3代目が、自社株式に係わる相続税の納税猶予を選択するかは任意です。納税猶予を選択しない場合や認定要件を満たさない場合は、相続税を支払うことになります。

⑵　後継者へ相続するパターン

先代経営者が後継者に贈与を行わないまま、相続が発生するパターンです。特例措置を受けるためには、「特例承継計画」を提出期限である2026（令和8）年3月31日までに提出しておきます。相続発生の時期は予測することができないので、特例承継計画の内容は贈与を前提としたものでかまいません。そして、2027（令和9）年12月31日までに相続が発生した場合に、相続税の納税猶予の申請が可能となります。

相続の発生が特例承継計画の提出期限前であれば、相続発生後に特例承継計画と相続税の納税猶予の認定申請書を同時に提出することも可能ですが、この場合でも、特例承継計画だけは2026（令和8）年3月31日までに提出しておく必要があります。

相続税の納税猶予の申告は、**相続の開始（死亡日）の翌日から10カ月以内**

図表 2-4-2　後継者へ相続するパターン

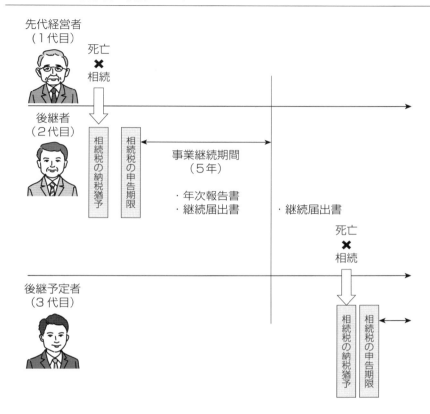

・先代経営者の死亡に伴い、後継者が自社株式を相続する。

① 後継者が死亡した場合
　・後継者（2代目）に納税猶予されていた相続税は免除になる。
　　2代目の相続時に、3代目が相続税の納税猶予をするか相続税を支払うかは任意。

② 事業継続期間（5年）経過後は、後継者（2代目）が次の後継者（3代目）に株式を贈与し、その後継者が納税猶予を受けることもできる。

です。相続の納税猶予に係る認定申請書は相続の開始（死亡日）の翌日から5カ月以降8カ月以内に都道府県に提出しなければなりません。納税猶予の申告に先立つ納税猶予の申請時点では、遺言又は遺産分割協議により、少なくとも自社株式の相続が済んでいる必要があります。したがって、自社株式の評価額だけでなく、先代経営者（被相続人）個人の相続財産全体の評価額と納税額を把握することはもとより、通常の相続の手続と併せて、会社の後継者を選定し、自社株式をどれだけ保有するのかなど、経営の承継も検討しなければなりません。時間的にかなりの制約があり、スケジュール管理に十分注意して作業を進めていく必要があります。

相続税の申告期限後5年間は、後継者による事業継続が求められます。後継者は、代表者を退任したり、株式を売却したりすることはできません。5年経過後は、株式の継続保有等の適用要件があります。適用要件を満たす限り、納税猶予が継続します。

次に、後継者（2代目）が死亡した場合です。後継者（2代目）が死亡した時点で、猶予されていた1代目の相続税は免除されます。2代目の相続時に、3代目が、自社株式に係わる相続税の納税猶予を選択するかは任意です。納税猶予を選択しない場合や認定要件を満たさない場合は、相続税を支払うことになります。

⑶　先代経営者が生きているうちに後継者（2代目）が次の後継者（3代目）に贈与するパターン（猶予継続贈与）

先代経営者（1代目）が生きているうちに、後継者（2代目）が在任中に、1代目から贈与された株式を次の後継者（3代目）に株式を贈与することもできます。その後継者が納税猶予を受けることにより、2代目の贈与税が免除されます。**猶予継続贈与**（税務上は、**免除対象贈与**）と呼ばれます。この場合の手続は、2代目への贈与と同様です。

事業継続期間（5年）内は、取消事由に該当するため、親族といえども株式を贈与することはできません（やむを得ない理由による場合を除く）。事業継続期間（5年）経過後に贈与を行うことになります。

1代目が死亡すると、3代目の贈与税は免除されますが、3代目はこの贈与

4. 納税猶予の活用パターン　35

図表2-4-3　後継者へ贈与するパターン（猶予継続贈与）

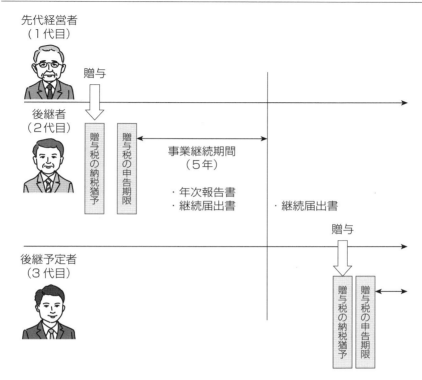

- 「猶予継続贈与」（税務上は「免除対象贈与」と呼ばれる）
  先代経営者（1代目）が生きているうちに、後継者（2代目）が、次の後継者（3代目）に株式を贈与し、その後継者が納税猶予を受けることにより、2代目の贈与税が免除されること。

- 事業継続期間（5年）内は、取消事由に該当するため、親族といえども株式を贈与することはできない（やむを得ない理由による場合を除く）。事業継続期間（5年）経過後に贈与を行うことになる。

- 1代目が死亡すると、3代目の贈与税は免除されるが、3代目はこの贈与を受けた株式について1代目から相続により取得したものとみなされる。
  3代目が、1代目の相続税の納税猶予を選択するか相続税を支払うかは任意。

を受けた株式について1代目からの相続により取得したものとみなされ、1代目の相続税の対象とされます。それについて3代目が納税猶予を選択するか相続税を支払うかは任意となります。

　ただし、贈与日が特例措置の期限後（2028年1月以降）になる場合は、一般措置による事業承継になりますので、贈与できる株式数や納税猶予割合等が制限されることになります。

4. 納税猶予の活用パターン　37

図表 2-4-4　納税猶予の活用パターン

	先代経営者⇒後継者 （1代目）（2代目）	後継者⇒後継者 （2代目）（3代目）	備　考
1	贈　与	（先代経営者死亡） みなし相続	・1代目の贈与税免除。 ・2代目は株式を相続により取得したものとみなされる。2代目は相続税の納税猶予が可能（切替確認）。
		相　続 （2代目死亡）	・先代経営者死亡の前に後継者が死亡した場合、2代目の贈与税は免除。 ・3代目は相続税の納税を猶予するか支払う。
2	相　続	贈　与	・相続の申告期限から5年経過後は、2代目から3代目への贈与税の納税猶予が可能。
		相　続 （2代目死亡）	・2代目の相続税は免除。 ・3代目は相続税の納税を猶予するか支払う。
3	贈　与	贈　与 （猶予継続贈与）	・贈与税の申告期限から5年経過後は、先代経営者が生きているうちに、2代目から3代目への贈与が可能。 ・1代目が死亡すると、3代目の贈与税は免除。 ・3代目は株式を相続により取得したものとみなされる。3代目は相続税の納税を猶予するか支払う。

第 3 章
特例承継計画の申請

1. 納税猶予を受けるための手続き

事業承継税制の特例措置を利用するには、

① 特例承継計画の作成・提出

② 自社株式の承継（贈与または相続）

③ 贈与税または相続税の納税猶予の認定申請書の作成・提出

④ 贈与税または相続税の税務申告

という順で手続きを行うことになります。一般的な当事者を含めてまとめると、**図表 3-1-1** のようになるでしょう。

まずは、「**特例承継計画**」を作成して都道府県庁に提出し、都道府県知事の確認を受けておく必要があります。特例承継計画の確認申請書には、**認定支援機関**の所見を添付しなければならないため、認定支援機関に依頼します。

認定支援機関の指導・助言を受けて、申請書に必要事項を記入し、添付書類とともに都道府県庁の担当窓口に提出します。

申請書を提出後、内容の審査を経て決定されれば、都道府県知事の「**確認書**」が通知されます。確認書が通知されるまで、約２カ月かかります。この確認書は、実際の贈与税・贈与税の納税猶予の申請時まで保管をしておくことになります。

特例承継計画を提出することができる期間は、**2018（平成 30）年 4 月 1 日から 2026（令和 8）年 3 月 31 日**までの８年間です。

2026（令和 8）年 3 月 31 日までに、特例承継計画の提出がない場合には、贈与・相続により自社株式を取得したとしても**特例措置**の申請は認められません。この場合には、**一般措置**による納税猶予の申請をすることができます。

なお、自社株式の贈与・相続の納税猶予の認定申請と同時に、特例承継計画を提出することも可能です。この場合でも、特例承継計画の提出は、2026（令和 8）年 3 月 31 日までに行うことが必要です。

図表 3-1-1　納税猶予を受けるための手続き

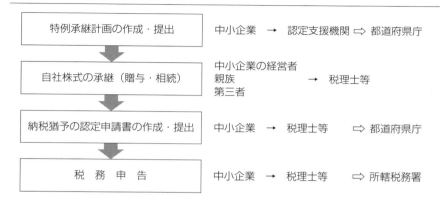

図表 3-1-2　特例承継計画の提出スケジュール

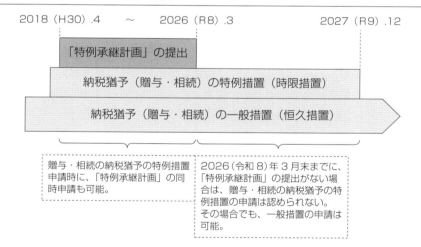

2. 特例承継計画の作成

　事業承継税制の特例措置を利用するには、2018（平成30）年4月1日から2026（令和8）年3月31日までに「**特例承継計画**」を作成し、都道府県庁に提出し、都道府県知事の確認を受けておくことが必須になります。

　事業承継税制に関するすべての資料（**申請書様式・マニュアル**等）は、中小企業庁のHP（ホームページ）からダウンロードできます。

　経営承継円滑化法および同法施行規則、租税特別措置法および同法施行規則など、事業承継税制に関連する法律・政令、施行規則は多岐におよびます。中小企業庁のHPに掲載されている「**マニュアル**」は、施行規則の行政解釈を明確化しているものです。通常、都道府県における確認や認定業務は、このマニュアルに基づいて行われます。

　特例承継計画の実際の記入箇所は3枚程度で、記入自体はそれほど難しいものではありません。一方で、贈与税・相続税の納税猶予に係る認定申請は、税務申告を行う関係もあり、きわめて煩雑なため、税理士・公認会計士（法人を含む）の方々に依頼する方が無難です。

　また、後継者の選定や育成、先代経営者の引退時期や株式の承継時期を含めた自社における実質的な事業承継に関する時系列なスケジュールを練り上げ、実行に移すことの方が重要になるでしょう。

　「特例承継計画」は単に提出するだけではなく、将来、事業承継税制を活用するにあたって、納税猶予に係る様々な認定要件を理解し、これを満たすよう準備することも大切になってきます。

　特例承継計画を提出しても、実際の贈与・相続時に納税猶予制度を利用しなくてもかまいません。逆に、2026（令和8）年3月末までに「特例承継計画」を都道府県庁に提出しておかないと、特例措置が利用できる期間内（2018年1月から2027年12月まで）に、贈与を行うかまたは相続が発生した場合、特例措置の適用が受けられないということになります。

特例承継計画を提出するデメリットはありませんので、認定支援機関等の専門家と相談の上、早めに「特例承継計画」を提出しておく方がよいでしょう。

10年間の事業承継の重点期間のうち前半の5年間で、事業承継に関する気づきを喚起し、認定支援機関等の専門家による助言を仰ぎながら、後継者の選定、株式を承継する時期（予定）を明確にすることで、円滑な事業承継・引継ぎの準備を促すのが、この制度の本来の趣旨でした。

ところが、新型コロナウィルス感染症の影響により、承継時期を後ろ倒しにする傾向があり、特例承継計画の申請ペースが鈍化したため、特例承継計画の提出期限については、当初2023（令和5）年3月31日であったものが、最終的に3年間延長され、**2026（令和8）年3月31日**となった経緯があります（2024年4月1日現在）。

44 第3章 特例承継計画の申請

図表 3-2-1　特例承継計画のマニュアルをダウンロードする手順

特例承継計画に関するマニュアルは、中小企業庁の HP からダウンロードできます。

〈中小企業庁 HP〉

→　ホーム　　政策について　　事業承継　→　▶　事業承継

→　事業承継の支援策

→　税制
　　　　　　　　　　　　　　　　　　　　　　　　ここをクリック
　　法人版事業承継税制（特例措置）　※申請マニュアル、　申請手続関係書類

→　認定経営革新等支援機関による指導及び助言について

　　▶　特例承継計画記載マニュアル（PDF 形式）
　　　　をクリック

　⇒　「特例承継計画に関する指導及び助言を行う機関における事務について」
　　　を参照してください。

特例承継計画記載マニュアル

特例承継計画に関する指導及び助言を
行う機関における事務について

【令和 6 年 4 月改訂版】

中小企業庁 財務課

※本資料は令和 6 年 4 月 1 日時点の法令に基づく情報等で作成されています。

A4 で 10 ページ。
1 時間あれば読める。

3. 認定支援機関の指導・助言

　特例承継計画の確認申請書には、後継者の氏名や事業承継の予定時期、承継時までの経営見通しや承継後5年間の経営計画等を記載し、その内容について認定支援機関による指導および助言を受ける必要があります。

　認定支援機関（正式名は**認定経営革新等支援機関**）とは、中小企業が安心して経営相談等が受けられるように専門知識を有し、一定の実務経験を持つ者を、国が審査し認定した公的な支援機関です。商工会や商工会議所などの中小企業支援者のほか、金融機関、税理士、公認会計士、弁護士、中小企業診断士等が認定支援機関として登録されています（2020年10月時点で37,720機関。うち約80%が公認会計士・税理士）。

　自社の顧問税理士や関与税理士が認定支援機関に認定されていれば、その方に依頼するとよいでしょう。実際に、贈与税・相続税の納税猶予の申請を行うのは公認会計士や税理士になりますので、日頃から決算業務や税務処理に精通している先生方に依頼しておけば、自社株式の評価を踏まえた上で、特例承継計画に記載された株式の承継予定の時期までフォローしていただけるはずです。

　地元の商工会議所や商工会でも相談に乗ってくれます。事業承継実務に詳しい公認会計士や税理士を紹介してもらうこともできます。特例承継計画に係る指導・助言については、商工会議所や商工会の経営指導員の方や事業承継・引継ぎ支援センター等に相談し、専門家を派遣していただくこともできます。

　金融機関も取引先との関係強化を図る観点から、特例承継計画の作成サービスに力を入れているところもありますが、一般的には、本来業務ではないため、納税猶予についてはあまり積極的ではありません。

46　第3章　特例承継計画の申請

4. 特例承継計画に関するＱ＆Ａ

Q1

　非上場株式に係る贈与税・相続税の納税猶予の特例措置を受けるためには、「特例承継計画」の提出が必要ですか？

A1　はい。

　納税猶予の特例措置は、2027（令和9）年12月31日までの、時限措置です。

　特例措置の適用を受けるためには、2026（令和8）年3月31日までに、認定支援機関＊が指導・助言を行った旨を記載した「特例承継計画」を都道府県に提出し、都道府県知事の確認を受けておく必要があります。

　　＊税理士・公認会計士（法人含む）・金融機関・商工会・商工会議所等のうち国の認定を受けている機関。

Q2

　「特例承継計画」を期限までに提出しなかった場合、非上場株式に係る贈与（相続）税の納税猶予の申請はできないのですか？

A2　はい。特例措置の納税猶予の申請はできません。

　その場合は、従来からある一般措置の納税猶予の申請をすることができます。

　特例措置は、全株式が対象であり、納税猶予の割合も100％まで可能です。事業承継後5年間平均で8割以上の従業員の雇用維持要件が緩和されるなど、あらゆる点で、特例措置の方が一般措置よりも有利です。

　したがって、特例措置の適用を受けられるようにしておくことが大切です。

Q3

　「特例承継計画」を提出しておけば、必ず、贈与税や相続税の納税猶予

が受けられるのですか？

A3 いいえ。

「特例承継計画」を提出したからといって、必ず納税猶予が認められるわけではありません。「特例承継計画」は、特例措置を受けるための事前申請的な位置づけです。

実際に自社株式を贈与（相続）する時点で、納税猶予に関する所定の認定要件をすべて満たす必要があります。自社株式を贈与（相続）した後、一定の期限内に、贈与税（相続税）の納税猶予の申請を行います。都道府県知事の認定を受けてから、所轄税務署に納税猶予の申告を行うことになります。

Q4
「特例承継計画」を提出する際のデメリットはありますか？

A4 ないものと思われます。

「特例承継計画」の作成自体はそれほど難しくはありません。認定支援機関と相談をすることで、事業承継について気づきを得られる絶好の機会ととらえるならば、多少の手間がかかったとしてもデメリットにはならないでしょう。

「特例承継計画」を提出しても、実際の贈与・相続時に、納税猶予制度を利用しなくてもかまいません。

Q5
顧問税理士が認定支援機関でない場合は、どうすればよいのでしょうか。また、費用はどれくらいかかりますか？

A5 顧問税理士や関与税理士が認定支援機関でない場合は、認定支援機関として登録している最寄りの商工会議所や商工会、金融機関等に依頼することができます。

事業承継税制の特例措置の普及を推進するため、「特例承継計画」の申請については、多くの認定支援機関が係ることができるようになっています。

48 第3章 特例承継計画の申請

　特例承継計画の作成に関する指導・助言に関する費用については、その他の付随業務や認定支援機関によっても異なると思われますが、商工会議所や商工会、メインの金融機関に依頼すれば無料で対応してくれます。

　ただし、特例承継計画の申請と実際の納税猶予の申請は、税理士等に担当いただく方がスムーズにいきます。したがって、企業の決算を担当されている税理士の先生が認定支援機関でないのであれば、その先生に認定支援機関の登録を行っていただくか、あるいは、事業承継専門の税理士（法人）等に依頼することも選択肢になるでしょう。

(Q6)　「特例承継計画」提出後に、後継者を変更したい場合は、どうすればよいのでしょうか？

(A6)　特例承継計画の「変更確認申請書」（様式第24）を提出することで、後継者を変更することができます。特例後継者が事業承継税制の適用を受けた後は、その後継者を変更することはできません。ただし、特例後継者を2人また3人記載した場合であって、まだ、株式の贈与・相続を受けていない者がいる場合は、その特例後継者に限って変更することが可能です。

(Q7)　「特例承継計画」の内容についてですが、経営計画に関しては、具体的にどのように記入したらよいのでしょうか？

(A7)　中小企業庁のHPには、申請にあたっての「様式」や「添付書類」のほかに、業種別に（記載例1）～（記載例3）が掲載されていますので、それらを参考にして下さい。

　「特例承継計画記載マニュアル」（「特例承継計画に関する指導および助言を行う機関における事務について」中小企業庁財務課）によれば、承継後の5年間の経営計画については、後継者が先代経営者や認定支援機関とよく相談の上、後継者が事業の持続・発展に必要と考える内容を自由に記載して下さいとあります。

具体的な売上高や利益の目標数値までは求めていません。認定支援機関を介して、現経営者・後継者間のコミュニケーション図ることが大切です。

記載内容については、形式上の要件を満たしており、公序良俗・コンプライアンス等に違反した記述でない限りは、都道府県知事の確認は受けられると考えていいでしょう。

Q8

後継者は３人まで記入することができるようになっていますが、３人とも納税猶予を受けることはできますか？

A8 後継者が未定である等の理由により、とりあえず、候補者を３人まで記載しておくということは構いません。

ただし、３人について、別々の年に贈与して、納税猶予を受けることはできません。３人の納税猶予を申請するのであれば、３人とも代表取締役に就任させ、同一年内に一括贈与し、しかも、各後継者が所定の持株要件を満たす必要がありますので、注意が必要です。

兄弟２名を後継者に選び、代表取締役社長と代表取締役副社長として、経営の舵取りを行うというのはあり得ます。しかし、納税猶予のためだけに、３人を代表者にするというのはいかがなものでしょうか。

Q9

「特例承継計画」を提出するにあたって、特に注意する点は何でしょうか？

A9 贈与税・相続税の納税猶予の認定要件をある程度理解したうえで、「特例承継計画」を提出することが望ましいでしょう。

例えば、後継者は贈与時点で３年以上役員であり、代表者であることという要件があります。このため、「特例承継計画」を提出する際には、「株式を承継する時期（予定）」までに、後継者が役員就任３年以上である必要があります。

認定支援機関によっては、「株式を承継する時期（予定）」について、後継者

50　第３章　特例承継計画の申請

が役員就任後３年未満の場合、３年以降となる時期にするよう指導・助言してくれるところもありますが、そうした助言をせず、単にコメントだけを記入して提出する認定支援機関もあります。

　納税猶予の認定申請時には、認定要件をすべて満たさなければなりませんが、「特例承継計画」を提出する時点では、そこまで求められていないのです。

　都道府県では、特例承継計画の確認にあたっては、その会社が事業承継税制の適用を受けることができるかどうかといった判断まで行っていないため、そのまま受理される場合があります。したがって、「特例承継計画」に記載した株式を承継する時期（予定）が、後継者が役員就任３年未満であるのに、そのまま予定の時期に贈与を行ったら、認定要件未達となってしまったというケースも考えられます。

　なお、「後継者の役員就任３年以上」という要件は、令和７年１月以降に見直される予定ですので、税制改正の動向には十分留意してください。

　いずれにせよ、特例承継計画を提出する時点で、納税猶予の認定要件を満たしているのか、満たしていない項目は何なのか、そのために今後いかなる対応策を取っておくべきなのかを明らかにしておく必要があるでしょう。

Q10
　特例承継計画や贈与税や相続税の納税猶予の申請は、実際に、どの程度行われているのですか？

A10　平成30年度の税制改正における抜本的拡充以来、特例承継計画の提出件数は、19,907件（平成30年４月から令和６年３月までの集計）となっており、事業承継の支援策として一定の貢献をしてきたものと思われます。贈与税・相続税の納税猶予の認定申請実績については公表されていません。

　図表3-4-1は、ある都道府県が５年間の実績をまとめて、公認会計士・税理士・認定支援機関向けのリーフレットに掲載している公表データです。

　それによれば、実際の納税猶予額は、贈与税で約6,000万円、相続税で約900万円が中央値となっています。納税猶予額が５億円を超える会社も４社（4.9%）ほどあります。納税猶予額がこの金額ですから、いかに、自社株式の

評価額が大きいかが想像できます。

納税猶予額と企業の純資産が、一番相関が高かったとしています。自社株式の評価方法（**巻末資料**参照）については、ここでは詳しく説明しませんが、企業の配当・利益・純資産に基づいて計算されるため、積み上がった純資産が最も株価に影響を及ぼすということがわかります。

データからみた特徴点により、

① **純資産 5,000 万円以上の企業は、特例承継計画を提出しておく**

② **純資産 1 億円以上の企業は、自社株式の株価の計算を税理士等に依頼し、その結果を踏まえて、事業承継税制の活用を本格的に検討する**

ということが一つの目安になるでしょう。

純資産 5,000 万円未満の企業については、株式の評価額がそれほど高額にならず、後継者が支払い可能な税額であるため、あえて納税猶予制度を利用しなかった中小企業もあるものと思われます。

なお、**純資産**は、資本金・資本準備金・利益準備金の合計から自己株式を控除した金額で、貸借対照表では、一般に、右下から 2 段目に表示されます。

Q11
　贈与税や相続税の納税猶予申請の前までに行うべきことがあれば、教えて下さい。

A11　（後継者が決まっているのであれば）まず、自社株式の評価を行い、その評価額に基づいて贈与税額がいくらになるのかを把握しておくことです。

また、株主の状況についても留意します。平成 2 年の商法改正前は、株式会社設立のためには最低 7 人の発起人が必要でした。このため、名義を借りていた場合などには名義株が存在します。相続によって株式が分散していることもあります。実質的な株主を把握し、株主名簿を整備することも重要です。

暦年贈与を活用して少しずつ贈与できる金額なのか、買取請求を行うのか、株式を後継者に集中させる際に遺留分を巡ってほかの法定相続人との金銭的トラブルに発展するリスクはないのか、場合によっては民法の特例や金融支援、所在不明株主の会社法の特例などの措置を検討することもあるでしょう。

図表3-4-1　ある都道府県における実績

1．確認・認定件数（平成30年度～令和4年度）

	平成30年度	令和元年度	令和2年度	令和3年度	令和4年度	5年間累計
特例承継計画の確認	49社	79社	57社	61社	67社	313社
贈与税の納税猶予認定	17社	13社	18社	14社	20社	82社
相続税の納税猶予認定	9社	5社	8社	6社	5社	33社

特例承継計画提出企業数および特例措置による納税猶予の認定企業数の実績

2．認定企業の純資産と納税猶予額の相関

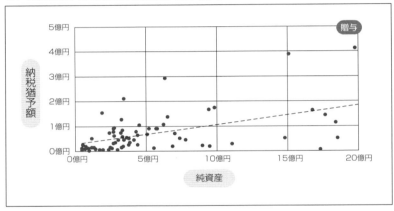

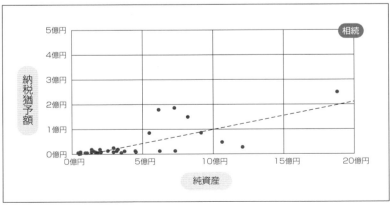

3．データからみた特徴点

納税猶予額

	贈与	相続
1千万円未満	10社	20社
1千万円〜5千万円未満	25社	7社
5千万円〜1億円未満	20社	2社
1億円〜5億円未満	23社	4社
5億円以上	4社	0社

> 納税猶予額5000万円以上は46%
> 中央値は、贈与　6000万円
> 　　　　　　相続　900万円

純資産

	贈与	相続
5千万円未満	0社	0社
5千万円〜1億円未満	6社	5社
1億円〜5億円未満	37社	18社
5億円〜10億円未満	19社	7社
10億円〜50億円未満	16社	3社
50億円以上	4社	0社

> 納税猶予の認定を受けた企業で、純資産5000万円未満はゼロ。
>
> 純資産1億円以上の企業が90%を占める。

総資産

	贈与	相続
1億円未満	1社	1社
1億円〜5億円未満	18社	13社
5億円〜10億円未満	25社	8社
10億円〜50億円未満	30社	11社
50億円以上	8社	0社

> 認定を受けた企業で、総資産1億円未満の企業は2社のみ。

純利益・純損失

	贈与	相続
0円未満（赤字）	17社	7社
0円〜1千万円未満	6社	10社
1千万円〜5千万円未満	30社	11社
5千万円〜1億円未満	14社	2社
1億円以上	15社	3社

> 赤字企業も認定は可能。

もともと創業者や現経営者が築いてきた個人の財産の配分は、本人がやらないで誰にできるのでしょうか。後継者を指名して贈与を行っておくか、当面代表権や株式を譲るつもりがないのであれば、遺言書を残しておくことにより、家族間の紛争を未然に防ぐことも、重要な経営判断のひとつです。

また、経営者交代の実施時期を具体的にいつにするのか、経営者引退後の老後の生活資金は十分あるのか、会社としての勇退退職金は支払うのか、そのための退職金規程の整備や退職金の財源確保はできているのか、株価を引き下げる合法的な対策で今から打てる有効な手段は何か、金融機関からの借入金の個人保証はどうするのか等々、個別に対策を講じておく必要があります。

後継者に事業を譲り、その企業が済々と発展していくためには、その会社を魅力的で引き継ぎたい会社にするために、いわゆる「事業の見える化」や「磨き上げ」を行うことも必要になるでしょう。不良資産があればその処理、不採算事業があればその処分を現経営者自らが断行しておかないと、後継者は手が付けられないのが実情です。

事業承継税制に関しては、2026（令和8）年3月31日までに「特例承継計画」を提出しただけで安心してはいけません。**多岐に及ぶ納税猶予の認定要件（詳細は第4章）をクリアするためには何をしておくべきかを検討し、対策を講じておくこと**です。

例えば、同族関係者で過半数かつ筆頭株主といった先代経営者の要件を満たすために、株式の買取などを含めて、計画的・段階的に対応策を講じるといったことも必要になってくるでしょう。

5. 特例承継計画の記入

　特例承継計画の様式のダウンロードの仕方および記入例について、**図表3-5-1** 以降に掲載しています。以下は、その記載に際してのポイントです。

1　会社について

・事業承継税制の特例措置の適用を受けようとする事業者の名称を記入します。
・**「主たる事業内容」**は、「日本標準産業分類」に基づいて記載します。
　事業内容が多様化している会社については、売上高や取扱業務のウエイトの高いものを主たる業種とみなして記入します。
・**「資本金額又は出資の総額」**は直近決算期の数字を使用します。
・**「常時使用する従業員の数」**は、非常に重要です。厚生年金・健康保険に加入している人と考えてよいでしょう。役員・パート・アルバイト・短時間労働者などは除きます。
　　認定支援機関の指導・助言日時点の従業員数となりますが、従業員数の証明資料は、平成31年4月以降、提出しなくてもよくなりました。

2　特例代表者について

・保有する株式を承継する予定の代表者の氏名と、代表権の有無を記載します（「無」の場合は、退任した年月日を記載）。
　　なお、**特例代表者**は、特例承継計画提出時に、現に代表者である方、または代表者であった方である必要があります。このため、**「履歴事項全部証明書」**に、先代経営者の退任年月日の記載がない場合には、退任日がわかる**「閉鎖事項証明書」**も提出します。

3　特例後継者について

・特例代表者から株式を承継する予定の後継者を記載します（最大3人ま

で）。「**特例後継者**」として氏名を記載された者でなければ事業承継税制の特例措置の認定を受けることはできません。

当初記載していた後継者を変更する場合、認定申請時までに改めて特例承継計画の「**変更確認申請書**」（様式第24）を提出しなければなりません。

4　特例代表者が有する株式等を特例後継者が取得するまでの期間における経営の計画について

- ・「**株式を承継する時期（予定）**」、「**当該時期までの経営上の課題**」、「**当該課題への対応**」について記載します。
- ・「**株式を承継する時期（予定）**」には、贈与するおおよその時期を記載します。「当該時期までの経営上の課題」、「当該課題への対応」については株式等の贈与後・相続後に当計画を作成する場合や、既に先代経営者が役員を退任している場合には、記入を省略することができます。

5　特例後継者が株式等を承継した後5年間の経営計画

- ・特例後継者が実際に事業承継を行った後の5年間で、どのような経営を行っていく予定か、1年目から5年目までの実施時期に応じた「**具体的な実施内容**」を記載します。この経営計画は、必ずしも設備投資・新事業展開や、売上目標・利益目標についての記載を求めるものではありません。
- ・後継者が先代経営者や認定支援機関とよく相談の上、後継者が事業の持続、発展に必要と考える内容を自由に記載してよいとされています。
- ・既に後継者が代表権を有している場合でも、株式等の取得により経営権が安定した後の取組みについて記載します。

（別紙）　認定経営革新等支援機関による所見等

- ・別紙は、認定支援機関が記入します。

1　認定経営革新等支援機関の名称等

- ・申請者に指導・助言を行った認定支援機関の名称等について記載します。認定支援機関として登録済みで有効中の**ID番号**を漏れのないように記入

します。ID 番号は、中小企業庁の HP から、「認定支援機関検索システム」で確認することができます。

・認定支援機関の名称は、税理士の個人名、税理士法人名と代表者名、銀行の支店長であれば銀行名と支店長名など、当該認定支援機関における内部規定により記入します。なお、押印欄は削除されており、押印は不要です。

2 指導・助言を行った年月日

・認定支援機関が指導・助言を行った直近の日付を記入します。従業員数はこの日を基準に報告します。

3 認定経営革新等支援機関による指導・助言の内容

・中小企業が作成した特例承継計画について、認定支援機関の立場から、事業承継を行う時期や準備状況、事業承継時までの経営上の課題とその対処方針、事業承継後の事業計画の実現性など、円滑な事業承継を後押しするための指導および助言を行い、その内容を簡潔に記載します。

【注意点】

✓「特例後継者が株式等を承継した後 5 年間の経営計画」においては、すべての取組みが必ずしも、新しい取組みである必要はありませんが、各年に取組みが記載されている必要があります。したがって、各年の取組み内容が全く同じ場合、あるいはブランクの場合には、再提出となります。

✓中小企業庁の HP にある記載例を参考に、可能な限り具体的な記載がなされているか確認します。

✓所見欄には、その取組への評価や、実現可能性を記載します。

✓経営革新計画の申請とは異なり、新規性が求められる厳格な審査やヒヤリングがあるわけではありません。また、補助金の申請とも異なり予算が消化されれば申請の受付を打ち切られるというものでもありません。

所定の様式で、所定の期限までに申請して、都道府県知事の確認を受けておけば、将来の贈与・相続時に、自社株式に係る納税猶予申請の権利が

確保できるという内容のものです。

✓ ただし、特例承継計画を提出して都府県県知事の確認を受けたからといって、必ず納税猶予が認められわけではありません。

将来、都道府県知事宛に贈与・相続の納税猶予の申請を行い、その時点での認定要件を満たして認定を受け、その後所轄税務署に対して税務申告を行うことで、納税猶予が認められます。

✓ 特例承継計画に記載された特例代表者から特例後継者への株式の贈与・相続後、一定の期間内に行われた先代経営者以外の株主から後継者への株式の贈与・相続も納税猶予の対象になります。特例承継計画の提出段階では、これらの**先代経営者以外の株主名を求めてはいないため**、記載する箇所はありません。

✓ 確認を受けた後に、特例承継計画の内容を変更する場合は、別途特例承継計画の変更確認申請書を提出することになります。2026（令和8）年4月以降でも、既に提出された特例承継計画を変更することは可能です。もともと自由に記載してよいとされる経営計画自体に若干の変更があっても、いちいち変更確認申請書を提出する必要はありません。

✓ 特例承継計画では、「**特例後継者**」と「**株式を承継する時期（予定）**」が重要になります。特例後継者が納税猶予の適用を受けた後は、その特例後継者を変更することはできません。ただし、特例後継者を2人または3人記載した場合であって、まだ株式の贈与・相続を受けていない者がいる場合は、その特例後継者に限って変更することが可能です。

✓ 「株式を承継する時期（予定）」は、贈与の時期とするのが基本です。相続はいつ発生するのかわからないからです。贈与のおおよその予定時期を記入して「特例承継計画」の確認を受けた後、相続が発生した場合でも、相続開始日（死亡日）が特例措置の期限である2027（令和9）年12月31日までであれば、特例措置の認定申請を行うことはできます。

贈与の時点で、特例代表者が代表者を辞任しており、かつ、特例後継者が代表者になっていなければなりませんので、この点を踏まえて、事業承継（代表権という地位の承継および株式という経営権の承継）を実行する時期を検討し、先代経営者と後継者に納得いただくことが重要です。

5. 特例承継計画の記入　59

【提出時の留意点】

① 経営計画の記載内容について、公序良俗・コンプライアンスに違反しない限り都道府県があれこれいってくることはまずありませんが、形式上、認定要件を明らかに満たしていない場合には、差戻もあり得ます。

たとえば、「後継者については、贈与時点で継続して3年以上役員であること」という要件があります。株式を承継する時期（予定）の年月日までに、後継者が3年以上でないことが明らかな場合には、時期（予定）の年月日をずらすよう指摘されることもあります。

なお、この後継者の役員就任要件は、令和7年1月以降に見直される予定ですので、令和7年度の税制改正の動向には十分留意してください。

後継者が役員に未就任の場合や、他社に在籍中の場合で、とりあえず特例承継計画だけを提出しておくような場合には、株式を承継する時期（予定）の年月日は、ある程度余裕と幅を持たせて記載します。

② 「後継者は、相続開始の直前において役員であり（先代経営者が70歳未満で死亡した場合または相続発生前に確認を受けた特例承継計画に後継者として記載されている場合を除く）、相続開始から5カ月後に代表者であること」という納税猶予の認定要件があります。

現行の特例承継計画の様式には、先代経営者の年齢を記入する項目がないため、都道府県はそこまでチェックしませんが、認定支援機関としては理解しておく必要があります。

たとえば、経営者が70歳未満で亡くなり、長男が他社で修業中の身であったとき、呼び寄せて後継者に据える場合があります。この場合は、後継者が死亡日から5カ月以内に代表取締役に就任すれば、相続税の納税猶予は可能です。

ところが、経営者が70歳以上で亡くなった時点で、後継者が役員に就任していない場合で、「特例承継計画」を提出していなければ、納税猶予は認められません。

相続税の納税猶予の観点だけからいえば、特例承継計画を早めに提出しておかないと、いざという時には事業承継税制の特例措置が使えないということになります。一般に後継者の育成には5～10年かかるとされていますの

で、経営者の平均退任年齢が 70 歳であることも踏まえて、早めに後継者を選定して、事前の対策が必要であることを指導・助言するとよいでしょう。

③　申請様式は全国同一ですが、提出時の書類の体裁については、都道府県毎に若干異なります。巻末資料にある「**都道府県の担当窓口**」に電話をして、事前に確認しておくことをおすすめします。**図表 3-5-4** の提出時の留意点はひとつの目安として下さい。

5. 特例承継計画の記入 61

図表 3-5-1 特例承継計画の様式をダウンロードする手順

特例承継計画に関する様式は、中小企業庁のHPからダウンロードできます。

〈中小企業庁HP〉

→ ホーム　政策について　政策一覧　事業承継　→　▶　事業承継

→ 事業承継の支援策

→ 税制
　　法人版事業承継税制（特例措置）　※申請マニュアル、（申請手続書類）← ここをクリック

　特例承継計画（特例認定の申請にあたり必ず提出が必要です）

　　○　特例承継計画（様式21）
　　　　（記載例1）サービス業　　（記載例2）製造業　　（記載例3）小売業

　　○　添付書類

特例承継計画（様式第21）の見本

全部で4P、記入箇所は3P

62 第3章 特例承継計画の申請

図表 3-5-2 特例承継計画の様式・記入上の留意点

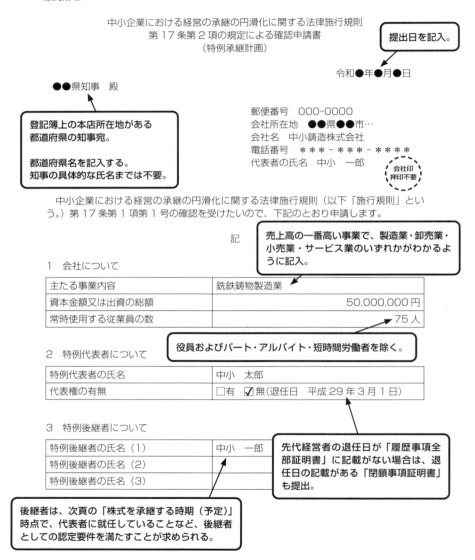

出所：経済産業省「経営承継円滑化法マニュアル」の記載例を一部修正。

5. 特例承継計画の記入　63

4　特例代表者が有する株式等を特例後継者が取得するまでの期間における経営の計画について

株式を承継する時期（予定）	令和●年 10 月〜 12 月
当該時期までの経営上の課題	▶工作機械向けパーツを中心〜上がりが続き、売上高営業〜 ▶また、人手不足問題は大き〜高卒採用も応募が減ってきている。発注量に対して生産が追いつかなくなっており、従業員が残業をして対応している。今年からベトナム人研修生の受け入れを開始したが、まだ十分な戦力とはなっていない。
当該課題への対応	▶原材料値上がりに伴い、発注元との価格交渉を継続的に行っていく。合わせて、平成 30 年中に予定している設備の入れ替えによって、生産効率を上げコストダウンを図っていく。 ▶人材確保のため地元高校で〜し、リクルート活動を積極的〜生のスキルアップのために、〜5S の徹底を改めて行う。〜

> おおよその予定。幅があっても可。令和 9 年 12 月 31 日を過ぎてはならない。

> 株式等の贈与（相続）後に当計画を作成する場合や、既に先代経営者が役員を退任している場合には、経営上の課題と当該課題への対応は記載を省略できる。

5　特例後継者が株式等を承継した後 5 年間の経営計画

実施時期	具体的な実施内容
1 年目	・設計部門を増強するとともに、導入を予定している新型 CAD を活用し、複雑な形状の製品開発を行えるようにすることで、製品提案力を強化し単価の向上を図る。 ・海外の安価な製品との競争を避けるため、BtoB の工業用品だけではなく、鋳物を活用したオリジナルブランド商品の開発（BtoC）に着手する。 ・生産力強化のため、新工場建設計画を策定。用地選定を開始する。
2 年目	・新工場用の用地を決定、取引先、金融機関との調整を行う。 ・電気炉の入れ替えを行い、製造コストの低下を図る。 ・オリジナルブランド開発について一定の結論を出し、商品販売を開始する。
3 年目	・新工場建設着工を目指す。 ・3 年目を迎える技能実習生の受け入れについて総括を行い、人材採用の方向性について議論を行う、
4 年目	・新工場運転開始を目指すとともに、人員配置を見直す。増員のための採用方法については要検討。 ・少数株主からの株式の買い取りを達成する。
5 年目	・新工場稼働による効果と今後の方向性についてレビューを行う。

> 円滑な承継と事業の発展に必要と考えられる内容を自由に記載してよい。ただし、後継者が株式等を取得した後の 5 年間の計画であり、今後 5 年間の計画ではない点に注意する。
> 具体的な売上高や設備投資額などの数字までは求めていない。
> 毎年同じ内容の羅列、未記入は不可。

64　第 3 章　特例承継計画の申請

（備考）
① 　用紙の大きさは、日本工業規格 A4 とする。
② 　申請書の写し（別紙を含む）及び施行規則第 17 条第 2 項各号に掲げる書類を添付する。
③ 　別紙については、中小企業等経営強化法に規定する認定経営革新等支援機関が記載する。

（記載要領）
① 　「2　特例代表者」については、本申請を行う時における申請者の代表者（代表者であった者を
　含む。）を記載する。
② 　「3　特例後継者」については、該当するものが一人又は二人の場合、後継者の氏名（2）の欄
　又は（3）の欄は空欄とする。
③ 　「4　特例代表者が有する株式等を特例後継者が取得するまでの期間における経営の計画」につ
　いては、株式等を特例後継者が取得した後に本申請を行う場合には、記載を省略することができ
　る。

5. 特例承継計画の記入　65

(別紙)

認定経営革新等支援機関による所見等

> 税理士個人は、個人氏名。
> 法人は、法人名および代表者の氏名を記入。

1　認定経営革新等支援機関の名称等

認定経営革新等支援機関 ID	●●●●●●●●●●●
認定経営革新等支援機関の名称	税理士　●●　●● 押印不要
（機関が法人の場合）代表者の氏名	
住所又は所在地	●●県●●市●-●

2　指導・助言を行った年月日
　　　令和　●年　●月　●日　← 直近の指導・助言日。
　　　　　　　　　　　　　　　　企業の従業員数はこの時点のもの。

3　認定経営革新等支援機関による指導・助言の内容

大半の株式は先代経営者である会長が保有しているが、一部現経営者の母、伯父家族に分散しているため、贈与のみならず買い取りも行って、安定した経営権を確立することが必要。

原材料の値上げは収益力に影響を与えているため、業務フローの改善によりコストダウンを行うとともに、商品の納入先と価格交渉を継続的に行っていくことが必要。原材料価格の推移をまとめ、値上げが必要であることを説得力を持って要求する必要がある。

新工場建設については、取引先の増産に対応する必要があるか見極める必要あり。最終商品の需要を確認するとともに、投資計画の策定の支援を行っていく。

なお、税務面については顧問税理士と対応を相談しながら取り組みを進めていくことを確認した。

66　第3章　特例承継計画の申請

図表 3-5-3　添付書類

特例承継計画の確認申請手続き

提出書類

申請に当たって、提出が必要な書類は以下のとおりです。

1. 【様式第21】確認申請書（特例承継計画）
   （原本1部、写し1部）

2. 履歴事項全部証明書

3. 返信用封筒（A4を折らずに返送可能なもの。返送用の宛先を記載し、切手を貼付してください。）

1. 【様式第21】確認申請書（特例承継計画）
   （原本1部、写し1部）
   経営革新等支援機関の指導及び助言を受けた確認申請書を提出してください。

2. 履歴事項全部証明書
   申請会社の**履歴事項全部証明書の原本（確認申請日の前3カ月以内に取得したもの）**を添付してください。

   ※特例代表者がすでに代表者を退任している場合で、「過去に代表者であった旨の記載」が履歴事項全部証明書にない場合は、併せてその旨の記載がある**閉鎖事項証明書**を添付してください。

3. 返信用封筒
   定型外封筒（返信先宛先を明記するとともに、切手を貼付してください）を同封してください。

   ※確認の判断ができない場合、参考となる資料を別途ご提出いただくことがあります。

5. 特例承継計画の記入　67

図表 3-5-4　特例承継計画（様式第 21）提出時の留意点

・書類の提出の際の留意点については、都道府県によって取扱が異なります。
袋綴じや捨印が必要となる場合があります。
・都道府県の担当窓口（巻末資料参照）に電話をして、事前に確認をしておくとよいでしょう。

次に掲げるのは、ある都道府県の例です。

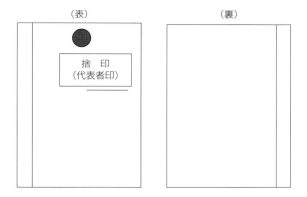

・原本 2 部（正・副）の作成、提出

・本文～別紙までを袋綴じ

・申請書 1 枚目の上部に捨印（代表者印）を 1 箇所押印する
（袋綴じ部分の割印は省略可）

・返信用封筒を同封する（切手を貼付する）
　　都道府県知事の確認書が後日送付されるので、
　　返信先の住所（通常は認定支援機関）を記入しておく

・提出は郵送が原則（レターパック可）

68　第3章　特例承継計画の申請

図表 3-5-5　特例承継計画 提出時のチェックシート

必要書類		確認項目	チェック
□**確認申請書** （特例承継計画） 様式第21	手続	・期限内の申請であること　〜2026（令和8）年3月31日	
		・原本1部、写し1部の合計2部（正・副）	
		・会社代表者印や認定支援機関印は不要	
		・袋綴じ、捨印を求められる場合があるので、事前に都道府県の担当窓口に確認にしておく	
		・提出は郵送が原則、返信用封筒を同封 　返信先（通常は認定支援機関）を明記して、切手を貼付する	
	会社	・申請先は登記簿上の本店所在地がある都道府県知事	
		・複数の事業がある場合は、主たる事業内容を一つ記入する	
		・中小企業であること	
		□製造業その他　資本金3億円以下又は従業員数300人以下 □製造業のうちゴム製品製造業 　（自動車又は航空機用タイヤ及びチューブ製造業並びに工業用ベルト製造業を除く） 　　　　　　　　資本金3億円以下又は従業員数900人以下 □卸売業　　　　資本金1億円以下又は従業員数100人以下 □小売業　　　　資本金5000万円以下又は従業員数50人以下 □サービス業　　資本金5000万円以下又は従業員数100人以下 □サービス業のうちソフトウエア業または情報処理サービス 　　　　　　　　資本金5000万円以下又は従業員数100人以下 □サービス業のうち旅館業 　　　　　　　　資本金5000万円以下又は従業員数200人以下	
		・常時使用する従業員数（役員、パート・アルバイト・短時間労働者除く）は記入したか	

5. 特例承継計画の記入　69

必要書類		確認項目	チェック
□**履歴事項全部証明書** 申請日前3カ月以内の原本 □**閉鎖事項証明書** 申請日前3カ月以内の原本	特例代表者	・特例代表者は、現に代表者か、代表者であった者	
		・特例代表者の代表権が無しのとき、退任年月日を記載する	
		・特例代表者が既に代表者の退任している場合で、その退任年月日が「履歴事項全部証明書」に掲載がないときは退任年月日がわかる「閉鎖事項証明書」も取り寄せる	
	特例後継者	・特例後継者（最大3名まで）の氏名の記載はあるか	
		・後継者が1名のとき、（2）（3）はブランクで可 　（記載のない後継者は特例の認定を受けられないので注意）	
	株式取得までの経営計画	・株式を承継する時期（予定）は明記されているか 　2027（令和9）年12月末を過ぎていないか 　計画と納税猶予を同時申請する場合は、贈与（相続発生）日を記入	
		・株式の承継時期（予定）に、後継者の要件を満たせるか	
		・株式承継の時期・経営上の課題・課題への対応の記載があるか 　（株式等の贈与後・相続後に本計画を作成する場合や、既に先代経営者が役員を退任している場合は、記載の省略可）	
	承継後5年間の経営計画	・特例後継者が株式等を承継した後5年間の経営計画について記載があるか 　ブランク、年間同一内容は不可	
	（別紙）	・認定支援機関のID番号は記入したか	
		・認定支援機関は認定有効期限内か	
		・認定支援機関名は正しく記載されているか	
		・認定支援機関が指導・助言を行った日付に漏れはないか	
		・認定支援機関の所見（指導・助言の内容）の記載はあるか	

第4章
特例措置の認定要件

72　第4章　特例措置の認定要件

図表4-1-1　事業承継税制（法人版）　特例措置の主な認定要件

(1) 会社の要件

・中小企業者であること
・上場会社等、風俗営業会社でないこと
・資産保有型会社等に該当しないこと
・常時使用する従業員が1人以上いること
・特定特別子会社が上場会社等、大会社または風俗営業会社でないこと

> ・「資産保有型会社等」とは、総資産に占める「特定資産」の割合が70%以上の会社（資産保有型会社）、総収入金額に占める「特定資産」の運用収入の割合が75%以上の会社（資産運用型会社）をいう。
> ・「特定資産」とは、現預金・有価証券・保険料積立金、有休不動産・賃貸用不動産・販売用不動産、同族関係者に対する貸付金等。
> 　　次の「事業実態要件」すべてを満たす場合には、資産保有型会社等に該当しないものとされる。
> 　　①常時使用する従業員（後継者と生計を一にする親族を除く）が5人以上
> 　　②事務所、店舗、工場などを所有または賃貸している
> 　　③3年以上継続して事業を行っている
> ・常時使用する従業員とは、役員・パート・アルバイト・短時間時間労働者を除く正規雇用関係者。
> ・「特定特別子会社」とは、会社・代表者・代表者と生計を一にする親族等の同族関係者が合わせて総株主議決権数の過半数を所有している会社のこと。

(2) 先代経営者の要件

・会社の代表者であったこと
・贈与（相続開始）の直前において、現経営者と同族関係者で総議決権数の過半数を保有しており、かつ、同族内で筆頭株主（後継者を除く）であったこと
・特例承継計画に記載された先代経営者であること
・【贈与税】贈与時に代表者を退任していること

(3) 後継者の要件

・贈与（相続開始）時において、後継者と同族関係者で総議決権数の過半数を保有していること
　〈後継者1人の場合〉同族関係者の中で筆頭株主であること
　〈後継者複数の場合〉各後継者が10%以上の議決権を有し、かつ、同族関係者の中で上位2位以内（後継者2人の場合）又は3位以内（後継者3人の場合）であること
・特例承継計画に記載された後継者であること
・【贈与税】贈与時に18歳以上で代表権を有していること
・贈与の直前に3年以上役員であること（令和7年1月以降に見直し予定）
・【相続税】相続開始の直前において役員であること（先代経営者が70歳未満で死亡した場合または相続開始前に確認を受けた特例承継計画に特例後継者として記載がある場合を除く）。相続開始から5カ月後に代表者であること

(4) 先代経営者以外の株主の要件

・会社の代表者でないこと
・先代経営者からの贈与（相続）以後に、贈与を行った（相続が開始した）者であること。先代経営者からの贈与（相続）に係る認定の事業継続期間内に、贈与税（相続税）申告期限が到来する場合に限る

1. 特例措置の主な認定要件

　贈与税または相続税の納税猶予制度の適用を受けるためには、都道府県知事の認定を受けるための要件（以下、「**認定要件**」）を満たす必要があります。主な認定要件は、**図表4-1-1**にまとめています。以下、その詳細と留意点についてみていきましょう。

(1) 会社の要件

- ・中小企業者であること
- ・上場会社等、風俗営業会社に該当しないこと
- ・資産保有型会社または資産運用型会社（以下、「資産保有型会社等」）に該当しないこと
- ・総収入金額が零を超えていること
- ・常時使用する従業員が1人以上いること
- ・特定特別子会社が、上場会社等、大会社、風俗営業会社に該当しないこと
- ・後継者以外の者が拒否権付株式を保有していないこと

・中小企業者であること

　贈与税および相続税は個人の税金ですが、事業承継税制の適用を受けるのは、経営承継円滑化第2条に規定する中小企業者のうち都道府県知事の認定を受けた会社となります（以下、「**認定会社**」）。

　経営承継円滑化法で定める中小企業者の範囲は**図表4-1-2**のとおりです。中小企業基本法上の中小企業者を基本とし、政令によりその範囲を拡大しています。**中小企業者**と表記するのは、会社または個人事業主を含むからです。事業承継税制（法人版）の特例措置の認定要件は、法人に限られます。

実務上、中小企業かどうかの判定は次の手順で行います。

まず、「**日本標準産業分類**」（最新版は第13回、平成26年4月施行、総務省のHP）を参照して、分類項目名、説明および内容例示から、どの分類にあてはまるのか判断します。

その上で、「中小企業基本法上の類型」における**4つの業種（製造業その他・卸売業・小売業・サービス業）**のどの業種に該当するのかを確認します。

例えば、建設業は「中小企業基本上の類型」としては、「製造業その他」に該当することになりますので、資本金3億円以下、または、従業員300人以下であれば中小企業者になります。ホテル業は「サービス業のうち旅館業」に該当しますので、資本金が1億円であっても、従業員数が200人以下であれば中小企業者になります。

したがって、どの業種でも、従業員数が50人以下であれば中小企業者ということになります。

なお、医療法人や社会福祉法人、外国法人、士業法人は事業承継税制の対象となる中小企業者には該当しません。

・上場会社等、風俗営業会社に該当しないこと

認定を受けようとする中小企業は、上場会社等または風俗営業会社に該当しないことが必要です。

上場会社等とは、金融商品取引所または店頭売買有価証券登録原簿に上場または申請している会社のことです。一般的には、「会社四季報」などに掲載されている上場会社になります。

風俗営業会社とは、性風俗関連特殊営業（ソープランド、テレクラなど）を営む会社です。バー、パチンコ、ゲームセンターなどは性風俗関連特殊営業に該当しないので、事業承継税制の対象となります。

・資産保有型会社または資産運用型会社に該当しないこと

特定資産とは、経営承継円滑化法施行規則に定められており、現預金、有価証券（株式や債券など、一定の条件に該当する子会社の株式を含む）、不動産（自社で使用していないもの）、ゴルフ会員権、絵画・貴金属等、保険料積立

1. 特例措置の主な認定要件　75

図表 4-1-2　中小企業者

業種目	資本金	従業員数
製造業その他	3 億円以下	300 人以下
製造業のうちゴム製品製造業 （自動車又は航空機用タイヤ及びチューブ製造業並びに工業用ベルト製造業を除く）	3 億円以下	900 人以下
卸売業	1 億円以下	100 人以下
小売業	5,000 万円以下	50 人以下
サービス業	5,000 万円以下	100 人以下
サービス業のうちソフトウェア業又は情報処理サービス業	3 億円以下	300 人以下
サービス業のうち旅館業	5,000 万円以下	200 人以下

（資本金と従業員数の間に「又は」）

第 13 回改定（平成 26 年 4 月 1 日施行）

中小企業基本法上の類型	日本標準産業分類上の分類
製造業その他	下記以外の全て
卸売業	大分類 I（卸売業、小売業）のうち 　中分類 50（各種商品卸売業） 　中分類 51（繊維・衣服等卸売業） 　中分類 52（飲食料品卸売業） 　中分類 53（建築材料、鉱物・金属材料等卸売業） 　中分類 54（機械器具卸売業） 　中分類 55（その他の卸売業）
小売業	大分類 I（卸売業、小売業）のうち 　中分類 56（各種商品小売業） 　中分類 57（織物・衣服・身の回り品小売業） 　中分類 58（飲食料品小売業） 　中分類 59（機械器具小売業） 　中分類 60（その他の小売業） 　中分類 61（無店舗小売業） 大分類 M（宿泊業、飲食サービス業）のうち 　中分類 76（飲食店） 　中分類 77（持ち帰り・配達飲食サービス業）
サービス業	大分類 G（情報通信業）のうち 　中分類 38（放送業） 　中分類 39（情報サービス業） 　　小分類 411（映像情報制作・配給業） 　　小分類 412（音声情報制作業） 　　小分類 415（広告制作業） 　　小分類 416（映像・音声・文字情報制作に附帯するサービス業） 大分類 K（不動産業、物品賃貸業）のうち 　小分類 693（駐車場業） 　中分類 70（物品賃貸業） 大分類 L（学術研究、専門・技術サービス業） 大分類 M（宿泊業、飲食サービス業）のうち 　中分類 75（宿泊業） 大分類 N（生活関連サービス業、娯楽業） 　※ただし、小分類 791（旅行業）は除く 大分類 O（教育、学習支援業） 大分類 P（医療、福祉） 大分類 Q（複合サービス事業） 大分類 R（サービス業〈他に分類されないもの〉）

金、同族関係者への貸付金などをいいます。

資産保有型会社とは、**特定資産**の保有割合が帳簿価額の資産総額の**70%以上**の会社のことです。事業承継税制の対象外となります。

不動産は遊休不動産が典型的な例ですが、販売用不動産や第三者に賃貸している不動産・駐車場についても特定資産に該当します。会社の事務所や工場として使用している不動産以外のものすべてが該当することになります。不動産会社はそのほとんどが資産保有型会社に該当することになるため、注意が必要です。

資産運用型会社とは、**特定資産**からの運用収入が総収入額の**75%以上**の会社のことです。事業承継税制の対象外となります。本業が資産運用を目的としている会社が典型的な例ですが、期中に特定資産の売却があった場合は、売却損益にかかわらず売却対価額を運用収入として判定するため、特定資産が多く、有価証券等の売買金額が大きな会社などは、注意が必要です。

なお、**資産保有型会社等（資産保有型会社と資産運用型会社）**に該当する場合でも、次の①～③（**事業実態要件**）のいずれにも該当するときは、資産保有型会社等に該当しないものとみなされます。

① 常時使用する従業員数（後継者と生計を一にする親族を除く）が５人以上であること

② 事務所、店舗、工場などを所有または賃貸していること

③ ３年以上継続して商品販売等の事業をおこなっていること

これは、一定の事業実態と雇用者数が確保されている会社については、事業承継税制の適用対象とするという趣旨です。

商品販売等には、不動産業のように資産の貸し付けやサービスの提供も含まれます。後継者（受贈者または相続人）や同族関係者に対する貸し付けなどは除かれます。

例えば、資産保有型会社等に該当する不動産会社であったとしても、上記①～③のすべてに該当すれば、事業承継税制の認定が受けられるということになります。

事業承継を検討する中小企業は、３年以上事業活動を行っており、事業活動に伴う事務所等を所有または賃貸している会社が大半であると思われます

ので、認定の実務上は、**後継者と生計を一にする親族を除く常時使用する従業員が5人以上いるか**どうかが重要になります。

　なお、贈与・相続時だけでなく、事業継続期間内（5年間）および事業継続期間経過後（6年目以降）も資産保有型会社等に該当すると納税猶予が取り消しになります。資産保有型会社等の判定は、納税猶予が続く限りずっとついて回りますので、当初だけ、基準を満たせばよいというものではありません（第5章4.(3)事業実態要件の実務上の取扱い参照）。

・総収入金額が零を超えていること

　事業活動を行っている以上、売上高が計上されていることが必要になります。損益計算書上の総収入金額が零の場合には、認定を受けることはできません。利息・配当金等の収入があっても、売上高が零の場合は、認定を受けることができません。いわゆる休眠会社は、認定できません。

・常時使用する従業員が1人以上いること

　その会社に**常時使用する従業員**が1人以上いることが必要となります。従業員は**社会保険（厚生年金・健康保険）**に加入している従業員のことです。パート、アルバイト、短時間労働者は除外します。75歳以上の場合は、社会保険の対象外ですが、2カ月を超える雇用契約があり、正社員並みの雇用形態と労働時間および日数であれば認められます。

　役員は常時使用する従業員数には含めません。**役員**は、株式会社の場合、取締役、監査役、会計参与が該当します。**使用人兼務役員**は原則として従業員数に含めます。従業員1人は社会保険加入者であれば親族従業員でも構いませんが、社長1人だけの会社は認定を受けることはできません。

　なお、その会社に**特別子会社**があり、その特別子会社が外国会社に該当し、かつ、その同族関係者が特別子会社の株式を有する場合には、従業員数は5人以上であることが必要になります。

・特定特別子会社が、上場会社等、大会社、風俗営業会社に該当しないこと

　子会社がある場合には、慎重な対応が必要です。子会社に関する定義を明

78 第4章 特例措置の認定要件

らかにしておきましょう。

　特別子会社とは、会社・その代表者・その代表者の**親族（配偶者・6親等内の血族・3親等以内の姻族）**などの同族関係者が、合わせて総株主議決権数の過半数を所有している会社および**外国会社**のことをいいます。

　また、**特定特別子会社**とは、特別子会社のうち、親族の範囲が「代表者と生計を一にする親族」に限定されたものです。つまり、会社・その代表者・その代表者と生計を一にする親族の親族などの同族関係者が合わせて総株主議決権数の過半数を所有している会社です。

　認定を受けようとする中小企業の特定特別子会社が上場会社等、大会社、風俗営業会社に該当しないことが要件になります。ここで、**上場会社等、風俗営業会社**については、中小企業（申請会社）自体に求められる要件と同じです。**大会社**とは、資本金と従業員数から判定される中小企業に該当しない比較的規模の大きな会社で、かつ、上場会社ではない企業のことです。

　子会社だけでなく、兄弟会社も特定特別子会社に該当しないことが求められます（**図表4-1-4**）。

・後継者以外の者が拒否権付株式を保有していないこと

　拒否権付株式とは、株主総会の決議事項を拒否する権限（拒否権）が付与された種類株式のことです。拒否権付株式が発行されている場合はこの株式の決議がなければ株主総会の決議の効力は発生しないとされており、その権限の強さから、**黄金株**とも呼ばれています。

　拒否権付株式は一般的ではありませんが、先代経営者が株式を後継者に譲っても、なお拒否権付株式だけを保有し、後継者の経営権に一定の歯止めをかけているというケースがあります。

　後継者（贈与のときは受贈者、相続のときは相続人）以外の株主が拒否権付株式（黄金株）を保有している場合は、事業承継税制の適用外となります。贈与・相続等で、後継者が拒否権付株式を保有するのであれば、事業承継税制の適用は可能です。

1. 特例措置の主な認定要件　79

図表4-1-3　特別子会社

　「**特別子会社**」とは、次に掲げる者により、その総株主議決権数の過半数を保有される会社をいいます。

(1)　その会社
(2)　後継者
(3)　後継者の親族（配偶者・6親等内の血族・3親等の姻族）
(4)　後継者と事実上婚姻関係にある者など特別の関係がある者
(5)　次に掲げる会社

　　①　(2)〜(4)により総株主議決権数の過半数を保有されている会社
　　②　(2)〜(4)及びこれと(5)①の関係がある会社により総株主議決権数の過半数を保有されている会社
　　③　(2)〜(4)及びこれと(5)①または(5)②の関係がある会社により総株主議決権数の過半数を保有されている会社

　なお、会社法上の子会社（議決権数の過半数を保有される会社または財務および事業の方針の決定を支配されている会社）とは異なりますのでご注意下さい。

　その会社が、下記の①②の双方に該当する場合には、常時使用する**従業員は5人以上**いることが必要になります。

　①　会社またはその支配関係法人が、その特別子会社の株式を有していること
　②　会社の特別子会社が、外国法人に該当すること

支配関係法人
　発行済株式の50%超を直接または間接に保有される法人

直接または間接保有する関係
　(1)　発行済株式の50%超を直接保有する場合
　(2)　(1)に該当する会社が、間接的に50%超を保有する場合

出所：経済産業省　「経営承継円滑化法申請マニュアル」　抜粋・一部修正

図表 4-1-4　特定特別子会社

「**特定特別子会社**」とは、次に掲げる者により、その総株主議決権数の過半数を保有される会社をいいます。

(1)　その会社
(2)　後継者
(3)　後継者と生計を一にする親族（配偶者・6親等内の血族・3親等の姻族）
(4)　後継者と事実上婚姻関係にある者など特別の関係がある者
(5)　次に掲げる会社

　① (2)～(4)により総株主議決権数の過半数を保有されている会社
　② (2)～(4)及びこれと(5)①の関係がある会社により総株主議決権数の過半数を保有されている会社
　③ (2)～(4)及びこれと(5)①または(5)②の関係がある会社により総株主議決権数の過半数を保有されている会社

なお、会社法上の子会社（議決権数の過半数を保有される会社または財務および事業の方針の決定を支配されている会社）とは異なりますので、ご注意下さい。

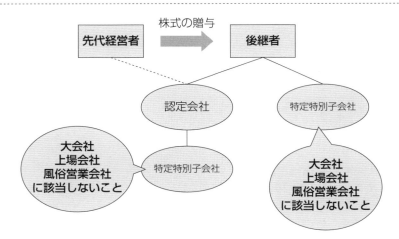

なお、「特別子会社」との違いは、上記(3)が、後継者と生計を一にする親族に限定されていることです。

出所：経済産業省「経営承継円滑化法申請マニュアル」抜粋・一部修正

⑵ 先代経営者の要件

1)贈与の場合

・会社の代表者であったこと
・先代経営者がその会社の代表者であった期間内のいずれかの時およびその贈与の直前において、先代経営者と先代経営者の親族などで総議決権数の過半数を保有しており、かつ、これらの者の中で最も多くの議決権を有する者(特例の適用を受ける後継者を除く)であったこと
・贈与時に代表者を退任していること
・一定数以上の株式を贈与すること
　　(後継者1人の場合)
　①　贈与者と後継者の保有議決権が合わせてその会社の総議決権数の2/3以上である場合
　　　⇒贈与後の後継者の議決権数が2/3以上となるよう贈与
　②　贈与者と後継者の保有議決権が合わせてその会社の総議決権数の2/3未満である場合
　　　⇒先代経営者が保有する議決権株式のすべてを贈与
　　(後継者2人または3人の場合)
　　　贈与後に、それぞれの後継者の議決権数が10%以上であり、
　　　　かつ、贈与者よりも多くの議決権数を有するように贈与
　　　贈与者と後継者が同率であることは不可
・既に特例措置の適用に係る贈与をしていないこと
・特例承継計画に記載された先代経営者であること

　従来の一般措置では、1人の先代経営者から1人の後継者に株式を譲渡(贈与または相続)する場合にしか事業承継税制は適用されませんでした。いわばマン・ツー・マンであったわけです。
　特例措置では、先代経営者以外の複数の株主から、最大3人の後継者に株式を譲渡(贈与または相続)できるようになりなりました。

なお、一般措置でも2018（平成30）年1月からは、複数の株主から後継者に株式の譲渡ができるようになりましたが、後継者については一人に限られたままです。

また、一般措置では親族しか後継者になれませんが、特例措置では、先代経営者以外の株主および後継者は第三者（親族外）でも可能となりました。

それでは先代経営者の要件をみていきます。

・会社の代表者であったこと
・先代経営者がその会社の代表者であった期間内のいずれかの時およびその贈与の直前において、先代経営者と先代経営者の親族などで総議決権数の過半数を保有しており、かつ、これらの者の中で最も多くの議決権を有する者（特例の適用を受ける後継者を除く）であったこと

　先代経営者は、会社の代表者であったことが必要です。贈与直前に代表者である必要はありません。先代経営者が、既に代表者を退任して、後継者に代表権を渡し、株式だけを保有している場合でも適用されます。

　過去に一度でも代表権を持っていた時期があり、その時期に、先代経営者を含む**同族関係者**（先代経営者と特別の関係がある者）が株式（議決権のある発行済株式総数）の**50%超**を所有しており、かつ、同族関係者の中で（後継者を除いて）一番多くの株式を保有していた（同率可）ことが必要になります。

　そして、贈与の直前においても、先代経営者を含む**同族関係者**（先代経営者と特別の関係がある者）が株式（議決権のある発行済株式総数）の**50%超**を所有しており、かつ、同族関係者の中で（後継者を除いて）一番多くの株式を保有していた（同率可）ことが必要です。

　端的にいえば、「**先代経営者は、代表者であった過去の一時期および贈与の直前において、同族で過半数、かつ、同族内筆頭株主（後継者を除く）**」が要件になります。

図表 4-2-1　同族関係者

代表者と以下の関係のある者を「同族関係者」と定義しています。

① 代表者（※）の親族
　（※）会社を代表する者をいい、株式会社の場合には、取締役（代表取締役が定められている場合は当該代表取締役）、持分会社の場合には、業務を執行する社員（会社を代表する社員を定めた場合は当該社員）。
② 代表者と婚姻の届出をしていないが、事実上婚姻関係と同様の事情にある者
③ 代表者の使用人
④ ①から③までに掲げる者以外で、代表者から受ける金銭その他の資産によって生計を維持しているもの
⑤ ②から④に掲げる者と生計を一にするこれらの者の親族
⑥ 代表者と①から⑤までに掲げる者が合わせて総株主等議決権数（※）の過半数を有している会社
　（※）総株主（株主総会において決議をすることができる事項の全部につき議決権を行使することができない株主を除く。）又は総社員の議決権の数をいいます。
⑦ 代表者と①から⑥までに掲げる者が合わせて総株主等議決権数の過半数を有している会社
⑧ 代表者と①から⑦までに掲げる者が合わせて総株主等議決権数の過半数を有している会社

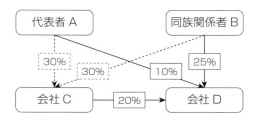

（注）上図の%は議決権株式の保有比率です。この場合、会社Cと会社Dは両者とも代表者Aの同族関係者に該当します。

出所：経済産業省「経営承継円滑化法申請マニュアル」抜粋

84 第4章 特例措置の認定要件

図表 4-2-2　先代経営者の筆頭株主の例

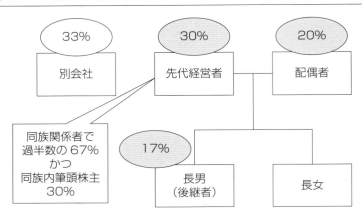

先代経営者

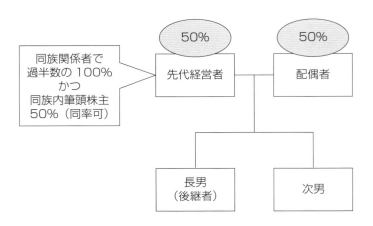

・贈与時に代表者を退任していること

　　先代経営者は、贈与直前に代表者である必要はありませんが、贈与の時点で代表者であってはなりません。経営者が株式を贈与する時点では、代表者を退任している必要があります。贈与前日まで代表者であることは可能ですが、代表権を持ったまま株式を贈与することできません。

　　先代経営者は、代表権のない有給役員として、贈与後も会社の経営に関与することは可能です。取締役や相談役として残り、役員報酬を得ることはできます。

・一定数以上の株式を贈与すること

　　贈与者は、一定数以上の株式を贈与しなければなりません。株式を取得する者の人数および先代経営者（贈与者）と後継者の保有する株式数に応じて、最低限贈与しなければならない株式数が決められています（**図表4-2-3、4-2-4**）。

　　後継者が安定した経営権を行使できるように保有株式数について配慮されたものと考えればわかりやすいでしょう。後継者が1人か複数かによって、贈与する株式数が変わってきます。

　　まず、後継者が1人の場合は、会社の総議決権数（以下、単に全株式数）の3分の2以上の株式を後継者が保有するように贈与します。

　　①　贈与者と後継者の合計が全株式数の3分の2以上である場合、贈与後の後継者の持株が3分の2以上となるよう贈与しなければなりません。

　　②　贈与者と後継者の合計が全株式数の3分の2未満である場合、贈与者（先代経営者）は持株のすべてを贈与しなければならず、持株を残すことはできません。

　　次に、後継者が2人または3人の場合は、贈与後に各後継者が全株式数の10％以上になるようにして、かつ、各後継者が贈与者よりも多くの持株となるよう贈与しなければなりません（贈与者と後継者の持株が同率であることは不可）。

　　さらに、各後継者は、後継者以外の同族関係者の株主の持株を下回らないことという要件を満たす必要があります（後継者以外の最大の同族関係者株主

86　第4章　特例措置の認定要件

図表 4-2-3　贈与時の取得株数要件

(1)受贈者が1人である場合　　次に掲げる贈与
　イ．A＋B　≧　C×2／3　の場合には、C×2／3－B　以上　を贈与
　ロ．A＋B　＜　C×2／3　の場合には、Aの全部　贈与

　　　　A：贈与者が贈与の直前に有していた株式数
　　　　B：受贈者が贈与の直前に有していた株式数
　　　　C：贈与時の発行済株式数

イ．がマイナスの時は、1株以上の贈与をする

(2)受贈者が2人または3人である場合　　次のイおよびロを満たす贈与
　イ．D　≧　C×1／10
　ロ．D　＞　E

　　　　C：贈与時の発行済株式数
　　　　D：贈与直後におけるそれぞれの受贈者が有する株式数
　　　　E：贈与直後における贈与者の有する株式数

イ．の要件の判定は、それぞれの受贈者が贈与を受けた時点における株式数で行う
　　　Eについては、最後に行われた贈与直後の株式数とする

・贈与者は、株式を一括して贈与する必要がある
　（同一の贈与者による同一の受贈者に対する複数回の贈与認定はできない）

・「後継者が1人の場合」または「後継者が2人または3人の場合」のいずれかに
　該当するかは、「同一年中に同一の贈与者から同一の申請会社の株式を特例措置の
　適用に係る贈与により取得した後継者の数」により判定を行う。

・後継者に係る同族過半数要件、同族内筆頭要件の判定は、それぞれが贈与を受け
　た直後の株式数で判定する。
　（同族内で同率の者がいたとしても、筆頭に該当する）

1. 特例措置の主な認定要件　87

図表 4-2-4　贈与時の取得株式の例

1. 後継者が 1 人の場合

(1) 贈与者と後継者の持株数の合計が全株式数の 3 分の 2 以上
　⇒　贈与後の後継者の持株数が 3 分の 2 以上になるように贈与する。
　　　下の例では、後継者は 66. 7%以上 70%まで保有可能。

株　　主	贈与前	贈与後
先代経営者	50%	0%
後継者	20%	70%
その他の株主	30%	30%
合　　計	100%	100%

(2) 贈与者と後継者の持株数の合計が全株式数の 3 分の 2 未満
　⇒　贈与者は保有株のすべてを贈与する。

株　　主	贈与前	贈与後
先代経営者	50%	0%
後継者	10%	60%
その他の株主	40%	40%
合　　計	100%	100%

2. 後継者が 2 人または 3 人の場合

　⇒　贈与後に各後継者の持株数が 10%以上であり、
　　　贈与者よりも多くの持株数（同率不可）になるように贈与する。
　　　後継者は他の同族関係者よりも下回らないこと（同率可）。

株　　主	贈与前	贈与後
先代経営者	70%	5%
後継者 A	10%	55%
後継者 B	0%	20%
同族株主	20%	20%
合　　計	100%	100%

図表 4-2-5　後継者 3 人の場合の贈与例

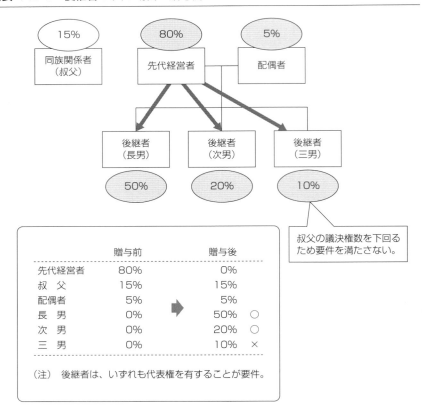

と同率も可）。

　ここで注意しなければならないのは、後継者は代表権を有する後継者でなければならないということです。中小企業において、代表者である後継者を3人もたてることは考えにくいのですが、会社代表者として2人の後継者を選定する場合はあるかと思います。その際には、贈与可能な株式数をしっかり把握しておく必要があります。

・既に特例措置の適用に係る贈与をしていないこと

　既に特例措置の適用を受ける贈与をしている先代経営者は、再度この特例の措置を受ける贈与をすることはできません。1回限りの一括贈与を行う必要があります。ただし、代表権を持つ後継者が2人または3人である場合には、同年中に限り、それぞれの後継者に対し、別の日に贈与することはできます。

・特例承継計画に記載された先代経営者であること

　特例措置の適用を受けるにあたっては、特例承継計画の作成を求められますので、この計画に記載された先代経営者でなければ認定を受けることはできません。

2)相続の場合

・会社の代表者であったこと
・先代経営者がその会社の代表者であった期間内のいずれかの時および相続開始の直前において、先代経営者と先代経営者の親族などで総議決権数の過半数を保有しており、かつ、これらの者の中で最も多くの議決権を有する者（特例の適用を受ける後継者を除く）であったこと
・既に特例措置の適用に係る贈与をしていないこと
・特例承継計画に記載された先代経営者であること

・会社の代表者であったこと
・先代経営者がその会社の代表者であった期間内のいずれかの時および相続開始の直前において、先代経営者と先代経営者の親族などで総議決権数の過半数を保有しており、かつ、これらの者の中で最も多くの議決権を有する者（特例の適用を受ける後継者を除く）であったこと

　先代経営者は、会社の代表者であったことが必要です。相続時に代表者でなくてもかまいません。先代経営者が、既に代表者を退任して、後継者に代表権を渡し、株式だけを保有している場合でも適用されます。

　過去に一度でも代表権を持っていた時期があり、その時期に、先代経営者を含む**同族関係者**（先代経営者と特別の関係がある者）が株式（議決権のある発行済株式総数）の**50％超**を所有しており、かつ、同族関係者の中で（後継者を除いて）一番多くの株式を保有していた（同率可）ことが必要になります。

　そして、相続の直前においても、先代経営者を含む**同族関係者**（先代経営者と特別の関係がある者）が株式（議決権のある発行済株式総数）の**50％超**を所有しており、かつ、同族関係者の中で（後継者を除いて）一番多くの株式を保有していた（同率可）ことが必要です。

　端的にいえば、「**先代経営者は、代表者であった過去の一時期および相続の直前において、同族で過半数、かつ、同族内筆頭株主（後継者を除く）**」が要件になります。

・既に特例措置の適用に係る贈与をしていないこと
　既に特例措置の適用を受ける贈与をしている先代経営者は、再度この特例の措置を受ける相続をすることはできません。

・特例承継計画に記載された先代経営者であること
　特例措置の適用を受けるにあたっては、特例承継計画の作成を求められますので、この計画に記載された先代経営者でなければ認定を受けることはできません。

⑶ 後継者の要件

1)贈与の場合

・贈与時に18歳以上の代表者であり、かつ、贈与の直前において3年以上継続して役員であること（この要件は令和7年1月以降見直し予定）
・贈与時において、後継者とその同族関係者で総議決権数の過半数を保有していること
・一定数以上の株式を受贈すること
　（後継者1人の場合）
　　同族関係者の中で最も多くの議決権数を有していること
　（後継者が2人または3人の場合）
　　各後継者が10％以上の議決権数を有し、かつ、各後継者が同族関係者のうちいずれの者が有する議決権数をも下回らないこと
・その会社の株式について、一般措置の適用を受けていないこと
・特例承継計画に記載された後継者であること

　従来の一般措置では、1人の先代経営者から1人の後継者に株式を譲渡（贈与または相続）する場合にしか事業承継税制は適用されませんでした。いわばマン・ツー・マンであったわけです。

　特例措置では、先代経営者以外の複数の株主から、最大3人の後継者に株式を譲渡（贈与又は相続）できるようになりなりました。

　なお、一般措置でも2018（平成30）年1月からは、複数の株主から後継者に株式の譲渡ができるようになりましたが、後継者については1人に限られたままです。

　また、一般措置では親族しか後継者になれませんが、特例措置では、先代経営者以外の株主および後継者は第三者（親族外）でも可能となりました。

　それでは後継者の要件をみていきます。

・贈与時に18歳以上の代表者であり、かつ、贈与の直前において3年以上

継続して役員であること

後継者は、贈与の日において18歳以上であり、継続して3年以上その会社の役員である必要があります。常勤・非常勤の区別は問われませんが、継続してその会社の役員であったことが必要です。通算3年間ではありません。

なお、この認定要件は、令和7年1月以降に見直される予定です。令和7年度の税制改正の動向には十分ご留意ください。

役員とは、株式会社の場合は、**取締役**、**会計参与**および**監査役**をいいます。役員であれば、地位は同一でなくてもよく、監査役1年と取締役2年を継続して就任していてもよいとされています。

さらに、贈与時には**代表者**でなければなりません。したがって、代表権のない後継者は、代表者に就任してから株式の贈与を受けることになります。代表権を3年以上有している必要はありません。

・贈与時において、後継者とその同族関係者で総議決権数の過半数を保有していること

贈与の時において、後継者（受贈者）とその同族関係者で総議決権数の過半数を保有していることが必要です。

・一定数以上の株式を受贈すること

後継者（受贈者）は、贈与後に、一定数以上の株式を保有していなければなりません。後継者の人数によって異なります。

まず、後継者が1人の場合は、後継者とその同族関係者の中で最も多くの議決権を有している（筆頭株主である）ことが必要です。なお、後継者と同じ割合の議決数を有する株主がいてもよいことになります（同率可）。

次に、後継者が2人または3人の場合は、各後継者が、贈与後において10%以上の議決権数を有し、かつ、各後継者が同族関係者のうちいずれの者が有する議決権数をも下回らないことが必要です。同族関係者の中に、その後継者と同じ割合の議決権を有する株主がいてもよいことになります（同率可）。また、贈与者と後継者が同率であることは不可とされています。

・その会社の株式について、一般措置の適用を受けていないこと

　後継者が贈与により取得した株式について、既に一般措置の適用を受けている場合には、認定を受けることはできません。

・特例承継計画に記載された後継者であること

　特例措置の適用を受けるにあたっては、特例承継計画の作成を求められますので、この計画に記載された後継者でなければ認定を受けることはできません。

2）相続の場合

・相続開始の直前において役員であり（先代経営者が 70 歳未満である場合または相続発生前に確認を受けた特例承継計画に特例者後継者として記載されている場合を除く）、相続開始から５カ月後に代表者であること
・相続時において、後継者（相続人）とその同族関係者で総議決権数の過半数を保有していること
・一定数以上の株式を相続すること
（後継者１人の場合）
　同族関係者の中で最も多くの議決権数を有していること
（後継者が２人または３人の場合）
　各後継者が 10％以上の議決権数を有し、かつ、各後継者が同族関係者のうちいずれの者が有する議決権数をも下回らないこと
・その会社の株式について、一般措置の適用を受けていないこと
・特例承継計画に記載された後継者であること

・相続開始の直前において役員であり（先代経営者が 70 歳未満である場合または相続発生前に確認を受けた特例承継計画に特例者後継者として記載されている場合を除く）、相続開始から５カ月後に代表者であること

　先代経営者の相続開始（死亡日）の直前において、後継者はその会社の役員であることが必要です。ただし、先代経営者（被相続人）が 70 歳未満で

死亡した場合、または、相続開始の前に、特例承継計画を提出し、都道府県知事の確認を受けていた場合は、後継者は役員である必要はありません。

経営者が若くして急逝したような場合、後継者を選定するにあたっては、他社に勤務中のご子息を急遽後継者としてその会社の役員に据えるケースがあるため、先代経営者が70歳未満で死亡した場合等には、相続開始の直前において役員である必要はないとされています。

この場合でも、相続開始から5カ月以内には、後継者は代表者になっておかなければなりません。

相続開始から5カ月というのは、相続税の納税猶予の申請を都道府県に提出する申請基準日に当たり、この日（死亡日+5カ月）までに代表権を持つ必要があります。したがって、先代経営者が既に代表者を退任して、後継者に代表権を譲っている場合は、この要件を満たしていることになります。

・相続時において、後継者（相続人）とその同族関係者で総議決権数の過半数を保有していること

相続開始の時において、後継者（相続人）とその同族関係者で総議決権数の過半数を保有していることが必要です。

・一定数以上の株式を相続すること

後継者（相続人）は、相続後に、一定数以上の株式を保有していなければなりません。後継者の人数によって異なります。

まず、後継者が1人の場合は、後継者がその同族関係者の中で最も多くの議決権を有している（筆頭株主である）ことが必要です。なお、後継者と同じ割合の議決数を有する株主がいてもよいことになります（同率可）。

次に、後継者が2人または3人の場合は、各後継者が、相続後において10％以上の議決権数を有し，かつ、各後継者が同族関係者のうちいずれの者が有する議決権数をも下回らないことが必要です。同族関係者の中に、その後継者と同じ割合の議決権を有する株主がいてもよいことになります（同率可）。

・その会社の株式について、一般措置の適用を受けていないこと

　　後継者が相続により取得した株式について、既に一般措置の適用を受けている場合には、認定を受けることはできません。

・特例承継計画に記載された後継者であること

　　特例措置の適用を受けるにあたっては、特例承継計画の作成を求められますので、この計画に記載された後継者でなければ認定を受けることはできません。

⑷　先代経営者以外の株主の要件

1）贈与の場合

　・会社の代表者でないこと
　・先代経営者からの贈与または相続以後に、贈与を行った者であること
　・一定数以上の株式を贈与すること
　・既に特例措置の適用に係る贈与をしていないこと

　贈与者や被相続人には、先代経営者と先代経営以外の株主があります。以前は、先代経営者1人のみに限られていましたが、特例措置では、先代経営者以外の複数の株主から、最大3人の後継者に贈与が可能となっています。

　それでは、先代経営者以外の株主の要件をみていきます。

・会社の代表者でないこと

　　先代経営者以外の株主は、贈与の時点で代表者ではないことが要件です。その株主が、過去に代表権を持っていたかどうかは関係なく、贈与のときには代表者であってはなりません。

・先代経営者からの贈与または相続以後に、贈与を行った者であること

　　先代経営者からの贈与または相続以後に、贈与を行った者であることが要件になります。先代経営者以外の株主の贈与は、先代経営者の贈与または相

続以後でないとできないということです。

先代経営者から後継者への贈与を「**第一種特例贈与**」、その後に行われる先代経営者以外の株主から後継者への贈与を「**第二種特例贈与**」といいます（具体例は**図表4-4-1**参照）。

先代経営者からの贈与または相続に係る認定の事業継続期間（5年間）内に、当該贈与に係る贈与税の申告期限が到来する場合に限ります（具体例は**図表4-4-2**参照）。

先代経営者以外の株主からの贈与については、先代経営者からの贈与の場合と異なり、株主（贈与者）が代表権を持っていた者であること、同族で議決権の過半数を有していたこと、同族内で筆頭株主であったこと、特例計画に記載された特例代表者であることなどの要件はありません。

先代経営者から後継者への贈与と先代経営者以外から後継者への贈与を同時に行うことも可能とされていますが、同一日に贈与契約書を2通交わした場合、どちらが先行したのか判別がつきません。認定申請時の混乱を避ける観点から、実務上は、先代経営者からの贈与をまず先行させ、先代経営者以外の株主からの贈与を1日以上遅らせて行うのが一般的です。

・一定数以上の株式を贈与すること

後継者の株式の保有状況に応じて、一定数以上の株式を贈与しなければなりません。これは、先代経営者の要件と同一です。

・既に特例措置の適用に係る贈与をしていないこと

既に特例措置の適用に係る贈与をしている先代経営者以外の株主は、再度この特例の措置に係る贈与をすることはできません。

2) 相続の場合

・先代経営者からの贈与または相続以後に、相続が発生した者であること
・既に特例措置の適用に係る贈与をしていないこと

図表 4-4-1　第一・二種特例贈与の例

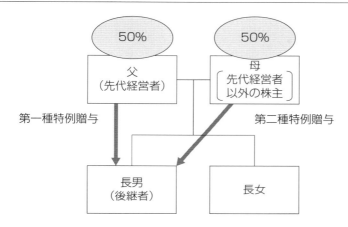

第一種特例贈与（先代経営者から後継者へ）

	贈与前	贈与後
父	50%	0%
母	50%	50%
長男	0%	50%

　　同族で過半数。父は同族内筆頭株主(同率可)。
　　父と長男で2/3未満のため、父は全株贈与。長男は筆頭株主(同率可)。

第二種特例贈与（先代経営者以外の株主から後継者へ）

	贈与前	贈与後
父	0%	0%
母	50%	0%
長男	50%	100%

　　同族で過半数。母と子で2/3以上につき、母は17%以上の贈与が必要。
　　この例では全株贈与した。長男は筆頭株主（100%）。
　　第二種は、第一種の後に実施する。

図表 4-4-2　第二種特例贈与の対象期間

（例1）令和6年7月1日に先代経営者（父）から後継者（長男）に、第一種
　　　　特例贈与が行われた場合　　　　　　　　　　（土日祝日は考慮していない）

・第一種特例贈与の認定有効期間（事業継続期間）は、令和12年3月15日まで。
・先代経営者以外の株主（母）から、後継者（長男）に、第二種特例贈与を行う場合は、令和11年12月31日までに行う必要がある。
　第二種特例贈与の贈与税申告期限は、贈与の翌年の令和12年3月15日となるため。

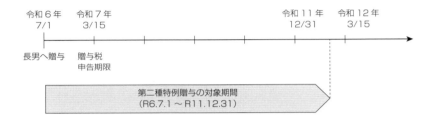

（例2）令和6年5月1日に先代経営者（父）から後継者（長男）に、第一種
　　　　特例相続が行われた場合　　　　　　　　　　（土日祝日は考慮していない）

・第一種特例相続の認定有効期間（事業継続期間）は、令和12年3月1日まで。
・先代経営者以外の株主（母）から、後継者（長男）に、第二種特例贈与を行う場合は、令和10年12月31日までに行う必要がある。
　第二種特例贈与の贈与税申告期限は、贈与の翌年の令和11年3月15日となるため。

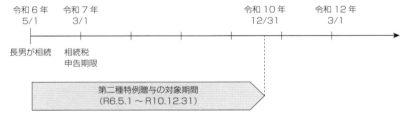

1. 特例措置の主な認定要件　99

・先代経営者からの贈与または相続以後に、相続が発生した者であること

　　先代経営者からの贈与または相続以後に、相続が発生した者であることが要件になります。先代経営者以外の株主の相続は、先代経営者の贈与または相続以後でないとできないということです。

　　先代経営者から後継者への相続を「**第一種特例相続**」、その後に行われる先代経営者以外の株主から後継者への相続を「**第二種特例相続**」といいます。

　　先代経営者からの贈与または相続に係る認定の事業継続期間（5年間）内に、当該相続に係る相続税の申告期限が到来する場合に限ります。

　　先代経営者以外の株主からの相続については、先代経営者からの相続と異なり、株主（被相続人）が、代表権を持っていた者であること、同族で議決権の過半数を有していたこと、同族内で筆頭株主であったこと、特例計画に記載された特例代表者であることなどの要件はありません。

・既に特例措置の適用に係る贈与をしていないこと

　　既に特例措置の適用に係る贈与をしている先代経営者以外の株主は、この特例の措置に係る相続をすることはできません。

(5)　雇用確保の要件

・5年間平均で、8割以上の雇用を確保すること

　　雇用確保の要件とは、株式承継（贈与または相続）後の事業継続期間（5年間）中は、株式承継時点の従業員数の8割以上を維持しなければならないという要件です。

・5年間平均で、8割以上の雇用を確保すること

　　従業員数については、「年次報告書」として、認定後5年間にわたって、毎年都道府県へ報告することが義務付けられています。

　　8割の端数計算は、切り捨てになります。**図表4-5-1**の（例）にあるよ

うに、贈与（相続）時点の従業員数が6人であった場合、8割は4.8人になりますが、端数切捨で判定されるため、5年間平均で4人を確保していれば8割維持となります。なお、贈与（相続）時点で、従業員が1人であった場合は、端数切捨により0人とするのではなく、1人以上を確保する必要があります。

　特例措置では、事業継続期間（5年間）終了時点で、従業員数が平均で8割を下回った場合、下回った理由を記載した報告書（認定支援機関の所見が記載されているもの）を都道府県に提出して確認を受けます。

　雇用要件を下回った理由としては、**図表4-5-2**に記載されているような内容に該当するのであれば認められます。経営状況の悪化などが理由の場合は、認定支援機関による経営改善のための指導・助言の記載が必要になります。理由が認められた場合は、都道府県からの確認書と所定の書類を所轄税務署に提出することで、納税猶予が継続されます。なお、6年目以降は、雇用確保については要件として問われることはありません。

⑹　議決権判定上の留意点

　株式会社において、実際に納税猶予の申請を行う際、実務上必要となる議決権数判定上の留意点を述べます。納税猶予の申請手続きに携わる税理士・公認会計士（法人を含む）の方々には、ぜひ確認していただきたい項目です。

1）議決権を有しない主な株式

①　無議決権株式（種類株式）
②　自己株式
③　一定の子会社等が有する親会社株式（相互保有株式）
④　単元未満株式

　認定要件の中で、同族関係者で過半数を保有することや一定数を贈与しなければならない株式は、議決権のある発行済株式のことをいいます。申請時には、この株式数と保有割合を慎重に見定める必要があります。判定の基礎とな

図表 4-5-1　従業員数の判定

① 【判定基準】贈与（相続）時の従業員に 0.8 を乗じた数（端数切捨）
② 【実　　績】年次報告 5 年間の従業員数の合計を 5 で除した数（端数切捨）
　 【判　　定】①≦②のとき、8 割を維持したものとする。

贈与（相続）時の従業員数		判定基準 8 割維持の従業員数
5 人	→	4 人
4 人	→	3 人
3 人	→	2 人
2 人	→	1 人
1 人	→	1 人

（例）贈与（相続）時の従業員数が 6 人の場合、8 割維持は、端数切捨で 4 人となる。
　　　下記のケースは、5 年間平均では 5.2 人となったため、要件をクリアする。

贈与（相続）時	6 人	① 6×0.8＝4.8 → 4 人（端数切捨）
1 年目	6 人	
2 年目	5 人	
3 年目	4 人	
4 年目	5 人	
5 年目	6 人	
5 年間合計	26 人	② 26÷5＝5.2 → 5 人（端数切捨）

図表 4-5-2　平均雇用人数の 5 年間平均が、贈与（相続）時の従業員数の 8 割を下回った理由

① 高齢化が進み後を引き継ぐ者を確保できなかった。
② 採用活動を行ったが、人手不足から採用に至らなかった。
③ 設備投資等、生産性が向上したため人手が不要となった。
④ 経営状況の悪化により、雇用を維持できなくなった。
⑤ その他（具体的に記載）

　④および⑤正当な理由が認められない場合には、認定支援機関による指導・助言が必要になる。

102　第4章　特例措置の認定要件

る株式数に、議決権のない株式を含めると、納税猶予を受けようとする株式数が相違してしまうので、注意が必要です。

① 無議決権株式（種類株式）

　株式会社では複数の種類の株式を発行することができます。一般に「株式」と呼ばれているものは**普通株式**のことを指します。普通株式とは別に権利の内容が異なる株式を発行することができます。これを**種類株式**といいます。種類株式には、株主総会の決議事項の全部または一部について、議決権を行使することができない株式があります。

　法人の登記簿謄本（履歴事項全部事項証明書）や会社定款等に「A種類株式」などの名称があり、その株式に議決権がない定めがある場合には要注意です。

② 自己株式

　自己株式とは、株式会社が保有する自社の発行した株式のことをいいます。**金庫株**とも呼ばれ、平成13年の商法改正により認められたものです。市場流通性のない非上場会社の株式について、オーナーが株式を会社に買い取ってもらうことにより、あるいは、オーナーの後継者が相続等により取得した株式を会社に買い取ってもらうことにより、相続税の納税資金を確保することができます。

　株式会社は，自己株式については、議決権を有しません（会社法第308条第2項）ので、「**株主名簿**」で、自己株式が含まれていないかを確認します。期末に自己株式を保有している場合は、「貸借対照表」の純資産の部の株主資本の末尾にマイナス表示で記載されています。

③ 一定の子会社等が有する親会社株式（相互保有株式）

　一定の子会社等とは「親会社が議決権の4分の1以上を保有すること等、実質的に支配することが可能な関係にある会社」をいいます。

　親会社が**25%以上**の株式を保有する子会社が、親会社の株式を持っていた場合、議決権がないことになります（会社法第308条第1項）。

納税猶予の認定を受けようとする会社（親会社）の株主名簿に、子会社の名前があり、その子会社の株式を親会社が25％以上保有している場合、子会社が保有する親会社の株式には議決権がありません。

④ 単元未満株式

通常、株式総会においては、株式一株について1個の議決権を有することになります。ただし、単元株式数を定款で定めている場合には一単元の株式について1個の議決権を有します（会社法第308第1項但書）。たとえば、10株を「**一単元**」とする内容が定款にある場合には、10株未満は、**単元未満株式**となり、株主総会における議決権の行使は認められません。

自己株式と相互保有株式の具体例を**図表4-6-3**に示しました。贈与時の計算基礎である3分の2を判定するときに、贈与可能株式数を誤り、結果的に納税猶予可能株数を多めに申請して否認されることがないよう注意が必要です。

なお、納税猶予の認定申請書面では、「**総株主等議決権数**」という表示がある項目は、自己株式や完全に議決権のない種類株式などは含みません（一部でも議決権があるものは含みます）。単位は（議決権）個です。

また、「**承継を受ける株式等**」は、完全に議決権があるものに限ります（一部でも議決権がないものは除きます）。単位は（株式数）株となります。

104 第4章 特例措置の認定要件

図表 4-6-1 株主名簿について

・株主名簿の記載事項

中小企業では、通常、その企業の株主構成は、「法人税申告書 別表2」に記載されているが、それとは別に「株主名簿」を作成しておく必要がある。

株主名簿の記載事項は、次の4項目である（会社法121条）。

① 株主の氏名または名称、および住所 ②保有する株式数と種類
③ 各株主の株式取得年月日 ④株券の番号（株券発行会社の場合）

・認定申請時に提出する4つの株主名簿

	贈与時	相続時
1	贈与者が代表者であった期間のうちいずれかの時	被相続人が代表者であった期間のうちいずれかの時
2	贈与の直前	相続開始の直前
3	贈与の時（直後）	相続開始の時（遺産分割協議等による株式の移動を反映したもの）
4	贈与認定申請基準日時点	相続認定申請基準日時点

遺産の分割は相続開始の時に遡ってその効力を生ずる（民法909条）ため、相続開始時点では未分割でも、その後分割が済めば、相続開始の時に移動したものとされる。

図表 4-6-2 議決権保有割合と株主の主な権利

会社設立時あるいは増資時に、出資者（＝投資家）がお金を出すのと引き換えに、会社が株式を発行することによって、会社から配当などの経済的な利益を受ける権利と会社の経営に参加できる権利を得られる。

経営に参加できる権利（議決権）の主なものを保有割合別にまとめると次のとおりである。

議決権保有割合	株主の主な権利
67%（3分の2）以上	株主総会の**特別決議**を単独で成立させられる（定款の変更、事業の全部譲渡、合併・会社分割、解散）
50%（2分の1）超	株主総会の**普通決議**を単独で成立させられる（役員の選任・解任、役員の報酬決定）
25%（4分の1）以上	相互保有株式の議決権停止
3%以上	会計帳簿閲覧請求権、総会招集請求権
1%以上	株主提案権

1. 特例措置の主な認定要件 105

図表 4-6-3　自己株式と相互保有株式

自己株式の例

	株式数	保有割合
先代経営者（父）	4000 株	42.1%
監査役（母）	3000 株	31.5%
後継者（長男）	2000 株	21.0%
取引先の会社	500 株	5.2%
自己株式	500 株	－
合　計	10000 株	分母　9500 個

　　上記の例で、株式発行数は 10000 株だが、自己株式 500 株があるため、総株主議決権数は、9500 個。

　　贈与時の計算基礎である 3 分の 2 は、6667 株ではなく、6334 株となる。

相互保有株式の例

	A 社株式数	保有割合
先代経営者（父）	4000 株	44.4%
監査役（母）	3000 株	33.3%
後継者（長男）	2000 株	22.2%
子会社 B 社	1000 株	－
合　計	10000 株	分母　9000 個

　　上記の例で、認定会社 A 社（親会社）は、子会社 B 社の株式を 25%以上保有していたものとする。

　　子会社 B 社が保有する A 社の株式 1000 株には、議決権がないため、総株主議決権数は、9000 個。

　　贈与時の計算基礎である 3 分の 2 は、6667 株ではなく、6000 株となる。

106 第4章 特例措置の認定要件

2. 特例措置に関するＱ＆Ａ

Q1
　　自社株式を贈与または相続をするとき、贈与税または相続税の納税猶予ができると聞きました。手続きはどうすればよいのですか？

A1　中小企業のオーナー経営者（贈与者）から、後継者へ自社株式の贈与を行った場合には、後継者（受贈者）は自社株式の価額に対応する贈与税を贈与があった翌年の3月15日までに納税する必要があります。また、オーナー経営者（被相続人）が亡くなったことにより、後継者（相続人）が自社株式を相続した場合には、その自社株式の価額に対応する相続税を経営者が亡くなった日の翌日から10カ月以内に納税する必要があります（実務上）。

　非上場株式の納税猶予制度（**事業承継税制の特例措置**）を活用すれば、自社株式に係わる贈与税または相続税を納税猶予および免除することができます。本制度の適用を受けるためには、**経営承継円滑化法**に基づく**都道府県知事の認定**を受けたうえで、**税務署へ納税猶予の申告**を行う必要があります。この制度は大変有利な制度ですが、以下の2点を満たしていることが必要です。

　1）平成30（2018）年4月1日から令和8（2026）年3月31日までに都道府県知事に「**特例承継計画**」を提出していること。
　2）平成30（2018）年1月1日から令和9（2017）年12月31日までに贈与または相続（遺贈を含む）により自社の株式を取得すること。

　中小企業庁のホームページに、制度の概要、申請様式、申請マニュアルが掲載されています（出力の方法は第5章**図表5-1-2**参照）。具体的な手続きについては、それらを参考にするとよいでしょう。

　自社株式の評価や贈与税・相続税の計算、税務申告、担保の提供等を伴うため、実務上は、税理士・公認会計士に依頼して、手続きを進めるのが一般的です。

2. 特例措置に関するＱ＆Ａ　107

> **Q2**
>
> 「特例承継計画」を令和8（2026）年3月31日までに、都道府県庁へ提出しなかった場合は、特例措置を受けられないということですが、その場合には、事業承継税制はまったく使えないのですか？

A2 「特例承継計画」を令和8（2026）年3月31日までに提出していない場合、事業承継税制の**特例措置**（時限措置）を利用することはできません。その場合は、**一般措置**（恒久措置）を利用することができます。

　特例措置と一般措置の相違点については、第2章**図表2-1-1**のとおりです。一般措置の場合、贈与では、納税猶予対象株式は3分の2までとなります。相続では、納税猶予対象株式は3分の2まで、かつ納税猶予割合は80%までとなりますので、自社株式の相続税の約53%（2／3×0.8）までしか納税猶予が認められないことになります。

　特例措置の場合は、対象株式は全株、納税猶予割合は100%まで可能になります。また、一般措置では、承継後5年間平均で、贈与（相続）時点における常時使用する従業員数の8割以上を維持しないと納税猶予が取り消しとなるなどの制約がありますが、特例措置ではこの要件は実質的に撤廃されています。あらゆる点で特例措置の方が有利ですので、「**特例承継計画**」を令和8（2026）年3月31日までに都道府県へ提出して、特例措置が受けられるようにしておくとよいでしょう。

> **Q3**
>
> 贈与税の納税猶予を行って、次の代にさらに贈与を行ったとき、その贈与についても、納税猶予が認められますか？

A3 納税猶予を受けている後継者（2代目）が、株式を次の後継者（3代目）に贈与し、その後継者が納税猶予を受けることは可能です。**猶予継続贈与**（税務署のパンフレットでは**免除対象贈与**）と呼んでいます。

　現経営者（便宜的に1代目の代表者とします）から後継者（2代目代表者）に株式を贈与し、贈与税の納税猶予を受けたとします。その後、2代目が1代目の生きているうちに、次の後継者（3代目代表者）に株式を贈与します。

108 第4章 特例措置の認定要件

　2代目から3代目への贈与が、2代目の贈与税の申告期限から原則として5年経過後（やむを得ない理由による場合を除く）に行われたものであり、3代目への贈与が所定の要件を満たして認定を受けた場合には、これにより2代目の贈与税が免除されることになります。

　1代目が生きているうちにとあるのは、1代目が死亡すると取り扱いが異なってくるからです（**Q4** 参照）。また、2代目の贈与税の申告期限から5年経過後とあるのは、5年以内の株式の譲渡は認定取消要件に該当するためです。

Q4
　　特例措置で贈与税の納税猶予を受けている場合、贈与者が死亡したときにはどうなるのでしょうか？

A4　**Q3** にあるように、2代目から3代目への贈与についても納税猶予は可能なため、事業承継税制のメリットを説く書物には盛んに記載されていますが、事例としては現実的ではありません。

　一般的に、1代目の経営者の退任年齢を仮に70歳前後とすると、後継者は40歳前後になるでしょう。そうすると、2代目から3代目への事業承継は30年後になります。1代目の経営者が70歳の男性とすると、その平均余命は86歳ですから、順番からいえば、3代目への贈与の前に1代目が亡くなるというのが自然です。

　贈与者である先代経営者（1代目）が死亡した場合には、猶予されていた贈与税が免除されます。そして、2代目は、贈与を受けていた株式を1代目から相続により取得したものとみなして相続税が課税されることになります。

　1代目の相続の時点で、所定の要件を満たしていれば、2代目が都道府県知事の確認（**切替確認**）を受けることで、相続税の納税猶予が可能となります。もちろん、相続税を支払うという選択をすることもできます。

　なお、特例措置で贈与税の納税猶予を受けている場合には、贈与者の死亡（相続の開始）が、令和10（2028）年1月以降になったとしても、特例措置による相続税の納税猶予を受けることができます。

　例えば、令和8（2026）年に贈与税の納税猶予の認定を受けた後、令和18

（2036）年に贈与者に相続が発生した場合、特例措置の適用期限である令和9
（2027）年12月31日を過ぎていますが、この相続税の納税猶予については特
例措置が適用されます。

Q5

事業承継税制を利用する場合のデメリットは何ですか？

A5　特例措置の創設によって、従来のデメリットはずいぶん緩和されてきて
います。特例措置のデメリットをしいてあげるとすれば、次のようになるで
しょう。

①　特例承継計画の提出はそれ程難しくはありません。ただし、贈与税・相
　続税の納税猶予の申請となると、認定要件の判定が難しく、税理士・会計
　士でさえこの判定を見誤るケースがあります。また、認定申請について
　は、税務申告や担保の提供を伴うところから、中小企業単独の申請は難し
　く手間がかかるので、税理士・会計士に依頼しなければならないという点
　があげられます。納税猶予額の計算、申告手続き等、追加の費用がかかる
　ことになります。

②　認定後の5年間は、都道府県庁と所轄税務署に対して、毎年1回報告や
　届出が必要です。さらに5年経過後は、3年に1度、所轄税務署に対して
　届出を行う必要があります。これは、納税猶予が続く限り行うことになり
　ます。認定の継続要件を充足しない場合、あるいは、年次報告や届出を失
　念したり、遅延した場合も認定取消となりますので、期日管理が面倒とい
　うこともあげられます。

③　認定後の5年間は、納税猶予を受けた後継者は、原則として代表者を降
　りることはできません。また、納税猶予の対象株式を譲渡することも売却
　することもできません。会社が形態を変えるような場合、例えば、合併、
　会社分割、組織変更、株式交換、株式移転等で所定の事由に該当する場合
　には、認定取消になります。認定取消の場合、納税猶予額の支払いのほか
　に利子税がかかります。

110 第4章 特例措置の認定要件

> **Q6**
> 　従業員が1人以上いない企業は、納税猶予の認定を受けられないのですか?

A6　はい。常時使用する従業員数が1人以上いることが必要です。

　「**常時使用する従業員**」とは、会社の従業員であって、厚生年金・健康保険に加入しており、日雇労働者、短期間雇用労働者、短時間労働者（平均的な従業員と比較して労働時間が4分の3に満たない者）ではない方になります。

　したがって、役員やパート・アルバイトは、従業員としてカウントしません。

　「特例承継計画」の提出時には、従業員数がゼロでもかまいませんが、贈与（相続の開始）日には、「常時使用する従業員」が1人以上いなければ、納税猶予の認定は受けられません。

　認定申請時には、「従業員数証明書」および「健康保険・厚生年金保険被保険者標準報酬決定通知書」など、従業員数を証する書類が必要になります。

　先代経営者（社長）と後継者（取締役）だけの2人の企業でも、特例承継計画は確認を受けることはできます。しかし、贈与（相続）時点で、常時使用する従業員が1名以上いなければ、納税猶予の認定は受けられないので、注意が必要です。

> **Q7**
> 　特定資産の計算を行ったところ、特定資産が総資産の70%以上であり、資産保有型会社に該当します。贈与税や相続税の認定は無理でしょうか?

A7　現預金、有価証券、保険料積立金、賃貸用不動産、販売用不動産、遊休不動産等の**特定資産**の割合が総資産の70%以上となる中小企業は、「**資産保有型会社**」とされ、納税猶予の認定を受けることはできません。

　この場合でも、納税猶予の認定を受けようとする中小企業において、

① 　常時使用する従業員数（後継者と生計を一にする親族を除く）が5人以上いること

② 　事務所、店舗、工場などを所有または賃貸していること

③ 　贈与（相続開始）の日までに、継続して3年以上事業を行っていること

の３つの要件（**事業実態要件**）を全て満たせば、特定資産が総資産の70％以上でも資産保有型会社に該当しないものとみなされ、認定は可能です。

　常時使用する従業員数（後継者と生計を一にする親族を除く）が５人未満の場合は、「**特定資産等に係る明細表**」の提出が必須となります。

　一般的に、特定資産の割合が高い不動産会社、資産管理会社や持株会社などは、常時使用する従業員数（後継者と生計を一にする親族を除く）が５人未満の場合、「特定資産等に係る明細表」を提出すると、資産保有型会社と判定される場合が多く、認定を受けることはできません。

　贈与（相続）時点で、従業員数５人以上で、事業実態要件を満たしていたため、特定資産の明細表を提出せず、納税猶予の認定をクリアできたとしても、その後１日でも、４人以下となった場合には、特定資産の明細表の提出が必要となります。その結果として、資産保有型会社と判定された場合は、認定取消となり、納税猶予額と利子税を納めることになります。

　したがって、特定資産の割合が、総資産の70％前後に該当する中小企業においては、常時使用する従業員数について、認定後も５人以上を常に確保できるのかどうかを慎重に判断の上、納税猶予の認定申請を行うかどうかを決めるとよいでしょう。

　この点は、マニュアルでも読み取れない、事業承継税制の大きな盲点です。

Q8
　　親族外の贈与に係る納税猶予は慎重に行うべきだと聞いたことがありますが、どういうことなのでしょうか？

A8　親族内に後継者がいない場合には、その会社の役員や従業員の中から後継者を確保するケースは増えています。事業承継税制の特例措置では、相続時精算課税を適用する場合、60歳以上の者から18歳以上の者への贈与であれば、親族外への贈与でも可能となっており、一定の拡充が図られてきています。

　親族外の承継については、一般論として関係者からは心情的に受け入れられにくい場合があります。また、事業承継税制の個別論としては次のような問題

点があります。

　贈与税の納税猶予を行うということは、親族外の従業員や役員をその会社の代表取締役に据えることを意味します。なおかつ、第三者だけで、同族関係者として過半数かつ筆頭株主要件を満たさなければならないため、その後継者に対しては多くの株式を贈与することになります。

　仮に、先代経営者の判断で、親族外の人に代表権を譲り、自社株式を贈与し、しかも、その贈与について納税猶予の認定を受けたとしましょう。

　贈与者である先代の経営者が亡くなったとき、親族外の後継者が保有す贈与株式は、先代の相続財産とみなされます。先代経営者の遺族にしてみれば、既に親族外の他人へ株式を贈与したはずなのに、先代経営者が亡くなった時点で先代の相続財産とみなされ、課税遺産総額が高くなる場合があります。

　また、先代経営者の遺産分割に親族外の他人が介入してくる可能性が出てくるので、心情的にも金銭的にも思わぬトラブルを招くことになりかねません。親族外への自社株式の贈与に係る納税猶予は、単に納税猶予ができるという観点だけで決めるべき事柄ではないように思われます。

　自社株式について、贈与を行うのか、買取ってもらうのか、あるいは、代表権は譲るが議決権は同族で確保しておくのかなどは、関係者が納得するかたちで、現経営者の存命中に決めておくべきです。

3. 特例措置の相談・認定事例

　ここでは、実際にあった特例措置の相談、認定事例をみていきます。認定されなかった事例もあります。認定要件のページも参照して下さい。

――【事例1】――――――――――――――――――――――――――

　旅行業を経営している A 社は、資本金 1 億円、従業員数 110 人の企業です。業種は、サービス業に該当するものと思われますが、サービス業は、資本金 5,000 万円以下または従業員数 100 人以下となっています。

　A 社は中小企業に該当せず、納税猶予の認定はできないということになるのですか。

――――――――――――――――――――――――――――――――

　業種の判断にあたっては、日本標準産業分類上の分類と中小企業基本法上の類型に基づいて判断します。

　「日本産業分類（最新版は第 13 回）」（総務省の HP から検索可能）によれば、生活関連サービス業のうち、旅行業は小分類 791 で、中小企業基本法上の類型では、サービス業から除くとあります。

　「製造業その他」に該当します。製造業その他の中小企業者は、資本金 3 億円以下または従業員 300 人以下ですので、A 社は中小企業者に該当します。

　従業員数の増加や増資などによって、特例承継計画を提出した時点よりも企業規模が拡大し、贈与や相続開始の時点では、中小企業者に該当しなくなる場合もあります。中小企業者の判定をおろそかにしてはいけません。

　また、「自動車販売・自動車整備・損害保険取扱業」など、会社登記簿上の事業内容を羅列して申請するのでは、業種が判断できません。この場合は、売上高の一番高い事業ひとつを選びます。自動車販売ならば「小売業」、自動車整備業なら「サービス業」となります。

（➡ 認定要件　p.73 ～ 75）

【事例2】

議決権数の保有割合が、特例代表者であるA（父）よりも多いEがいます。Eは昔から株式を保有していますが、Aの同族関係者ではありません。

このケースで、A（父）は後継者であるC（長男）に株式を贈与して、納税猶予を受けたい。納税猶予の認定は可能ですか。

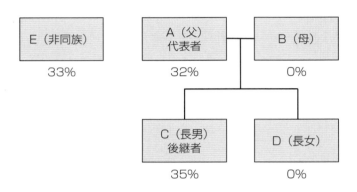

（数字％は議決権の保有割合）

議決権数の保有割合が、特例代表者のAより多いEが存在する事例です。

特例代表者Aとその同族関係者（BCD）で、この会社の過半数の議決権（67％）を占めています。また、後継者であるC（長男）を除いて、A（父）は同族内で筆頭株主となりますので、先代経営者の認定要件を満たします。

このケースでは、Cの保有割合が、総議決権数の2/3以上となるように、AからCへ持株を贈与すれば、認定は可能です（その他の認定要件をすべて満たす前提）。

（➡ 認定要件　p.81・82・85）

3. 特例措置の相談・認定事例

【事例3】

複数の子に株式を贈与した。後継者2人の納税猶予の申請があったが、認定されなかったケース。

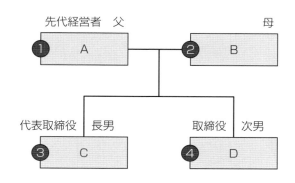

	株　主	贈与前	贈与後
❶	A	470株 (78.3%)	0株　(0%)
❷	B	110　(18.3)	110　(18.3)
❸	C	10　(1.6)	300　(50.0)
❹	D	10　(1.6)	190　(31.6)
	議決権　計	600株 (100%)	600株 (100%)

　次男は代表者になっていないため、後継者としての認定要件を満たしません。後継者一人の場合の贈与となりますが、長男は全体の2/3以上となるよう贈与を受けていないので、認定要件を満たしません。

　税理士が、認定要件を見誤ったまま贈与を行い、納税猶予の申請がなされたケースです。本件では、2人とも納税猶予の認定はできません。

（➡ 認定要件　p.85〜89・91・92）

第4章 特例措置の認定要件

【事例4】

納税猶予の認定事例（贈与税）。3人兄弟のうち、弟を後継者とし、父母それぞれから株式の贈与を行い、後継者の持株割合を最終100％にしたケース。

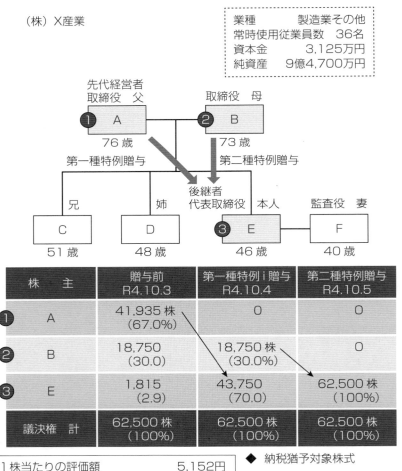

(注) 第一種＝先代経営者からの贈与（相続）　第二種＝先代経営者以外の株主からの贈与（相続）

3. 特例措置の相談・認定事例　117

【事例5】

納税猶予の認定事例（相続税）。父の死亡に伴い、長男が後継者として、父所有の株式を全株相続したケース。

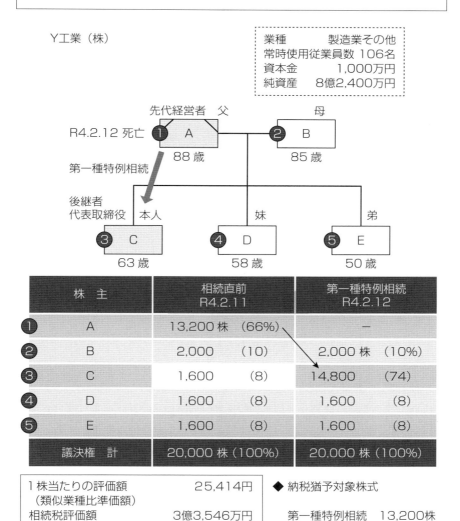

Y工業（株）

業種　　　製造業その他
常時使用従業員数　106名
資本金　　　　1,000万円
純資産　　8億2,400万円

先代経営者　父
R4.2.12 死亡　① A　88歳
② B　母　85歳

第一種特例相続

後継者 代表取締役 本人
③ C　63歳
妹　④ D　58歳
弟　⑤ E　50歳

株　主	相続直前 R4.2.11	第一種特例相続 R4.2.12
① A	13,200株（66%）	－
② B	2,000　　（10）	2,000株（10%）
③ C	1,600　　（8）	14,800　（74）
④ D	1,600　　（8）	1,600　　（8）
⑤ E	1,600　　（8）	1,600　　（8）
議決権　計	20,000株（100%）	20,000株（100%）

1株当たりの評価額　　　　25,414円
（類似業種比準価額）
相続税評価額　　　　3億3,546万円
株式の相続税納税猶予額　1億4,512万円

◆ 納税猶予対象株式

第一種特例相続　13,200株

（注）第一種＝先代経営者からの贈与（相続）

【事例６】

A・Bは同族関係者（兄弟）です。議決権のある株式の保有割合は各々50％。それぞれ後継者となる自分の息子であるaとbに株式の贈与を行いたい。納税猶予の認定は可能ですか。

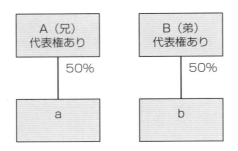

（数字％は議決権の保有割合）

　代表者A・Bは、同率筆頭株主であるところから、後継者が1人いる場合の要件を満たせば、A→aの第一種特例贈与を行い、B→bの第二種特例贈与を行うことで可能です（その他の認定要件をすべて満たす前提）。

　特例代表者Aから特例後継者aに対して、50％全株を贈与（第一種特例贈与）します。その後（同日付でも可）、Bからbに対して、50％全株を贈与（第二種特例贈与）します。それぞれの贈与時点で、贈与者A・Bは代表者でないこと、後継者a・bは代表者になっている必要があります。

　実務上、第一種特例贈与と第二種特例贈与の2つの申請が必要になります。「特例承継計画」については、Aを特例代表者、aを特例後継者とするものを1通提出しておくだけでよい。「特例承継計画」では、第二種の当事者まで記載を求めてはいません。

（➡ 認定要件　p.81～85・95・96）

3. 特例措置の相談・認定事例

【事例 7】

相続開始の時点で、常時使用する従業員数が 1 人以上いなかったため、認定されなかったケース。

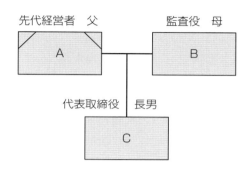

小売業の会社を営む先代経営者が死亡したケースです。相続税の納税猶予の申請がありましたが、相続開始（死亡日）の時点では、常時使用する従業員数が 0 であったため、納税猶予の認定ができなかったものです。

当社では、家族は皆役員となっており、従業員は数名いたものの、正社員は一人もいなかったのです。

「常時使用する従業員数」とは、一言でいえば、「役員・パート・アルバイト・短時間労働者を除く正規雇用者」となります。

納税猶予の申請に際しては、「従業員数証明書」およびその裏付けとなる公的資料の提出が求められ、ごまかすことはできません。

「特例承継計画」を提出する際には、その会社が認定要件を満たすかどうかまで求めていないところから、常時使用する従業員数が 0 でも、特例承継経過の都道府県知事の確認は可能です。このため、常時使用する従業員数の定義を理解せず、贈与・相続の本番を迎えた場合には、取り返しのつかないミスを犯すことにもなりかねません。

（➡ 認定要件　p.77・110・図表 5-2-2）

120 第４章　特例措置の認定要件

---【事例８】---------------------------------

　常時使用する従業員数５人未満の不動産会社で、贈与税の納税猶予の申
請があったが、認定されなかったケース。

　その不動産会社は、常時使用する従業員数を５人と計算して、贈与税の納税
猶予の申請を行いました。ところが、先代経営者の妻は、役員ではなく、従業
員でしたが、後継者と生計を一にしていることが判明しました。

　常時使用する従業員としては５人ですが、事業実態要件の判定上は、常時使
用する従業員（後継者と生計を一にする親族を除く）は４人となります。

　この場合は、「特定資産等に関する明細表」を計算して申請する必要がありま
す。その結果として、特定資産が70％以上となり、贈与税の納税猶予は認
定されませんでした。

（➡ 認定要件　p.74 ～ 77）

---【事例９】---------------------------------

　不動産会社で、贈与時には、常時使用する従業員数が５人以上で、事業
実態要件を満たして認定を受けた。その後、常時使用する従業員が５人未
満となったため、「特定資産に関する明細表」を提出することになり、結
果として認定取消となったケース。

　その不動産会社は、常時使用する従業員数（後継者と生計を一にする親族を除
く）が５人でした。事業実態要件を満たしているため、「特定資産等に関する
明細表」の計算を省略して、贈与税の納税猶予の申請を行い、認定を受けまし
た。

　３年半後に、常時使用する従業員数が４人となったため、「特定資産等に関
する明細表」を計算して報告しました。その結果、特定資産が70％以上とな
り、納税猶予の認定は取消となりました。税務署には、納税猶予額と３年半分
の利子税を支払うことになりました。

（➡ 参照　p.164 ～ 168）

3. 特例措置の相談・認定事例　*121*

【事例10】

議決権のない自己株式を認識せずに、議決権総数を間違えたケース。

株　主	株式数	議決権の保有割合
先代経営者（父）	4,000 株	42.1%
監査役（母）	3,000	31.5
後継者（長男）	2,000	21.0
取引先の会社	500	5.2
議決権	9,500	100%
自己株式	500	－
発行済株式	10,000 株	

　株式発行数は、10,000 株ですが、議決権がない自己株式が 500 株あるため、議決権総数は、9,500 個となります。

　したがって、贈与時の認定要件の計算基礎である 3 分の 2 は、6,667 個ではなく、6,334 個となります。

　「認定申請書」の記入例には、「総株主等議決権数」には完全に議決権のない株式は含みませんとあるので、間違えないようにします。

　議決権の保有割合のミスが、直ちに認定要件違反に結びつくわけではありませんが、贈与や相続で取得する株式数に影響を及ぼすことになります。

（➡ 認定要件　p.102 ～ 105・図表 5-2-4）

122　第4章　特例措置の認定要件

【事例11】

議決権のない相互保有株式を認識せずに、議決権総数を間違えたケース。

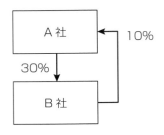

A社の株主	株式数	議決権の保有割合
先代経営者（父）	4,000株	44.4%
監査役（母）	3,000	33.3
後継者（長男）	2,000	22.2
子会社B社	1,000	−
発行済株式	10,000株	
議決権	9,000個	100%

　申請会社のA社には、A社が30％出資する子会社B社があります。A社は、B社の株式を25％以上保有するので、相互保有株式となり、B社の株式は、A社に対する議決権を行使できません。

　株式発行数は、10,000株ですが、議決権がない相互保有株式が1,000株あるため、議決権総数は、9,000個となります。

　したがって、贈与時の認定要件の計算基礎である3分の2は、6,667個ではなく、6,000個となります。

　相互保有株式については、「経営承継円滑化法の申請マニュアル」にも掲載されていないところから、税理士はもとより、都道府県の認定担当者でも見過ごしやすい箇所です。

（➡ 認定要件　p.102 〜 105・図表5-2-4）

3. 特例措置の相談・認定事例　123

【事例 12】

　贈与時に、相続時精算課税制度を活用して贈与税をゼロとして申告する場合は、納税猶予の申請はできない。

　事業承継税制における株式の贈与についても、一般財産の贈与と同様、歴年課税と相続時精算課税を活用することができます。

　贈与者ごとに特別控除額である 2,500 万円まで（令和 6 年 1 月以降の贈与については 110 万円の基礎控除が設けられた）が非課税で、非課税枠を超える金額については一律 20％の税率が適用されます。

　贈与された財産は、将来相続財産として加算されて相続税と精算されますが、この時相続財産として加算される価格は贈与時の価額となります。

　相続時精算課税制度を活用して贈与税がゼロになる場合は、そもそも贈与税がかからないので、贈与税の納税猶予の申請はできません。

　例えば、贈与する株式の評価額が 2,600 万円だったします。相続時精算課税制度を活用する場合、令和 6 年 1 月以降の贈与であれば、基礎控除 110 万円を差し引いた 2,490 万円は、2,500 万円以下のため非課税となります。贈与税ゼロの申告をすると、贈与税の納税猶予は申請できません。

　歴年課税を使って、110 万円の基礎控除後の 2,490 万円について、税額を計算して贈与税の納税猶予を申請することは可能です。

　相続時精算課税は、贈与者の死亡時に贈与税を精算して支払うことになりますが、贈与税の納税猶予は、贈与者の死亡時に所定の要件を満たすことで、相続税（贈与株式は贈与時の価額で計算）の納税猶予を行うことも可能です。

　なお、相続時精算課税制度は、一定の直系血族（60 歳以上の祖父母・父母から、18 歳以上の推定相続人である子・孫への贈与）にしか認められませんが、事業承継税制の特例措置を使う場合は、直系以外の親族や第三者に贈与する場合でも活用できます。

（➡ 巻末資料 9-7）

第5章
贈与税の納税猶予の申請

1. 贈与税の納税猶予の申請

　実務上は、中小企業庁の HP にある**「経営承継円滑化法申請マニュアル」**・**「認定申請書（様式）・添付書類・記載例」**を参考に、申請書類を作成します（出力の方法は**図表 5-1-1** 参照）。

　贈与税の納税猶予を受けるためには、まず、**贈与があった年の 10 月 15 日から翌年の 1 月 15 日まで**に、所定の**「認定申請書」**（様式第 7 の 3）を都道府県に提出し、都道府県知事の認定を受けます。

　特例承継計画の確認申請と異なり、納税猶予の認定申請は、多岐にわたる要件をすべて満たす必要があり、煩雑です。最低 3 年分以上の会社の決算書類一式、会社の定款や株主名簿、会社と子会社に関する誓約書、従業員数証明書やその裏付資料など、数多くの書類を提出しなければなりません（**図表 5-1-2** 参照）。

　納税申告や自社株式の担保提供も絡んでくるため、税理士・会計士など税務の専門家に委ねるべきです。

　贈与認定申請書を提出した後、都道府県の審査には通常約 2 カ月程度かかります。提出された申請書が認定されると、**「認定書」**が都道府県から交付されます。申請が認められないときには、「認定しない旨の通知書」が送られてきます。

　この「認定書」に税務申告に関する書類等を整え、所轄税務署に納税猶予の申告を行います。**贈与税の申告期限**は、**贈与を受けた日の翌年 2 月 1 日から 3 月 15 日**の間です。

　贈与認定申請書を、都道府県の締切日ギリギリの 1 月 15 日に提出した場合、書類の不備や添付資料の取り直し等で、申告期限である 3 月 15 日までに認定書の交付が間に合わないケースも想定されます。

　年内申請がポイントです。なお、1 月 1 日が贈与日であった場合でも、贈与認定申請書の都道府県の受付開始は、当年の 10 月 15 日以降になります。

1. 贈与税の納税猶予の申請　127

図表 5-1-1　納税猶予の申請マニュアル・帳票・添付書類等をダウンロードする手順

---

① 経営承継円滑化法申請マニュアルについて

〈中小企業庁 HP〉
→　ホーム　　政策について　　　事業承継　→　▶ 事業承継
→　事業承継の支援策
→　税制法人版事業承継税制（特例措置）
　　　※申請マニュアル　申請手続関係書類
　　　　　　　┗ ここをクリック

→ 1. 申請マニュアル　第 1 章～第 7 章
　⇒**第 2 章都道府県知事の認定について第 1 節～第 5 節**（PDF 形式）をクリックして出力。納税猶予制度の認定要件が確認できます。

　⇒**第 7 章用語・定義**（PDF 形式）をクリックして出力。
　マニュアルにある用語・定義がまとめられています。

② 帳票および添付書類について

〈中小企業庁 HP〉
→　上記と同様の展開
→　税制法人版事業承継税制（特例措置）
　　　　※申請マニュアル、申請手続関係書類
　　　　　　　　　　┗ ここをクリック

→特例の認定申請
　贈与の場合、相続の場合の各ケースに応じた箇所をクリックして出力。

▶ **認定申請書（様式 7 の 3 ～様式 8 の 4）**（WORD 形式）

▶ **添付書類**（PDF 形式）

▶ **記載例**（PDF 形式）

「申請マニュアル」（以下、マニュアル）は、法令等の行政解釈を明確化し、公開しているものです。

通常、都道府県における認定業務は、このマニュアルに基づいて行われます。

申請に際しては、このマニュアルを熟読してください。

128 第5章 贈与税の納税猶予の申請

図表 5-1-2　第一種特例贈与認定申請時の添付書類

第一種特例贈与認定中小企業者の認定申請書類

【添付書類】

申請に当たって、提出が必要な書類は下記のとおりです。

1. **認定申請書（原本1部、写し1部）**（→2P）

2. **定款の写し**（→2P）

3. **株主名簿の写し**（→3P）

4. **登記事項証明書**（→3P）

5. **贈与契約書　及び　贈与税額の見込み額を記載した書類**（→4P）

6. **従業員数証明書**（→4P〜6P）

7. 贈与認定申請基準年度の**決算書類**（→8P9P）

8. 上場会社等及び風俗営業会社のいずれにも該当しない旨の**誓約書**（→10P）

9. 特別子会社・特定特別子会社に関する**誓約書**（→11P〜14P）

10. 贈与者・受贈者・その他の一定の親族の**戸籍謄本等**（→14P）

11. 特例承継計画　又は　その確認書の写し（→14P）

12. その他、認定の参考となる書類（→15P）

13. 返信用封筒（A4を折らずに返送可能なもの。返送用の宛先を記載し、切手を貼付してください。）（→15P）

（注）中小企業庁のHPにある「添付書類」の見本。
　　　（→　ページ数）は、マニュアルの参照ページであり、本書の参照ページではない。
　　　第二種特例贈与の場合は、添付書類が違ってくる（マニュアル参照）。

2. 第一種特例贈与認定申請

　第一種特例贈与とは、先代経営者から後継者への特例措置による贈与のことです。また、**第二種特例贈与**とは、先代経営者以外の株主から後継者への特例措置による贈与のことです。

　先代経営者からの第一種特例贈与が、必ず先行しなければなりません。株式の贈与日は、第一種特例贈与は、第二種特例贈与より前になります。**図表5-2-1**は、（株）承継商事の贈与の事例です。承継一郎氏から太郎氏への贈与が第一種、花子さんから太郎氏への贈与が第二種となります。

　「第一種特例贈与認定申請書」（様式第7の3）に関する様式見本と記入例については、**図表5-2-4**のとおりです。以下に、記入上の留意点を示します。

　なお、申請書面上の法令用語を整理しておきますが、当事者は会社と贈与者と受贈者です。

贈与認定中小企業者	贈与税の納税猶予の申請を行う中小企業
特例代表者	特例承継計画に記載のある先代経営者、贈与者
特例後継者	特例承継計画に記載のある後継者、受贈者
贈与者	非上場株式の贈与者
特例経営承継受贈者	非上場株式の受贈者
特例認定贈与承継会社	贈与税の納税猶予が認められた中小企業
特例認定贈与株式	納税猶予の対象となる非上場株式

【記入上の留意点】

申請書本文冒頭

　・申請書右上の日付は、認定申請書を提出する日です。

　・提出先は、主たる事務所の所在地を所管する都道府県の知事宛となっていますが、原則として「会社の登記簿上の本店所在地を管轄する都道府県」になります。知事名まで記入すると丁寧ですが、選挙で交代する時期に知事名が変わる懸念もありますので、「○○県知事　殿」で十分でしょう。

　・代表者の氏名は、代表取締役○○○○とするのが一般的ですが、役職名ま

130 第5章 贈与税の納税猶予の申請

図表 5-2-1 （株）承継商事の贈与の事例

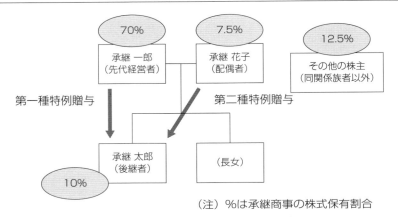

（注）%は承継商事の株式保有割合

先代経営者（父）から、後継者へ第一種特例贈与を行い、その翌日に
先代経営者以外の株主（母）から、後継者へ第二種特例贈与を行ったケース。

株主および保有株式割合の推移

日付 株主	贈与前 （R6.6.30）	第一種特例贈与 （R6.7.1）	第二種特例贈与 （R6.7.2）
承継 一郎	70%	0%	0%
承継 花子	7.5%	7.5%	0%
承継 太郎	10%	80%	87.5%
その他の株主 （同族関係者以外）	12.5%	12.5%	12.5%
合計	100%	100%	100%

では求めていないので、代表者の氏名だけでもかまいません。なお、申請書・添付書類においては、押印欄が削除され、押印が不要になっています。

1 特例承継計画の確認について

・「確認の有無」は、特例承継計画の確認を受けていない場合は「無」にチェックを入れます。特例承継計画が未提出の場合は、遅くとも本申請と併せて提出することが必要です。この場合でも、2026（令和8）年3月31日までの期限内であることを要します。

特例承継計画の確認を受けている場合は「有」にチェックを入れて、確認の年月日及び確認番号、特例代表者、特例後継者の氏名を記入します。複数の後継者がいて、それぞれ認定を受ける場合は、1人ずつ本申請書の作成が必要になります（特例後継者の氏名は必ず1名のみ記載）。

2 贈与者及び第一種特例経営承継受贈者について

・「**第一種特例贈与認定申請基準日**」とは、次の①〜③のいずれかの日をいいます。

① 贈与日が1月1日から10月15日までの場合 → 10月15日

② 贈与日が10月16日から12月31日までの場合 → 当該贈与の日

③ 贈与日の年の5月15日前に先代経営者または後継者が死亡（相続開始）した場合 → 相続開始日の翌日から5カ月を経過する日

・「贈与税申告期限」は、土日祝日にあたるときは翌日が申告期限となります。

・「**第一種特例贈与認定申請基準年度**」とは、次の①〜③の事業年度をいいます。2つの事業年度になることもあります。

① 贈与の日からみて直前の事業年度

② 贈与認定申請基準日の翌日の属する事業年度の直前の事業年度

③ ①と②の間の各事業年度

・「**総株主等議決権数**」(a)(b)の欄には、完全に議決権のないものは除きます。一部でも議決権があるものは含みます。

- 「贈与者」の欄における、過去の認定に係る贈与の有無は、「無」となります。株式贈与は一括で行わなければならず、分割して行った場合、2度目の認定は受けられません。
- 「贈与者」の欄は、贈与者とその同族関係者の株主名、株式保有状況、および納税猶予を受けることが可能な株数を判定する箇所ですので、項目に従って慎重に記入します。
- 「残数又は残額」を判定する際、(h)の欄は完全に議決権がある株式に限られます。一部でも議決権がないものは含みません。「総株主等議決権数」(a)(b)との違いに注意します。

　後継者の持株数が全株式数の3分の2以上になるように株式を贈与しなければなりませんので、(i) − (j)以上の株式数（**図表5-2-4**の記入例では567株）を贈与する必要があります。

- 「第一種特例経営承継受贈者」の欄で、「贈与の時における贈与者との関係」の記入項目があります。「**直系卑属**（ちょっけいひぞく）」とは、自分より後の世代に属する直系の血族のことです。たとえば、子・孫・ひ孫などです。「直系卑属以外の親族」とは、それ以外の親族になります。また、「**親族**」とは、配偶者・6親等内の血族・3親等内の姻族をいいます。ここでは、受贈者について、贈与者からみて、いずれに該当するのかを記入します。
- 受贈者は一般措置による適用を受けていないことが要件ですので、過去の認定に係る受贈が「有」の場合は、特例の認定を受けることはできません。
- 「贈与の時における同族関係者との保有議決権数の合計及びその割合」の欄で、後継者が複数の場合、それぞれの後継者の保有議決権数が総議決権数の10％以上になる数または金額の贈与が必要です。

3　贈与者が第一種特例経営承継受贈者へ…事項について

- 通常は、「該当無し」欄にチェックを入れるだけで、下欄は記入不要です。

　「**猶予継続贈与**」とは、納税猶予を受けた受贈者が5年経過後に3代目等に贈与し、引き続き納税猶予を受ける制度です。この欄は、猶予継続贈

与の適用を受ける場合（申請会社が過去に納税猶予を活用したことがある場合）のみ記入することになります。

4　会社法第108条第1項第8号に掲げる…株式について

・「会社法第108条第1項第8号に掲げる事項について定めがある種類株式」とは、**拒否権付株式（黄金株）**のことです。発行の有無を記入します。黄金株を発行している場合には、株式の贈与を受けた後継者のみが、黄金株を保有していれば認定は可能です。

（別紙1）　認定中小企業者の特定資産等について

・「主たる事業内容」は、事業承継税制における中小企業者の定義によります。製造業その他・卸売業・小売業・サービス業のいずれに該当するのか、そして、資本金または従業員数の判定で、中小小企業に該当するかどうかの確認は重要です。

特例承継計画を提出した時点よりも、業容が拡大し、資本金・従業員数が増えて、贈与税や相続税の納税猶予の認定申請の段階で、中小企業に該当しなくなるケースもありますので、注意が必要です。複数の事業を行っている場合は、主たる事業を一つ記載します。

・「資本金の額又は出資の総額」は、贈与認定申請基準日時点のものを記入します。

・「**認定申請基準事業年度における特定資産等に係る明細表**」の欄は、少々厄介です。まず、「認定申請事業年度」が2期分になる場合には、事業年度ごとに（別紙1）を複数作成します。

・次に、「**特定資産**」の判定を行いますが、中小企業庁のマニュアルにある「別紙1の記載例」は、汎用的なケースとしているので、特定資産の判定上の記載例が詳細に掲載されています。

すべての中小企業について、この特定資産の計算を行わなければならないかというと、そうではありません。

認定を受けようとする中小企業が、

①　常時使用する従業員（後継者と生計を一にする親族を除く）が5人以

134 第5章 贈与税の納税猶予の申請

上いること

② 事務所、店舗、工場などを所有または賃貸していること

③ 贈与の日まで引き続き3年以上事業を行っていること

の3つの要件（**事業実態要件**）をいずれも満たす場合、「資産保有型会社」および「資産運用型会社」に該当しないとみなされます。

この場合には、「認定申請書（様式第7の3）」の（別紙1）にある「認定申請基準事業年度における特定資産等に係る明細表」(1)〜(30)の項目の記入は不要ということです。なお、事業実態があることを示す書類を添付する必要があります。

業種や売上高にかかわらず、贈与の日において、常時使用する従業員（後継者と生計を一にする親族を除く）が5人未満の中小企業は、特定資産等に係る明細表の記入が必須となります。明細表の記入による計算の結果、「資産保有型会社」または「資産運用型会社」に該当することとなった場合には、認定を受けることはできません。

事業実態要件については、認定申請時だけでなく、認定後もついて回る要件です。納税猶予の認定申請時に常時使用する従業員（後継者と生計を一にする親族を除く）が5人以上であったとしても、その後1日でも4人以下となった場合には、特定資産等に係る明細表の記入により、その時点で「資産保有型会社」および「資産運用型会社」に該当するかの判定を行わなければなりません。

あくまでも一般論ですが、不動産会社の場合は注意を要します。不動産会社は、賃貸・売買業の業態にかかわらず、ほとんどの会社が「資産保有型会社」に該当します。このため、認定申請時点では従業員数が5人以上であったとしても、その後一日でも4人以下になった場合には、認定取消に該当する可能性が高いのです。認定取消になれば納税猶予額と利子税を併せて納めることになります。

従業員数を多く抱え、雇用を維持確保して、常に事業実態要件を満たしている不動産会社の場合はその心配には及びません。

・「総収入金額（営業外収益及び特別利益を除く。）」の欄には、売上高を記入します。総収入金額が零を超えていないと認定要件を満たしません。売上

高が零で、営業外収益や特別利益しかない形態の会社は認定対象外ということになります。

- 「やむを得ない事由により資産保有型会社または資産運用型会社に該当した場合」における「やむを得ない事由」とは、資金の借入れ、資産の売却・譲渡、損害に起因した保険金の取得等、事業活動上生じた偶発的な事由をいいます。

　この箇所は、事業実態要件を満たさず、かつ、「資産保有型会社」または「資産運用型会社」に該当したが、その該当事由が一時的である中小企業の救済措置といえるものです。通常はブランクになります。

（別紙2）　認定中小企業者の常時使用する従業員の数および特別子会社について
1　認定中小企業者が常時使用する従業員の数について

- 記入の仕方がよくわからない箇所です。従業員数要件が大幅に緩和になったとはいえ、認定申請における従業員数は、その後の8割要件を判定する上で基準となるものであり、正確に把握する必要があります。

　特例承継計画を提出する際は、従業員数の証明資料を求められませんが、納税猶予認定申請時は、贈与の日における常時使用する従業員数について、「従業員数証明書」およびその確認資料を提出する必要がありますので、細心の注意が必要です。

　基本的な考え方を押さえておきましょう。事業承継税制が適用されるためには、従業員数が1人以上いることが必要です。

　「常時使用する従業員の数」とは、主として社会保険に加入している従業員のことです。「常時使用する」とは、適用事業所で働き、労働の対価として賃金や給与を支払うという使用関係が常用的であることをいいます。平均的な従業員と比較して、一週の所定労働時間または一カ月の所定労働時間が4分の3に満たない**短時間労働者**などは含みません。

　実務上は、厚生年金保険の被保険者を基本とします。厚生年金は原則として70歳未満の方が加入します。70歳以上75歳未満の方は厚生年金保険の加入対象外となりますが、健康保険の被保険者である方は「常時使用する従業員の数」に含めます。パート・アルバイト、役員を除きます。

75歳以上で厚生年金保険・健康保険のいずれの被保険者でもない方で、2カ月を超える雇用契約を会社と締結しており、かつ、一週の所定労働時間および一カ月の所定労働時間が通常の労働者の4分の3以上である方は、「常時使用する従業員の数」に含めます（**図表5-2-2**参照）。

役員とは、株式会社の場合には取締役、会計参与および監査役を指します。会社の業務に従事する役員は、厚生年金保険や健康保険に加入しています。**使用人兼務役員**とは、役員のうち、法人の使用人としての職制上の地位を有し、かつ、常時使用人としての職務に従事する者です。役員には含めません。従業員になります。（別紙2）では、厚生年金等の被保険者としてカウント済みの役員の数を除きます。登記上の役員数とは異なります。

証明資料としては、「被保険者縦覧照会回答票」、「健保・厚年被保険者標準報酬決定通知書」、「被保険者資格取得（喪失）確認通知書」などの公的な書類（写し）の提出が求められます。

なお、証明資料は「経営承継円滑化法申請マニュアル」に定められた手順に従って、時系列的に提出する必要があります。

2 贈与の時以後におけるに認定中小企業者の特別子会社について

・この欄は、特別子会社がない場合は記入不要です。特別子会社が、特定特別子会社に該当する場合には、会社名から株主又は社員の欄までを記入します。

・「**特別子会社**」と「**特定特別子会社**」の詳細については**図表4-1-3・4-1-4**、具体例については**図表5-2-3**にまとめています。

・特別子会社が外国法人に該当し、かつ、納税猶予を申請する中小企業またはその支配関係にある法人が、その外国法人の株式を保有する場合、納税猶予を申請する会社の常時使用する従業員数は5人以上であることが要件となります。

・また、納税猶予を申請する中小企業の特定特別子会社が上場会社等、大会社または風俗営業会社のいずれにも該当しないことが要件になります。実務上は、それぞれ所定の「**子会社に関する誓約書**」を提出します。

図表 5-2-2　常時使用する従業員

常時使用する従業員とは、会社の従業員であって次に掲げる者をいいます。

a	70 歳未満の厚生年金保険の被保険者
b	厚生年金の被保険者ではなく、健康保険の被保険者 （70 歳以上 75 歳未満）
c	75 歳以上で、会社と 2 カ月を超える雇用契約を締結している者

・いずれも「**短時間労働者**」を除きます。
　短時間労働者とは、1 週間の所定労働時間または 1 カ月の所定労働日数が、通常の
　労働者（＝正社員）の 4 分の 3 未満である者です。
・使用人兼務役員も常時使用する従業員に含まれます。
・後継者の親族であっても、常時使用する従業員に含まれます。
・出向者や派遣社員は、受け入れ会社の常時使用従業員としてカウントしません。

従業員数の証明の仕方と提出資料

　まず、「**健康保険・厚生年金保険被保険者標準報酬決定通知書**」（写し）を提出します。7 月 1 日に在籍する被保険者数を証明するもの（健康保険法の定時決定）は、毎年 8 月頃に発行されます。これが基準になります。

　次に、その後の入社や退社があれば、その都度、年金事務所等から発行される「**被保険者資格取得確認通知書**」（写し）または「**被保険者資格喪失確認通知書**」（写し）を時系列的に取り揃え、贈与の場合は贈与の日（相続の場合は相続開始の日）時点の従業員数を証明します。

　75 歳以上で、会社と 2 カ月を超える雇用契約を締結しており、正社員並みの労働時間および賃金水準であれば、常時使用する従業員となります。
該当者の「**雇用契約書**」（写し）および「**賃金台帳**」（写し）を提出します。

　役員は、会社に常勤し所定の年齢であれば、厚生年金保険や健康保険に加入しています。これらの証明資料に掲載されている役員数を除いた人数が、常時使用する従業員数になります。

　なお、使用人兼務役員は従業員に含めます。使用人兼務役員がいる場合には、「**兼務役員雇用実態証明書**」（写し）や「**雇用保険の被保険者証**」（写し）を提出することになります。実務上は、ケースに応じて異なるため、あらかじめ都道府県の担当窓口に電話して確認しておくとよいでしょう。

　令和元年以降、「**被保険者縦覧照会回答票**」（写し）を使用することも可能になりました。

138　第5章　贈与税の納税猶予の申請

図表5-2-3　特別子会社と特定特別子会社

- **特別子会社**とは、「会社」と「その代表者」と「その同族関係者」が合わせて総株主等議決権数の過半数を有している会社です。

- **特定特別子会社**とは、「会社」と「その代表者」と「その代表者と生計を一にする親族」が合わせて総株主等議決権数の過半数を有している会社です。

- 特定特別子会社は、上場会社等・大会社・風俗営業会社に該当しないことが要件になります。

- 特定特別子会社に該当する**外国会社**があり、申請会社または申請会社と支配関係にある法人がその外国会社の株式等を保有している場合は、申請会社の**常時使用する従業員が5人以上**いることが要件となります。

（特定特別子会社の例）

会社	株　主	保有割合	判　定
B社	A社	50％超	B社は、A社の特別子会社であり、特定特別子会社である
C社	A社の社長a	50％超	C社は、A社の特別子会社であり、特定特別子会社である
D社	A社の社長a A社長の妻b（生計同一）	40％ 20％	D社は、A社の特別子会社であり、特定特別子会社である
E社	A社の社長a 他人	50％ 50％	E社は、A社の特別子会社でも特定特別子会社でもない
F社	A社の社長a a社長の親族（生計別） 他人	40％ 20％ 40％	F社は、A社の特別子会社であるが、特定特別子会社ではない

（注）会社または社長が50％超を保有していれば、特別子会社かつ特定特別子会社である。

2. 第一種特例贈与認定申請　139

図表5-2-4　第一種特例贈与認定申請書の様式・記入例

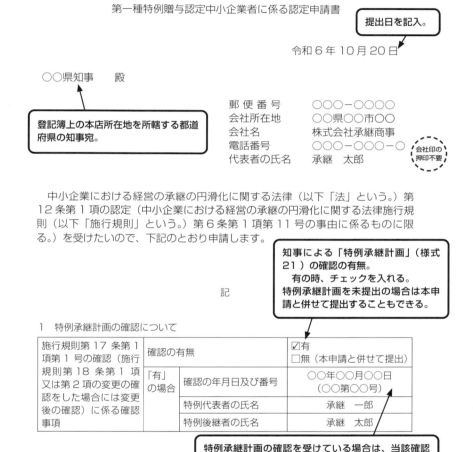

出所：経済産業省「経営承継円滑化法申請マニュアル」の記載例を一部修正

140 第5章 贈与税の納税猶予の申請

2 贈与者及び第一種特例経営承継受贈者について

贈与の日		令和6年 7月 1日
第一種特例贈与認定申請基準日		令和6年10月15日
贈与税申告期限		令和7年 3月17日
第一種特例贈与認定申請基準事業年度	令和5年4月1日から令和6年3月31日まで	
総株主等議決権数	贈与の直前	(a) 1000個
	贈与の時	(b) 1000個

申告期限の日が土日祝日に当たるときはこれらの日の翌日が贈与税の申告期限となります。

第一種特例贈与認定申請基準日

①～③のいずれかの日をいいます。

①	当該贈与の日が1月1日から10月15日までのいずれかの日である場合（③に規定する場合を除く。）	10月15日
②	当該贈与の日が10月16日から12月31日までのいずれかの日である場合	当該贈与の日
③	当該贈与の日の属する年の5月15日前に当該中小企業者の経営承継受贈者又は経営承継贈与者の相続が開始した場合	当該相続の開始の日の翌日から5月を経過する日

第一種特例贈与認定申請基準事業年度

①～③の事業年度をいいます。2期分となる場合もあります。

①	贈与の日からみて直前の事業年度
②	贈与認定申請基準日の翌日の属する事業年度の直前の事業年度
③	①と②の間の各事業年度

申請会社が発行する株式総数に係る議決権総数を記載します。
自己株式や完全に議決権のない種類株式は含みません。
(a) (b)
一部でも議決権があるものは含む。
単位は「（議決権）個」

2. 第一種特例贈与認定申請　　141

贈与者	氏名	承継　一郎	
	贈与の時の住所	○○県○○市△△－△	
	贈与の時の代表者への就任の有無	□有　☑無	
	贈与の時における過去の法第 12 条第 1 項の認定（施行規則第 6 条第 1 項第 11 号又は第 13 号の事由に係るものに限る。）に係る贈与の有無	□有　☑無	
	代表者であった時期	平成 4 年 4 月 1 日から令和 6 年 6 月 30 日	
	代表者であって、同族関係者と合わせて申請者の総株主等議決権数の 100 分の 50 を超える数を有し、かつ、いずれの同族関係者（第一種特例経営承継受贈者となる者を除く。）が有する議決権数をも下回っていなかった時期（*）	平成 4 年 4 月 1 日から令和 6 年 6 月 30 日	
	(*) の時期における総株主等議決権数	(c)	1000 個
	(*) の時期における同族関係者との保有議決権数の合計及びその割合	(d)＋(e)	875 個
		((d)＋(e))／(c)	87.5%
	(*) の時期における保有議決権数及びその割合	(d)	800 個
		(d)／(c)	80.0%
	(*)の時期における同族関係者　氏名（会社名）　住所（会社所在地）	保有議決権数及びその割合	
	承継　花子　　○○県○○市△△－△	(e)	75 個
		(e)／(c)	7.5%

代表者が
①代表者であった
②同族関係者と合わせると総議決権の過半数を占めていた
③同族関係者（特例経営承継受贈者となる者を除く。）の中で最も多く議決権を有していた
①～③の全ての条件を満たしていた時期を記載。

(*) の時期のうち、任意の日の状態で、贈与者（先代経営者）及びその同族関係者が保有していた議決権数の合計及びその割合を記載して下さい。

%の欄は、小数第一位までの値を記載する。
（小数第 2 位を切り捨て）

この日における株主名簿の写しを添付します。

過去、贈与者が当該会社の株式を贈与し、事業承継税制の特例の適用を受けているかについて、有無を記載。
「有」の場合、二度目の認定を受けることはできません。

(*) の時期のうち、任意の日の状態で、贈与者（先代経営者）が保有していた議決権数及びその割合を記載して下さい。

142　第5章　贈与税の納税猶予の申請

	贈与の直前における同族関係者との保有議決権数の合計及びその割合			(f)＋(g) ((f)＋(g))/)/(a)	875個 87.5%
	贈与の直前における保有議決権数及びその割合			(f) (f)/(a)	700個 70%
	贈与の直前における同族関係者	氏名(会社名)	住所 (会社所在地)	保有議決権数及びその割合	
		承継　花子	○○県○○市 △△－△	(g) (g)/(a)	75個 7.5%
		承継　太郎	○○県○○市 ○○－○	(g) (g)/(a)	100個 10.0%
	贈与の直前において贈与者が有していた株式等（議決権に制限のないものに限る。）の数又は金額				700 株
	贈与者が贈与をした株式等（議決権の制限のないものに限る。）の数又は金額				700 株
右欄は第一種特例経営承継受贈者が一人の場合に記入	(*2)から(*3)を控除した残数又は残額			(i)　－　(j)	567 株
	贈与の直前の発行済株式又は出資（議決権の制限のない株式等に限る。）の総数又は総額（*1）			(h)	1000 株
	(*1)の3分の2(*2)			(i)＝(h)×2/3	667 株
	贈与の直前において第一種特例経営承継受贈者が有していた株式等の数又は金額（*3）			(j)	100 株
右欄は第一種特例経営承継受贈者が二人又は三人の場合に記入	贈与の時において贈与者が有していた株式等（議決権に制限のないものに限る。）の数又は金額				株

申請会社が発行する株式等のうち議決権に制限のない株式等の数を記載してください。
なお、冒頭に記載した「総株主等議決権数」
(a) 欄とは異なります。

(a) 欄：一部でも議決権があるものは含む。
　　　単位は「（議決権）個」
(h) 欄：一部でも議決権がないものは含まない。
　　　単位は「（株式数）株」
　　　または「（出資額）円」

後継者が1人の場合、
「(*2)から(*3)を控除した残数又は残額」以上の数又は金額の贈与をする必要があります。

2. 第一種特例贈与認定申請　143

	氏名	承継　太郎
第一種特例経営承継受贈者	住所	○○県○○市○○-○
	贈与の日における年齢	○○歳
	贈与の時における贈与者との関係	☑直系卑属 □直系卑属以外の親族 □親族外
	贈与の時における代表者への就任の有無	☑有　□無
	贈与の日前3年以上にわたる役員への就任の有無	☑有　□無
	贈与の時における過去の法第12条第1項の認定（施行規則第6条第1項第7号又は第9号の事由に係るものに限る。）に係る受贈の有無又は法第12条第1項の認定（施行規則第6条第1項第8号又は第10号の事由に係るものに限る。）に係る相続もしくは遺贈の有無	□有　☑無

贈与の時における同族関係者との保有議決権数の合計及びその割合		(k)＋(l)＋(m)　875個 ((k)＋(l)＋(m))/(b) 87.5%

保有議決権数及びその割合	贈与の直前	(k)　　　　100個 (k)/(a)　　10%	贈与者から贈与により取得した数(*4)	(l) 700個
	贈与の時	(k)＋(l)　　800個 ((k)＋(l))/(b) 80%		
	(*4) のうち租税特別措置法第70条の7の5第1項の適用を受けようとする株式等に係る議決権の数（*5）			700個
	(*5) のうち第一種特例贈与認定申請基準日までに譲渡した数			0個

贈与の時における同族関係者	氏名（会社名）	住所（会社所在地）	保有議決権数及びその割合	
	承継　花子	○○県○○市△△-△	(m) (m)/(b)	75個 7.5%

過去、受贈者が当該会社の株式について贈与を受け、事業承継税制の認定（一般）を受けているかについて、有無を記載。「有」の場合は、特例の認定を受けることはできません。

後継者が複数人の場合、それぞれの後継者の保有議決権数が総議決権数の10%以上になる数又は金額の贈与が必要です。

事業承継税制の適用を受けようとする議決権の数を記載してください。

144 第5章 贈与税の納税猶予の申請

3 贈与者が第一種特例経営承継受贈者へ第一種特例認定贈与株式を法第12条第1項の認定
に係る贈与をする前に、当該認定贈与株式を法第12条第1項の認定に係る受贈をしている
場合に記載すべき事項について

本申請に係る株式等の贈与が該当する贈与の類型	☑該当無し □第一種特別贈与認定株式再贈与　　□第二種特別贈与認定株式再贈与 □第一種特例贈与認定株式再贈与　　□第二種特例贈与認定株式再贈与			
	氏名	認定日	左記認定番号	左記認定を受けた株式数
第一種特例贈与認定中小企業者の認定贈与株式を法第12条第1項の認定に係る受贈をした者に、贈与をした者（当該贈与をした者が複数ある場合には、贈与した順にすべてを記載する。）				

4 会社法第108条第1項第8号に掲げる事項について定めがある種類の株式について

会社法第108条第1項第8号に掲げる事項について定めがある種類の株式（*6）の発行の有無		有□　　無☑
(*6)を発行している場合にはその保有者	氏名（会社名）	住所（会社所在地）

見落としやすいので注意。
通常は、該当なし。

「猶予継続贈与」の適用を受ける場合（当該申請会社が過去に納税猶予制度を活用したことがある場合）のみ記載する。

黄金株の発行の有無。
発行が有りの場合、
株式を贈与された後継者のみが黄金株を保有している場合は認定可能。

2. 第一種特例贈与認定申請　*145*

（備考）

① 　用紙の大きさは、日本工業規格 A4 とする。

② 　申請書の写し（別紙 1 及び別紙 2 を含む）及び施行規則第 7 条第 6 項各号に掲げる書類を添付する。

③ 　「施行規則第 17 条第 1 項第 1 号の確認（施行規則第 18 条第 1 項又は第 2 項の変更の確認をした場合には変更後の確認）に係る確認事項」については、当該確認を受けていない場合には、本申請と併せて施行規則第 17 条第 2 項各号に掲げる書類を添付する。また、施行規則第 18 条第 1 項又は第 2 項に定める変更をし、当該変更後の確認を受けていない場合には、本申請と併せて同条第 5 項の規定により読み替えられた前条第 2 項に掲げる書類を添付する。

④ 　施行規則第 6 条第 2 項の規定により申請者が資産保有型会社又は資産運用型会社に該当しないものとみなされた場合には、その旨を証する書類を添付する。

⑤ 　第一種特例贈与認定申請基準事業年度終了の日において申請者に特別子会社がある場合にあっては特別子会社に該当する旨を証する書類、当該特別子会社が資産保有型子会社又は資産運用型子会社に該当しないとき（施行規則第 6 条第 2 項の規定によりそれぞれに該当しないものとみなされた場合を含む。）には、その旨を証する書類を添付する。

（記載要領）

① 　単位が「%」の欄は小数点第 1 位までの値を記載する。

② 　「贈与者から贈与により取得した数」については、贈与の時以後のいずれかの時において申請者が合併により消滅した場合にあっては当該合併に際して交付された吸収合併存続会社等の株式等（会社法第 234 条第 1 項の規定により競売しなければならない株式を除く。）に係る議決権の数、贈与の時以後のいずれかの時において申請者が株式交換等により他の会社の株式交換完全子会社等となった場合にあっては当該株式交換等に際して交付された株式交換完全親会社等の株式等（会社法第 234 条第 1 項の規定により競売しなければならない株式を除く。）に係る議決権の数とする。

③ 　「（*6）を発行している場合にはその保有者」については、申請者が会社法第 108 条第 1 項第 8 号に掲げる事項について定めがある種類の株式を発行している場合に記載し、該当する者が複数ある場合には同様の欄を追加して記載する。

④ 　「認定申請基準事業年度（　　年　　月　　日から　　年　　月　　日まで）における特定資産等に係る明細表」については、第一種特例贈与認定申請基準事業年度に該当する事業年度が複数ある場合には、その事業年度ごとに同様の表を記載する。「特定資産」又は「運用収入」については、該当するものが複数ある場合には同様の欄を追加して記載する。（施行規則第 6 条第 2 項の規定によりそれぞれに該当しないものとみなされた場合には空欄とする。）

146 第5章 贈与税の納税猶予の申請

⑤ 「損金不算入となる給与」については、法人税法第34条及び第36条の規定により申請者の各事業年度の所得の金額の計算上損金の額に算入されないこととなる給与（債務の免除による利益その他の経済的な利益を含む。）の額を記載する。（施行規則第6条第2項の規定によりそれぞれに該当しないものとみなされた場合には空欄とする。）

⑥ 「総収入金額（営業外収入及び特別利益を除く。）」については、会社計算規則（平成18年法務省令第13号）第88条第1項第4号に掲げる営業外収益及び同項第6号に掲げる特別利益を除いて記載する。

⑦ 「同族関係者」については、該当する者が複数ある場合には同様の欄を追加して記載する。

⑧ 「（*2）」については、1株未満又は1円未満の端数がある場合にあっては、その端数を切り上げた数又は金額を記載する。

⑨ 「特別子会社」については、贈与の時以後において申請者に特別子会社がある場合に記載する。特別子会社が複数ある場合には、それぞれにつき記載する。「株主又は社員」が複数ある場合には、同様の欄を追加して記載する。

⑩ 「やむを得ない事由により資産保有型会社又は資産運用型会社に該当した場合」については、その該当した日、その理由及び解消見込時期を記載する。

下線部分は筆者が追記したもので、特に留意したい点です。

2. 第一種特例贈与認定申請　*147*

> 認定申請基準事業年度が2期分になる場合は、事業年度ごとに
> （別紙1）を複数作成し、その事業年度を記入します。

（別紙1）

> 複数の事業を行っている場合、
> 主たる事業をひとつ記入。

> 認定申請基準日における資本金
> の額又は出資の総額を記入。

業者の特定資産等について

主たる事業内容					○○の卸売業	
資本金の額又は出資の総額					10,000,000円	
認定申請基準事業年度（令和5年4月1日から令和6年3月31日まで）における特定資産等に係る明細表						
種別		内容	利用状況	帳簿価額	運用収入	
有価証券	特別子会社の株式又は持分（(*7)を除く。）			(1)　円	(12)　円	
	資産保有型子会社又は資産運用型子会社に該当する子会社の株式又は持分			(2)　円	(13)　円	
	会社の株式又は持分以外のもの			(3)　円	(14)　円	
不動産	現に自ら使用しているもの			(4)　円	(15)　円	
	現に自ら使用していないもの			(5)　円	(16)　円	
ゴルフ場その他の施設の利用に関する権利	事業の用に供することを目的として有するもの			(6)　円	(17)　円	
	事業の用に供することを目的としないで有するもの			(7)　円	(18)　円	
絵画、彫刻、工芸品その他の有形の文化的所産である動産、貴金属及び宝石	事業の用に供することを目的として有するもの			(8)　円	(19)　円	

> 事業実態要件を満たす場合
> は、(1)～(30)の記入不要。
> ブランクでよい。

148　第5章　贈与税の納税猶予の申請

	事業の用に供することを目的としないで有するもの			(9)　円	(20)　円
現金、預貯金等	現金及び預貯金その他これらに類する資産			(10)　円	(21)　円
	経営承継受贈者及び当該経営承継受贈者に係る同族関係者等（施行規則第1条第12項第2号ホに掲げる者をいう。）に対する貸付金及び未収金その他これらに類する資産			(11)　円	(22)　円
特定資産の帳簿価額の合計額	(23)=(2)+(3)+(5)+(7)+(9)+(10)+(11)　円		特定資産の運用収入の合計額	(25)=(13)+(14)+(16)+(18)+(20)+(21)+(22)　円	
資産の帳簿価額の総額	(24)　円		総収入金額	(26)　円	
認定申請基準事業年度終了の日以前の5年間（贈〔与〕継受贈者及び当〔該〕〔者〕に対して支払わ〔れ〕〔益〕入となる給与の			剰余金の配当等	(27)　円	
			損金不算入となる給与	(28)　円	
特定資産の帳簿価額等の合計額が資産の帳簿価額等の総額に対する割合	(29)=((23)+(27)+(28))/((24)+(27)+(28))　%		特定資産の運用収入の合計額が総収入金額に占める割合	(30)=(25)/(26)　%	
総収入金額（営業外収益及び特別利益を除く。）				450,000,000円	

> 事業実態要件を満たす場合は、(1)〜(30)の記入不要。ブランクでよい。

> 事業年度の売上高を記入。

やむを得ない事由により資産保有型会社又は資産運用型会社に該当した場合

該当した日	年　　月　　日
その事由	
解消見込時期	年　　月頃

2. 第一種特例贈与認定申請　149

（別紙2）

認定中小企業者の常時使用する従業員の数及び特別子会社について

1　認定中小企業者が常時使用する従業員の数について

常時使用する従業員の数		贈与の時 （a）＋（b）＋（c）－（d） 100人
	厚生年金保険の被保険者の数	（a） 95人
	厚生年金保険の被保険者ではなく健康保険の被保険者である従業員の数	（b） 7人
	厚生年金保険・健康保険のいずれの被保険者でもない従業員の数	（c） 1人
	役員（使用人兼務役員を除く。）の数	（d） 3人

贈与の日における常時使用する従業員の数。
「従業員数証明書」の人数と一致。所定の確認資料を提出します。

（a）欄には、厚生年金保険に加入している人数を記載してください。
　　平均的な従業員と比して労働時間が4分の3に満たない短時間労働者などは含みません。

（b）欄には、厚生年金保険の加入対象外で健康保険のみに加入している人数を記載してください。
　　（例：70歳以上75歳未満の従業員または役員）

（c）欄には、社会保険加入対象外の常時使用する従業員数を記載して下さい。
　　（例：75歳以上の従業員）
　　平均的な従業員と比して労働時間が4分の3に満たない短時間労働者などは含みません。

（d）欄には、（a）（b）でカウントした方のうち役員の数を記載してください。（申請会社にいる全役員の人数ではありません）
　　役員とは、株式会社の場合には取締役、会計参与及び監査役を指します。
　　使用人兼務役員の方は役員から除きます。

150　第5章　贈与税の納税猶予の申請

2　贈与の時以後における認定中小企業者の特別子会社について

区分			特定特別子会社に（該当）/ 非該当	
会社名			承継運送株式会社	
会社所在地			○○県○○市○○ー○	
主たる事業内容			運送業	
資本金の額又は出資の総額			10,000,000 円	
常時使用する従業員の数			15 人	
総株主等議決権数			(a)　　　　　　　　　100 個	
株主又は社員	氏名（会社名）	住所（会社所在地）	保有議決権数及びその割合	
	株式会社承継商事	○○県○○市○○ー○	(b)　　　　　　　　　100個 (b)/(a)　　　　　　　100%	

> 　贈与の時以後に特別子会社が複数ある場合は、表を追加してそれぞれ記載してください。
> なお、特別子会社が特定特別子会社に該当するかどうかも記載してください。
>
> それぞれの定義は下記のとおりです。会社法上の子会社の定義とは異なりますのでご注意ください。

特別子会社
次に掲げる者により、その総株主議決権数の過半数を保有される会社

(1) 中小企業者
(2) 後継者
(3) 後継者の親族（配偶者、6 親等内の血族及び 3 親等内の姻族）
(4) 後継者と事実上婚姻関係にある者など特別の関係がある者
(5) 次に掲げる会社

① (2)～(4)により総株主議決権数の過半数を保有されている会社
② (2)～(4)及びこれと(5)①の関係がある会社により総株主議決権数の過半数を保有されている会社
③ (2)～(4)及びこれと(5)①又は(5)②の関係がある会社により総株主議決権数の過半数を保有されている会社

特定特別子会社
次に掲げる者により、その総株主議決権数の過半数を保有される会社

(1) 中小企業者
(2) 後継者
(3) 後継者と生計を一にする親族
(4) 後継者と事実上婚姻関係にある者など特別の関係がある者
(5) 次に掲げる会社

①(2)～(4)により総株主議決権数の過半数を保有されている会社
②(2)～(4)及びこれと(5)①の関係がある会社により総株主議決権数の過半数を保有されている会社
③(2)～(4)及びこれと(5)①又は(5)②の関係がある会社により総株主議決権数の過半数を保有されている会社

3. 第二種特例贈与認定申請　　151

3. 第二種特例贈与認定申請

　　第二種特例贈与とは、先代経営者以外の株主から後継者への特例措置による贈与のことです。先代経営者からの贈与（または相続）に係る認定の有効期間内に、当該贈与に係る贈与税申告期限が到来する場合に限ります。先代経営者の最初の贈与（または相続）からは、約5年の有効期限がありますが、第一種と第二種の特例贈与は同じ年に済ませてしまうのが一般的です。

　　先代経営者からの第一種特例贈与が、必ず先行しなければなりません。株式の贈与日は、第二種特例贈与は、第一種特例贈与より後になります。同じ日付でもかまいませんが、その場合でも、申請書の株式数は、第一種特例贈与が第二種特例贈与よりも先行した前提で記入します。

　　「第二種特例贈与認定申請書」（様式第7の4）に関する様式と記入例については、**図表5-3**のとおりです。以下に、記入上の留意点を示します。「第一種特例贈与認定申請書」（様式第7の3）と共通するところは、割愛しています。

　　なお、申請書面上の法令用語を整理しておきますが、当事者は会社と先代経営者以外の株主である贈与者と後継者です。

贈与認定中小企業者	贈与税の納税猶予の申請を行う中小企業 第一種・第二種とも同一会社
第一種特例経営承継贈与者	先代経営者
第一種特例経営承継受贈者	後継者
贈与者	先代経営者以外の株主である贈与者
第二種特例経営承継受贈者	後継者

【記入上の留意点】
1　第一種特例経営承継贈与又は第一種特例経営承継相続について
　・第一種特例贈与（相続）がなければ、第二種特例贈与を行うことはできませんので、「有」にチェックを入れます。

　　　第一種特例贈与の場合は、該当する贈与者・受贈者の氏名を記入します。当該贈与の日は、第一種特例贈与の日（先代経営者から後継者への株式

贈与日）になります。

　認定の有効期間は、当初の贈与の贈与税申告期限（相続の場合は当初の相続税の申告期限）の翌日から5年を経過する日です。第一種特例贈与の場合は、当初の贈与税申告期限＋5年になります。第二種特例贈与と同時認定の場合には、認定を受ける前になりますので、その見込みの期限を記入します。

2　贈与者及び第二種特例経営承継者受贈者について

・「第二種特例贈与認定申請基準日」とは、次の①～③のいずれかの日をいいます。

　　①　贈与日が1月1日から10月15日までの場合　→　10月15日

　　②　贈与日が10月16日から12月31日までの場合　→　当該贈与の日

　　③　贈与日の年の5月15日前に先代経営者または後継者が死亡（相続開始）した場合　→　相続開始日の翌日から5カ月を経過する日

・「贈与税申告期限」は、土日祝日にあたるときは翌日が申告期限となります。

・「第二種特例贈与認定申請基準年度」とは、次の①～③の事業年度をいいます。2つの事業年度になることもあります。

　　①　贈与の日からみて直前の事業年度

　　②　贈与認定申請基準日の翌日の属する事業年度の直前の事業年度

　　③　①と②の間の各事業年度

・「総株主等議決権数」(a)(b)の欄には、完全に議決権のないものは除きます。一部でも議決権があるものは含みます。

・「贈与者」の欄における、過去の認定に係る贈与の有無は、「無」となります。株式贈与は一括で行わなければならず、分割して行った場合、二度目の認定は受けられません。

・「贈与者」の欄は、贈与者とその同族関係者の株主名、株式保有状況、および納税猶予を受けることが可能な株数を判定する箇所ですので、項目に従って慎重に記入します。

・「残数又は残額」を判定する際、(h)の欄は完全に議決権がある株式に限

られます。一部でも議決権がないものは含みません。「総株主等議決権数」
(a)(b)との違いに注意します。

　第一種特例贈与（先代経営者の贈与）で新たになった株主の株式比率を
ベースに、第二種特例贈与（先代経営者以外の贈与）を行うことになりま
すが、株式贈与のルールは先代経営者の時と同様です。

　後継者の持株数が全株式数の3分の2以上になるように株式を贈与しな
ければなりませんので、(f) − (g)以上の株式数（**図表 5-3** の記入例ではマ
イナス 133 株なので、0 株と記入します）を贈与する必要があります。第一
種特例贈与で、後継者は、筆頭株主になっているはずなので、ここでは、
0 株以上贈与可能ということになります。

　以下は、第一種特例贈与の記入例と同一です。

154 第 5 章　贈与税の納税猶予の申請

図表 5-3　第二種特例贈与認定申請書の様式・記入例

様式第 7 の 4

第二種特例贈与認定中小企業者に係る認定申請書

提出日を記入。

令和 6 年 10 月 20 日

○○県知事　　　殿

登記簿上の本店所在地を所轄する都道府県の知事宛。

郵 便 番 号　　○○○－○○○○
会社所在地　　○○県○○市○○
会 社 名　　　株式会承継商事
電 話 番 号　　○○－○○○－○○
代表者の氏名　承継　太郎

会社印
押印不要

　中小企業における経営の承継の円滑化に関する法律（以下「法」という。）第
12 条第 1 項の認定（中小企業における経営の承継の円滑化に関する法律施行規
則（以下「施行規則」という。）第 6 条第 1 項第 13 号の事由に係るものに限
る。）を受けたいので、下記のとおり申請します。

第一種特例贈与（相続）の有無。
有の時、チェックを入れる。
第一種特例贈与（相続）の贈与者（被相続人）、受贈者（相続人）の氏名、第一種特例贈与日（相続開始日）を記入する。

記

1　第一種特例経営承継贈与又は第一種特例経営承継相続について

本申請に係る認定にあたり必要な施行規則第 6 条第 1 項第 11 号又は第 12 号の事由に係る第一種特例経営承継贈与又は第一種特例経営承継相続の有無		☑有 ☐無
「有」の場合	当該贈与者（当該被相続人）	承継　一郎
	第一種特例経営承継受贈者 （第一種特例経営承継相続人）	承継　太郎
	☑当該贈与の日　　☐当該相続の開始の日	令和 6 年 7 月 1 日
	当該第一種特例経営承継贈与又は第一種特例経営承継相続に係る認定の有効期限（当該認定を受ける前の場合は、その見込み）	令和 12 年 3 月 15 日

認定の有効期限は、
　第一種特例贈与の場合は、贈与税申告期限＋ 5 年。
　第一種特例相続の場合は、相続税申告期限＋ 5 年。

出所：経済産業省「経営承継円滑化法申請マニュアル」の記載例を一部修正

3. 第二種特例贈与認定申請　155

> 先代経営者以外の株主から後継者への贈与の日

2　贈与者及び第二種特例経営承継受贈者について

贈与の日		令和6年7月2日
第二種特例贈与認定申請基準日		令和6年10月15日
贈与税申告期限		令和7年　3月15日
第二種特例贈与認定申請基準事業年度		令和5年4月1日から令和6年　3月31日まで
総株主等議決権数	贈与の直前	(a)　　　　　　1000 個
	贈与の時	(b)　　　　　　1000 個

> 申告期限の日が土日祝日に当たるときはこれらの日の翌日が贈与税の申告期限となります。

第二種特例贈与認定申請基準日

①〜③のいずれかの日をいいます。

①	当該贈与の日が1月1日から10月15日までのいずれかの日である場合（③に規定する場合を除く。）	10月15日
②	当該贈与の日が10月16日から12月31日までのいずれかの日である場合	当該贈与の日
③	当該贈与の日の属する年の5月15日前に当該中小企業者の経営承継受贈者又は経営承継贈与者の相続が開始した場合	当該相続の開始の日の翌日から5月を経過する日

第二種特例贈与認定申請基準事業年度

①〜③の事業年度をいいます。2期分になる場合もあります。

①	贈与の日からみて直前の事業年度
②	贈与認定申請基準日の翌日の属する事業年度の直前の事業年度
③	①と②の間の各事業年度

> 申請会社が発行する株式総数に係る議決権総数を記載します。
> 自己株式や完全に議決権のない種類株式は含みません。
> (a)(b)欄
> 一部でも議決権があるものは含む。
> 単位は「(議決権)個」

156　第5章　贈与税の納税猶予の申請

先代経営者以外の株主

氏名			承継　花子	
贈与の時の住所			○○県○○市△△－△	
贈与の時の代表者への就任の有無				□有　☑無
贈与の時における過去の法第12条第1項の認定（施行規則第6条第1項第11号及び第13号の事由に係るものに限る。）に係る贈与の有無				□有　☑無
	贈与の直前における同族関係者との保有議決権数の合計及びその割合		(c)＋(d) ((c)＋(d))/(a)	875個 87.5%
贈与者	贈与の直前における保有議決権数及びその割合		(c) (c)/(a)	75個 7.5%
	贈与の直前における同族関係者	氏名(会社名)　　住所（会社所在地）	保有議決権数及びその割合	
		承継　太郎　　○○県○○市○○－○	(d) (d)/(a)	800個 80%
	贈与の直前において贈与者が有していた株式等（議決権に制限のないものに限る。）の数又は金額			75株
	贈与者が贈与をした株式等（議決権に制限のないものに限る。）の数又は金額			75株
右欄は第二種特例経営承継受贈者が一人の場合に記入	(*2)から(*3)を控除した残数又は残額		(f)－(g)	0株
	贈与の直前の発行済株式又は出資（議決権の制限のない株式等に限る。）の総数又は総額(*1)		(e)	1000株
	(*1)の3分の2(*2)		(f)＝(e)×2/3	667株
	贈与の直前において第二種特例経営承継受贈者が有していた株式等の数又は金額(*3)		(g)	800株
右欄は第二種特例	贈与の時において贈与者が有していた株式等（議決権に制限のないものに限る。）の数又は金額			

後継者が1人の場合、「(*2) から (*3) を控除した残数又は残額」以上の数又は金額の贈与をする必要があります。
　マイナスの時は0。

過去、贈与者が当該会社の株式を贈与し、事業承継税制の特例の適用を受けているかについて、有無を記載。
「有」の場合、二度目の認定を受けることはできません。

3. 第二種特例贈与認定申請　*157*

経営承継受贈者が二人又は三人の場合に記入	後継者が複数人の場合、それぞれの後継者の保有議決権数が総議決権数の10%以上になる数又は金額の贈与が必要です。		

	氏名		承継　太郎
第二種特例経営承継受贈者	住所		○○県○○市○○－○
	贈与の日における年齢		○○歳
	贈与の時における贈与者との関係		☑直系卑属 □直系卑属以外の親族 □親族外
	贈与の時における代表者への就任の有無		☑有　□無
	贈与の日前3年以上にわたる役員への就任の有無		☑有　□無
	贈与の時における過去の法第12条第1項の認定（施行規則第6条第1項第7号又は第9号の事由に係るものに限る。）に係る受贈の有無又は法第12条第1項の認定（施行規則第6条第1項第8号又は第10号の事由に係るものに限る。）に係る相続若しくは遺贈の有無		□有　☑無
	贈与の時における同族関係者との保有議決権数の合計及びその割合		(h)＋(i)＋(j)　875個 ((h)＋(i)＋(j))/(b)　87.5%

	保有議決権数及びその割合	贈与の直前	(h)　　　　800個 (h)/(a)　　80%	贈与者から贈与により取得した数(*4)	(i)　75個
		贈与の時	(h)＋(i)　875個 ((h)＋(i))/(b)　87.5%		

(*4)のうち租税特別措置法第70条の7の5第1項の適用を受けようとする株式等に係る議決権の数(*5)	75個
(*5)のうち第二種特例贈与認定申請基準日までに譲渡した数	0個

贈与の時における同族関係	氏名（会社名）	住所（会社所在地）	保有議決権数及びその割合
			(j)　　　　　　個

> 過去、受贈者が当該会社の株式について贈与を受け、事業承継税制の認定（一般）を受けているかについて、有無を記載。「有」の場合は、特例の認定を受けることはできません。

> 事業承継税制の適用を受けようとする議決権の数を記載してください。

158　第 5 章　贈与税の納税猶予の申請

3　贈与者が第二種特例経営承継受贈者へ第二種特例認定贈与株式を法第 12 条第 1 項の認定
　に係る贈与をする前に、当該認定贈与株式を法第 12 条第 1 項の認定に係る受贈をしている
　場合に記載すべき事項について

本申請に係る株式等の贈与が該当する贈与の類型	☑該当無し □第一種特別贈与認定株式再贈与　　□第二種特別贈与認定株式再贈与 □第一種特例贈与認定株式再贈与　　□第二種特例贈与認定株式再贈与			
	氏名	認定日	左記認定番号	左記認定を受けた株式数
第二種特例贈与認定中小企業者の認定贈与株式を法第 12 条第 1 項の認定に係る受贈をした者に、贈与をした者。（当該贈与をした者が複数ある場合には、贈与した順にすべてを記載する。）				

4　会社法第 108 条第 1 項第 8 号に掲げる事項について定めがある種類の株式について

会社法第 108 条第 1 項第 8 号に掲げる事項について定めがある種類の株式（*6）の発行の有無	有□　無☑
（*6）を発行している場合にはその保有者　氏名（会社名）	住所（会社所在地）

見落としやすいので注意。
通常は、該当無し。

「猶予継続贈与」の適用を受ける場合（当該申請会社が過去に納税猶予制度を活用したことがある場合）のみ記載する。

黄金株の発行の有無。
発行が有りの場合、
株式を贈与された後継者のみが黄金株を保有している場合は認定可能。

（備考）

①　用紙
②　申請
　　より
③　施行　　　　　　　　　　　　　　　　　者が資産保有型会社又は資産運用型会
　　社に該当しないものとみなされた場合には、その旨を証する書類を添付する。
④　第二種特例贈与認定申請基準事業年度終了の日において申請者に特別子会社があ
　　る場合にあっては特別子会社に該当する旨を証する書類、当該特別子会社が資産
　　保有型子会社又は資産運用型子会社に該当しないとき（施行規則第 6 条第 2 項
　　の規定によりそれぞれに該当しないものとみなされた場合を含む。）には、その
　　旨を証する書類を付する。

3. 第二種特例贈与認定申請　159

（記載要領）
① 単位が「％」の欄は小数点第 1 位までの値を記載する。
② 「(*2)」については、1 株未満又は 1 円未満の端数がある場合にあっては、その端数を切り上げた数又は金額を記載する。
③ 「贈与者から贈与により取得した数」については、贈与の時以後のいずれかの時において申請者が合併により消滅した場合にあっては当該合併に際して交付された吸収合併存続会社等の株式等（会社法第 234 条第 1 項の規定により競売しなければならない株式を除く。）に係る議決権の数、贈与の時以後のいずれかの時において申請者が株式交換等により他の会社の株式交換完全子会社等となった場合にあっては当該株式交換等に際して交付された株式交換完全親会社等の株式等（会社法第 234 条第 1 項の規定により競売しなければならない株式を除く。）に係る議決権の数とする。
④ 「(*6) を発行している場合にはその保有者」については、申請者が会社法第 108 条第 1 項第 8 号に掲げる事項について定めがある種類の株式を発行している場合に記載し、該当する者が複数ある場合には同様の欄を追加して記載する。
⑤ 「認定申請基準事業年度（　　年　　　月　　　日から　　　年　　　月　　　日まで）における特定資産等に係る明細表」については、第二種特例贈与認定申請基準事業年度に該当する事業年度が複数ある場合には、その事業年度ごとに同様の表を記載する。「特定資産」又は「運用収入」については、該当するものが複数ある場合には同様の欄を追加して記載する。（施行規則第 6 条第 2 項の規定によりそれぞれに該当しないものとみなされた場合には空欄とする。）
⑥ 「損金不算入となる給与」については、法人税法第 34 条及び第 36 条の規定により申請者の各事業年度の所得の金額の計算上損金の額に算入されないこととなる給与（債務の免除による利益その他の経済的な利益を含む。）の額を記載する。（施行規則第 6 条第 2 項の規定によりそれぞれに該当しないものとみなされた場合には空欄とする。）
⑦ 「総収入金額（営業外収入及び特別利益を除く。）」については、会社計算規則（平成 18 年法務省令第 13 号）第 88 条第 1 項第 4 号に掲げる営業外収益及び同項第 6 号に掲げる特別利益を除いて記載する。
⑧ 「同族関係者」については、該当する者が複数ある場合には同様の欄を追加して記載する。
⑨ 「特別子会社」については、贈与の時以後において申請者に特別子会社がある場合に記載する。特別子会社が複数ある場合には、それぞれにつき記載する。「株主又は社員」が複数ある場合には、同様の欄を追加して記載する。
⑩ 「やむを得ない事由により資産保有型会社又は資産運用型会社に該当した場合」については、その該当した日、その理由及び解消見込時期を記載する。

下線部分は筆者が追記したもので、特に留意したい点です。

160 第5章 贈与税の納税猶予の申請

（別紙1）

> 認定申請基準事業年度が2期分になる場合は、事業年度ごとに（別紙1）を複数作成し、その事業年度を記入します。

> 認定申請基準日における資本金の額又は出資の総額を記入。

> 複数の事業を行っている場合、主たる事業をひとつ記入。

> 事業実態要件を満たす場合は、（1）～（30）の記入不要。ブランクでよい。

業者の特定資産等について

主たる事業内容					○○の卸売業	
資本金の額又は出資の総額					10,000,000円	
認定申請基準事業年度（令和5年4月1日から令和6年3月31日まで）における特定資産等に係る明細表						
種別		内容	利用状況	帳簿価額	運用収入	
有価証券	特別子会社の株式又は持分（(*7)を除く。）			(1)　　　円	(12)　　　円	
	資産保有型子会社又は資産運用型子会社に該当する子会社の株式又は持分			(2)　　　円	(13)　　　円	
	会社の株式又は持分以外のもの			(3)　　　円	(14)　　　円	
不動産	現に自ら使用しているもの			(4)　　　円	(15)　　　円	
	現に自ら使用していないもの			(5)　　　円	(16)　　　円	
ゴルフ場その他の施設の利用に関する権利	事業の用に供することを目的として有するもの			(6)　　　円	(17)　　　円	
	事業の用に供することを目的としないで有するもの			(7)　　　円	(18)　　　円	
絵画、彫刻、工芸品その他の有形の文化的所産である動産、貴金属及び宝石	事業の用に供することを目的として有するもの			(8)　　　円	(19)　　　円	

3. 第二種特例贈与認定申請　161

	事業の用に供することを目的としないで有するもの			(9)　　　円	(20)　　　円
現金、預貯金等	現金及び預貯金その他これらに類する資産			(10)　　　円	(21)　　　円
	経営承継受贈者及び当該経営承継受贈者に係る同族関係者等（施行規則第1条第12項第2号ホに掲げる者をいう。)に対する貸付金及び未収金その他これらに類する資産			(11)　　　円	(22)　　　円

特定資産の帳簿価額の合計額	(23)＝(2)＋(3)＋(5)＋(7)＋(9)＋(10)＋(11)　円	特定資産の運用収入の合計額		(25)＝(13)＋(14)＋(16)＋(18)＋(20)＋(21)＋(22)　円
資産の帳簿価額の総額	(24)　円	総収入金額		(26)　円
認定申請基準事業年度終了の日以前の5年間（贈　　　　継受贈者及び当　　　　　に対して支払わ　　　　入となる給与の		剰余金の配当等		(27)　円
		損金不算入となる給与		(28)　円
特定資産の帳簿価額等の合計額が資産の帳簿価額等の総額に対する割合	(29)＝((23)＋(27)＋(28))/((24)＋(27)＋(28))　%	特定資産の運用収入の合計額が総収入金額に占める割合		(30)＝(25)/(26)　%
総収入金額（営業外収益及び特別利益を除く。）				450,000,000円

> 事業実態要件を満たす場合は、(1)〜(30)の記入不要。ブランクでよい。

> 事業年度の売上高を記入。

やむを得ない事由により資産保有型会社又は資産運用型会社に該当した場合

該当した日	年　　　月　　　日
その事由	
解消見込時期	年　　　月頃

162　第5章　贈与税の納税猶予の申請

（別紙2）

認定中小企業者の常時使用する従業員の数及び特別子会社について

1　認定中小企業者が常時使用する従業員の数について

常時使用する従業員の数		贈与の時 (a)＋(b)＋(c)－(d) 100人
	厚生年金保険の被保険者の数	(a) 95人
	厚生年金保険の被保険者ではなく健康保険の被保険者である従業員の数	(b) 7人
	厚生年金保険・健康保険のいずれの被保険者でもない従業員の数	(c) 1人
	役員（使用人兼務役員を除く。）の数	(d) 3人

　　贈与の日における常時使用する従業員の数。
　　「従業員数証明書」の人数と一致。所定の確認資料を提出します。

(a) 欄には、厚生年金保険に加入している人数を記載してください。 平均的な従業員と比して労働時間が4分の3に満たない短時間労働者などは含みません。

(b) 欄には、厚生年金保険の加入対象外で健康保険のみに加入している人数を記載してください。
　　（例：70歳以上75歳未満の従業員または役員）

(c) 欄には、社会保険加入対象外の常時使用する従業員数を記載して下さい。
　　（例：75歳以上の従業員）
　　平均的な従業員と比して労働時間が4分の3に満たない短時間労働者などは含みません。

(d) 欄には、(a)(b)でカウントした方のうち役員の数を記載してください。
　　（申請会社にいる全役員の人数ではありません）
　　役員とは、株式会社の場合には取締役、会計参与及び監査役を指します。
　　使用人兼務役員の方は役員から除きます。

3. 第二種特例贈与認定申請　163

2　贈与の時以後における認定中小企業者の特別子会社について

区分			特定特別子会社に　該当／非該当	
会社名			承継運送株式会社	
会社所在地			○○県○○市○○－○	
主たる事業内容			運送業	
資本金の額又は出資の総額			10,000,000 円	
常時使用する従業員の数			15 人	
総株主等議決権数			(a)	100 個
株主又は社員	氏名（会社名）	住所（会社所在地）	保有議決権数及びその割合	
	株式会社承継商事	○○県○○市○○－○	(b)	100個
			(b)/(a)	100%

贈与の時以後に特別子会社が複数ある場合は、表を追加してそれぞれ記載してください。
なお、特別子会社が特定特別子会社に該当するかどうかも記載してください。

それぞれの定義は下記のとおりです。会社法上の子会社の定義とは異なりますのでご注意ください。

特別子会社
次に掲げる者により、その総株主議決権数の過半数を保有される会社

(1) 中小企業者
(2) 後継者
(3) 後継者の親族（配偶者、6 親等内の血族及び 3 親等内の姻族）
(4) 後継者と事実上婚姻関係にある者など特別の関係がある者
(5) 次に掲げる会社

① (2)〜(4)により総株主議決権数の過半数を保有されている会社
② (2)〜(4)及びこれと(5)①の関係がある会社により総株主議決権数の過半数を保有されている会社
③ (2)〜(4)及びこれと(5)①又は(5)②の関係がある会社により総株主議決権数の過半数を保有されている会社

特定特別子会社
次に掲げる者により、その総株主議決権数の過半数を保有される会社

(1) 中小企業者
(2) 後継者
(3) 後継者と生計を一にする親族
(4) 後継者と事実上婚姻関係にある者など特別の関係がある者
(5) 次に掲げる会社

①(2)〜(4)により総株主議決権数の過半数を保有されている会社
②(2)〜(4)及びこれと(5)①の関係がある会社により総株主議決権数の過半数を保有されている会社
③(2)〜(4)及びこれと(5)①又は(5)②の関係がある会社により総株主議決権数の過半数を保有されている会社

4. 認定中小企業者の特定資産等について

　贈与税の納税猶予の「**認定申請書**」の（**別紙 1**）には、「認定中小企業者の特定資産等について」と題する項目があり、「特定資産等に係る明細表」を記入することになっています。

(1)　特定資産

　特定資産とは、現預金、有価証券（株式や債券など、一定の条件に該当する子会社の株式を含む）、不動産（自社で使用していないもの）、ゴルフ会員権、絵画・貴金属等、保険料積立金、同族関係者への貸付金などをいいます。主な特定資産について、**図表 5-4-1** にまとめています

　宝石店が自社で販売する貴金属、宝石などは、特定資産に該当しないのですが、不動産会社が自社で販売する販売用不動産や賃貸物件は、「現に自らの使用していない不動産」とされ、特定資産になります。

　この特定資産と同族関係者が受けた剰余金の配当や損金不算入となる給与の合計額が、総資産（同族関係者が受けた剰余金の配当や損金不算入となる給与の合計額を含める）の 70％以上となる場合を**資産保有型会社**といいます。

　また、特定資産の運用収入合計額が、総収入金額の 75％以上となる場合を**資産運用型会社**といいます。

　資産運用型会社等（**資産保有型会社**と**資産運用型会社**）に該当する場合には、納税猶予の認定要件を満たさないため、贈与税・相続税の納税猶予は認められません（**図表 5-4-2**）。

　資産運用型会社等に該当するかどうかの判定については、納税猶予の「認定申請書」の（別紙 1）にある「**特定資産等に係る明細表**」を記入することによって行います（記載例については、**図表 5-4-4** を参照）。

　詳細は、「経営承継円滑化法申請マニュアルの記載例」を参考にして記入することになりますが、専門的な用語も多く、判定が難しいため、税理士・公認会計士の先生方も慎重に行う箇所です。

4. 認定中小企業者の特定資産等について　*165*

図表 5-4-1　特定資産

種　別	内　容
有価証券等	・国債証券、地方債証券、株券、新株予約権証券その他金融商品取引法に規定する有価証券。 ・申請者である中小企業の特別子会社の株式または持分については、その特別子会社が「資産保有型会社」または「資産運用型会社」に該当する場合に限って、「特定資産」に該当する。
不動産	・申請者が所有している不動産※のうち、「現に自ら使用していない不動産」が「特定資産」に該当する。 　①　遊休不動産 　②　販売用として保有する不動産 　③　第三者に賃貸している不動産や駐車場 　④　役員用の社宅等 　　　などがある。 ・申請者自身が自らの事務所や工場として使用している不動産以外のものすべてが「特定資産」に該当する。 ・一棟の建物のうちに、現に自ら使用する部分とそれ以外の部分がある場合には、一棟の建物の価額を床面積割合その他合理的と認めらられる方法により、按分した価額をそれぞれ算出する。 　※不動産とは 　①　土地（土地の上の存する権利を含む） 　②　建物およびその付属設備 　　　（当該建物と一体として利用されると認められるもの） 　③　構築物（建物と同一視しうるもの） 　　　をいう。 　　　したがって、船舶や航空機は不動産に該当しない。
施設利用権等	・ゴルフ会員権、スポーツクラブ会員権、リゾート会員権など。接待用で所有していても、特定資産に該当する。
絵画、貴金属等	・絵画、彫刻、工芸品、陶磁器、骨董品などの文化的動産。 ・金、銀などの貴金属、ダイヤモンドなどの宝石。
現預金その他これらに類する資産	・現金、預貯金、保険料積立金。 ・申請者の代表者やその同族関係者に対する貸付金や未収金、預け金、差入保証金など。

図表 5-4-2　資産保有型会社等

資産保有型会社

$$\frac{(A) + (B) + (C)}{資産の帳簿価額の総額 + (B) + (C)} \geq 70\%$$

(A) 特定資産の帳簿価額の合計額
(B) 本人および同族関係者に支払われた配当
(C) 損金不算入役員給与

(A) および資産の帳簿価額の総額の算定に際しては、
1. 貸借対照表上の帳簿価額を用いる
2. 減価償却累計額・特別償却準備金・圧縮積立金等を控除した後の帳簿価額を用いる
3. 貸倒引当金・投資損失引当金については、特定資産の合計額から控除しない

資産運用型会社

$$\frac{特定資産の運用収入}{総収入金額（売上高＋営業外収益＋特別利益）} \geq 75\%$$

期中に固定資産や有価証券などの売却がある場合は、損益にかかわらず売却対価に直してから金額を加算し、当該年度の総収入金額を算出する。

図表 5-4-3　事業実態要件

　贈与（相続開始）の時において、中小企業者が「資産保有型会社」または「資産運用型会社」の基準に該当する場合であっても、次の①②③（事業実態要件）のいずれにも該当する場合には、「資産保有型会社」または「資産運用型会社」に該当しないものとみなされる。

① 常時使用する従業員が5人以上であること
（ただし、後継者と生計を一にする親族従業員は除く）
② 事務所、店舗、工場その他これらに類するものを所有し、または賃貸していること
③ 贈与（相続開始）の日まで、引き続き3年以上、商品販売等を行っていること

⑵　事業実態要件

　平成 29 年度に、「**事業実態要件**」（**図表 5-4-3**）が導入されました。資産保有型会社等（資産保有型会社と資産運用型会社）に該当する場合でも、次の①〜③のすべてを満たすときは、資産保有型会社等に該当しないものとみなされます。

　⑴　常時使用する従業員数（後継者と生計を一にする親族を除く）が 5 人以上であること

　⑵　事務所、店舗、工場などを所有または賃貸していること

　⑶　商品販売等を 3 年以上継続しておこなっていること

　商品販売等には、不動産業のように資産の貸し付けやサービスの提供も含まれます。後継者（受贈者または相続人）や同族関係者に対する貸し付けなどは除かれます

　これは、所定の事業実態があり、雇用者数が確保されている会社については、資産保有型会社等に該当しないものとみなされ、事業承継税制の適用対象とするという趣旨です。

⑶　事業実態要件の実務上の取扱い

　実務的には以下の取扱いとなっています。

ケース①　事業実態要件を満たす場合

　事業実態要件をすべて満たしている会社については、資産保有型会社等に該当しないものとみなされます。

　一般に、自社株式の承継にあたり贈与税・相続税の納税猶予を申請する中小企業は、3 年以上事業活動を行っており、事業活動に伴う事務所等を所有または賃貸している会社が大半であると思われますので、**後継者と生計を一にする親族を除く常時使用する従業員が 5 名以上いるかどうかが重要**になります。

　認定申請に際して、事業実態要件を満たす場合には、**申請書面の「特定資産等に係る明細書表（1）〜（30）」の記入を省略する**ことができます。事業実態を証する所定の書類を提出することで、面倒な計算を省くことが可能です。

ケース②　ケース①に該当しない場合

　設立後3年未満の新設会社などは、事業実態要件を満たすことはできません。また、長年事業を継続していても、**後継者と生計を一にする親族を除く常時使用する従業員が5名未満**である会社は、ケース②に該当します。

　ケース②に該当する場合は、**「特定資産等に係る明細表（1）～（30）」の記入が必須**になります。都道府県での審査の結果、資産保有型会社等に該当した場合は、要件未達で認定されません。

　申請マニュアルをよく読んでいないと、省略できるのに、手間をかけて、しかも誤った計算数値を記入してくる税理士の先生方も後を絶ちません。

　また、常時使用する従業員（後継者と生計を一にする親族を除く）が認定時には5名以上いたので、特定資産に係る明細表を提出することなく認定を受けたものの、その後4名以下となり、「特定資産に係る明細表」の提出を行った結果、特定資産保有型会社に該当し、認定取消となったケースも散見されます。この点は、十分注意したいところです。

　特定資産の多い中小企業においては、**「常時使用する従業員数（後継者と生計を一にする親族を除く）5名以上を常に維持できるのか」**が、納税猶予制度を活用する上での大きなポイントになるでしょう。

⑷　やむを得ない事由により資産保有型会社または資産運用型会社に該当した場合

　「特定資産等に係る明細表」を作成し提出するケースにおいて、事業活動上生じた偶発的な事由により、特定資産の割合が70％以上となる場合や特定資産の運用収入の割合が75％以上となる場合には、一定期間、資産保有型会社や資産運用型会社に該当しないものとみなされる救済規定もあります。

　事業活動のために必要な資金の借り入れを行ったこと、資産の譲渡や売却または資産について生じた損害保険金の取得その他一定のやむを得ない事由が生じた場合などが該当します。

　「事業活動のために生じた偶発的な事由」の解釈については、その実例に応じて都道府県の事業承継税制担当課に照会し相談するようにして下さい（「申請マニュアル」第7章　用語・定義　10.やむを得ない事由による場合）。

4. 認定中小企業者の特定資産等について　　*169*

図表 5-4-4　特定資産等に係る明細表の記入例

（別紙 1）

> 基準事業年度となる期間を記入。
> 基準事業年度が 2 期分となる場合は、
> 2 期分を作成する。

認定中小企業者の特定資産等について

認定申請基準事業年度（令和 5 年 4 月 1 日　から　令和 6 年 3 月 31 日　まで）における特定資産等に係る明細表

種別	内容	利用状況	帳簿価額	運用収入
有価証券	特別子会社の株式又は持分（(*7)を除く。）		(1) 円	(12) 円
	資産保有型子会社又は資産運用型子会社に該当する特別子会社の株式又は持分(*7)		(2)	(13)
	特別子会社の株式又は持分以外のもの	A社の株式 2,000株 B投資信託	(3) 2,000,000円 1,000,000円	(14) 40,000円 10,000円
不動産	現に自ら使用しているもの	○○県○○市○○　土地 同上所在の建物 建物付属設備	本社 事務所	(4) 37,000,000円 12,000,000円 500,000円	(15) 0円
	現に自ら使用していないもの	○○県△△市××　土地 600㎡のうち 3分の2部分 同上所在の建物 建物付属設備	一般人向けの賃貸物件	(5) 20,000,000円 6,000,000円 200,000円	(16) 800,000円

> 銘柄ごとに数量、期末簿価の金額を記入。運用収入欄には、期中に受け取った配当金や分配金等のほか、期中に売却をした場合の対価を含める。

> (5)(16)の自ら使用していない不動産とは、販売用として保有する不動産、賃貸マンション、役員用住宅、遊休地など。
> 申請会社自らの事務所や店舗として使用している不動産以外のすべてが該当する。
> 自ら使用している部分と使用していない部分がある場合は、床面積割合など合理的な方法により按分計算して記入する。

ゴルフ場その他の施設の利用に関する権利	事業の用に供することを目的として有するもの			(6)　　　　　円	(17)　　　　　円
	事業の用に供することを目的としないで有するもの	Cカントリークラブ会員権 Dリゾート会員権		(7)　3,000,000円 1,000,000円	(18)　　　　0円
絵画、彫刻、工芸品その他の有形の文化的所産である動産、貴金属及び宝石	事業の用に供することを目的として有するもの			(8)　　　　　円	(19)　　　　　円
	事業の用に供することを目的としないで有するもの	絵画E	社長室展示用	(9)　1,000,000円	(20)　　　　0円
現金、預貯金等	現金及び預貯金その他これらに類する資産	現金 預金 保険料積立金		(10)　1,000,000円 150,000,000円 5,000,000円	(21)　　　　0円 10,000,000円　　　0円
	経営承継受贈者及び当該経営承継受贈者に係る同族関係者等（施行規則第1条第17項第2号ホに掲げる者をいう。）に対する貸付金及び未収金その他これらに類する資産	短期貸付金	社長○○○○に対する貸付金	(11)　5,000,000円	(22)　　　　0円

（11）（22）には、後継者およびその同族関係者に対する預け金や差入保証金、立替金等も該当する。
利用状況欄には、貸付金・未収入金の債務者氏名または会社名を記入。

4. 認定中小企業者の特定資産等について　　*171*

特定資産の帳簿価額の合計額	(23)＝(2)＋(3)＋(5)＋(7)＋(9)＋(10)＋(11)　　195,200,000円	特定資産の運用収入の合計額	(25)＝(13)＋(14)＋(16)＋(18)＋(20)＋(21)＋(22)　　860,000円
資産の帳簿価額の総額	(24)　　402,000,000円	総収入金額	(26)　　170,350,000円
認定申請基準事業年度終了の日以前の5年間（贈与の日前の期間を除く。）に経営承継受贈者及び当該経営承継受贈者に係る同族関係者に対して支払われた剰余金の配当等及び損金不算入となる給与の金額		剰余金の配当等	(27)　　0円
		損金不算入となる給与	(28)　　0円
特定資産の帳簿価額等の合計額が資産の帳簿価額等の総額に対する割合	(29)＝((23)＋(27)＋(28))/((24)＋(27)＋(28))　　48.5%	特定資産の運用収入の合計額が総収入金額に占める割合	(30)＝(25)/(26)　　0.5%
総収入金額（営業外収益及び特別利益を除く。）			17,000,000円

> （24）は、貸借対照表の資産の部の合計額。減価償却資産については、減価償却累計額を控除した後の帳簿価額を記入する（直接減額方式を適用）。
> 　貸倒引当金等の評価性引当金については、特定資産の帳簿価額の合計額・資産の帳簿価額の総額から控除する前（引当前）の金額を記入する。

> （26）損益計算書の次の金額を記入する。
> 総収入金額＝売上高＋営業外収益＋特別利益。
> ただし、期中に固定資産や有価証券等の売却がある場合には、損益にかかわらず売却対価に直してから金額を加算し、当該年度の総収入金額を算出する。

> （27）該当期間中に後継者およびその親族に対して支払った剰余金や利益の配当金額の該当期間における合計金額を記入する。
>
> （28）該当期間中に後継者およびその親族等に対して支払われた給与のうち、法人税法34条および36条に規定により損金の額に算入されない金額があった場合に、その合計金額を記入する。
> 　損金不算入となった金額が、いつの支払日の給与から算出すべきか特定できない場合は、事業年度に対する該当期間の日数按分で算出する。

やむを得ない事由により資産保有型会社又は資産運用型会社に該当した場合

該当した日	年　月　日
その事由	
解消見込時期	年　月頃

> やむを得ない事由により資産保有型（運用型）会社に該当した場合に記入する。

5. 税務署への贈与税の申告手続き

　贈与税の納税猶予の申請を行い、都道府県知事の認定を受けた後は、申告期限までに贈与税の申告をします。通常は、税理士に依頼して申告をしてもらいます。

　この特例の適用を受ける旨を記載した**贈与税の申告書**を、贈与を受けた年の翌年の2月1日から3月15日までに、受贈者の住所地の所轄税務署長に提出する必要があります。企業の本店所在地に法人税を納めるのと異なります。

　都道府県への認定申請は1月15日締め切りで、認定の審査には通常2カ月間かかります。贈与税の申告期限が3月15日締め切りですので、先にも述べたとおり、余裕を持った対応が必要です。都道府県への認定申請は、遅くとも贈与した年内には済ませておくことをおすすめします。

　なお、税務署への申告に際しては、**図表5-5-1**の「**適用要件チェックシート**」、また、提出書類については、**図表5-5-2**の「**提出書類チェックシート**」を添付しますので、あらかじめ確認しておくとよいでしょう（いずれも国税庁のHPから、ダウンロードできます）。

6. 申告期限までの担保提供

　特例措置の適用を受けるためには、贈与税申告書の提出期限までに、納税猶予額に相当する担保を提供する必要があります。担保として提供できるのは、不動産、国債・地方債、税務署長が認める有価証券などですが、後継者が対象株式の全部を**担保提供**した場合には、納税猶予額に満たないときであっても、納税猶予額に相当する担保提供がなされたものとみなされます（**みなす充足**）。

　会社が**株券発行会社**の場合、対象株式に係る株券を法務局（供託所）に供託し、供託書の正本を税務署長に提出するなど、手続きが面倒で時間かかります。**株券不発行会社**の場合は、税務署長が質権を設定することについて承諾した旨を記載した書類等を提出することで済みます。詳細についてはあらかじめ税務署の確認をとっておくとよいでしょう。

5. 税務署への贈与税の申告手続き　6. 申告期限までの担保提供　*173*

図表 5-5-1　特例措置の適用要件チェックシート

（1面）

（令和5年分用）
「非上場株式等についての贈与税の納税猶予及び免除の特例」（特例措置）の適用要件チェックシート

（はじめにお読みください。）
1　このチェックシートは、「非上場株式等についての贈与税の納税猶予及び免除の特例」（租税特別措置法第70条の7の5の）適用を受けるため注（の）適用要件を確認する際に使用してください。
2　「確認結果」欄の左側のみに〇がある場合には、原則としてこの特例の適用を受けることができます。
3　このチェックシートは、申告書の作成に際して、特例の適用に係る会社ごとに適用要件等を確認の上、申告書に添付してご提出ください。

（注）「非上場株式等についての贈与税の納税猶予及び免除」（租税特別措置法第70条の7）の適用を受ける場合には、「『非上場株式等についての贈与税の納税猶予及び免除』（一般措置）の適用要件チェックシート」を使用してください。

特例の適用に係る会社の名称：＿＿＿＿＿＿＿＿＿＿＿＿＿　　　贈与氏名：＿＿＿＿＿＿＿＿＿

受贈者（特例適用者）
住　　所　＿＿＿＿＿＿＿＿＿＿＿＿＿＿＿＿＿＿＿＿
氏　　名　＿＿＿＿＿＿＿＿＿＿＿＿＿＿＿＿＿＿＿＿
電話　　　（　　　　　）

関与税理士	所在地		電話	
	氏名			

項目		確認内容（適用要件）	確認結果		確認の基となる資料
贈与者	(1)	(2)の場合以外の場合です。	はい	—	—
	贈与の都度いずれかの日	①　その会社の代表権（制限が加えられたものを除きます。以下同じです。）を有していたことがありますか。	はい	いいえ	〇　登記事項証明書、定款の写しなど
	贈与の直前（注1）	②　贈与者及び贈与者と特別の関係がある者がその会社の総議決権数の50%超の議決権を保有していますか。（注2）・（注3）	はい	いいえ	〇　株主名簿の写し、定款の写し、戸籍の謄本又は抄本など
		③　贈与者が贈与者及び贈与者と特別の関係がある者（会社の特例経営承継受贈者となる者を除きます。）の中で最も多くの議決権数を保有していますか。（注2）・（注3）	はい	いいえ	〇　株主名簿の写し、定款の写し、戸籍の謄本又は抄本など
	贈与の時	その会社の代表権を有していますか。	いいえ	はい	〇　登記事項証明書、定款の写しなど
	(2)	その会社の非上場株式等について既に租税特別措置法第70条の7の5第1項、第70条の7の6第1項又は第70条の7の8第1項の規定（以下、「特例措置」といいます。）の適用を受けている者等がいますか。	はい	—	〇　特例株式等納税猶予税額の計算書（贈与税）など
	贈与の時	その会社の代表権を有していますか。	いいえ	はい	〇　登記事項証明書、定款の写しなど
後継者（受贈者）	贈与の時	①　次のイ、ロの場合に応じて、どちらかの要件を確認してください。			
		イ　その会社の非上場株式等の取得が最初の特例措置の適用に係る贈与又は相続若しくは遺贈による取得である場合 平成30年1月1日から令和9年12月31日までの間の贈与による取得ですか。	はい	いいえ	〇　認定書の写しなど
		ロ　イの場合以外の場合 イの最初の取得の日から特例経営贈与承継期間の末日までの間に贈与税の申告書の提出期限が到来する贈与による取得ですか。（注4）	はい	いいえ	〇　認定書の写し、特例株式等納税猶予税額の計算書（贈与税）など
		②　18歳以上ですか。	はい	いいえ	〇　戸籍の謄本又は抄本
		③　その会社の代表権を有していますか。	はい	いいえ	〇　登記事項証明書、定款の写しなど
		④　後継者及び後継者と特別の関係がある者がその会社の総議決権数の50%超の議決権数を保有していますか。（注2）・（注3）	はい	いいえ	〇　株主名簿の写し、定款の写し、戸籍の謄本又は抄本など
		⑤　次のイ、ロの場合に応じて、どちらかの要件を確認してください。（注5）			
		イ　後継者が1人の場合 後継者及び後継者と特別の関係がある者（その後継者以外の特例措置の適用を受ける者を除きます。ロにおいて同じです。）の中で最も多くの議決権を保有していますか。（注2）・（注3）	はい	いいえ	〇　株主名簿の写し、定款の写し、戸籍の謄本又は抄本など
		ロ　後継者が2人又は3人の場合 総議決権数の10%以上の議決権を保有し、かつ、後継者と特別の関係がある者の中で最も多くの議決権数を保有していますか。（注2）・（注3）	はい	いいえ	〇　株主名簿の写し、定款の写し、戸籍の謄本又は抄本など
	贈与の日	〇　贈与の日まで引き続き3年以上会社の役員でしたか。	はい	いいえ	〇　登記事項証明書、定款の写しなど
	贈与の時から申告期限まで	〇　特例対象受贈非上場株式等の全てを保有していますか。（注6）	はい	いいえ	〇　特例株式等納税猶予税額の計算書（贈与税）など

※　2面に続きます。

174 第5章 贈与税の納税猶予の申請

図表5-5-2 特例措置の提出書類チェックシート

（令和5年分用）
「非上場株式等についての贈与税の納税猶予及び免除の特例」（特例措置）の提出書類チェックシート

（はじめにお読みください。）
1 このチェックシートは、「非上場株式等についての贈与税の納税猶予及び免除の特例」（租税特別措置法第70条の7の5）の適用を受けるため 注（の）提出書類を確認する際に使用してください。
2 このチェックシートは、申告書の作成に際して、特例の適用に係る会社ごとに提出書類を確認の上、申告書に添付してご提出ください。

（注）「非上場株式等についての贈与税の納税猶予及び免除」（租税特別措置法第70条の7）の適用を受ける場合には、「『非上場株式等についての贈与税の納税猶予及び免除』（一般措置）の提出書類チェックシート」を使用してください。

特例の適用に係る会社の名称：   贈与者氏名：

受贈者（特例適用者）

住　所

氏　名
　　電話　　　（　　　）

関与税理士	所在地			
	氏名		電話	

	提　出　書　類	チェック欄
1	この特例の適用を受ける旨、特例の適用を受ける非上場株式等の明細及び納税猶予税額の計算に関する明細を記載した書類（「**特例株式等納税猶予税額の計算書（贈与税）**」に必要な事項を記載してください。）	☐
2	**会社の株主名簿の写し**など、贈与の直前及び贈与の時における会社の全ての**株主又は社員の氏名等及び住所等**並びにこれらの者が有する株式等に係る議決権の数が確認できる**書類等**（その会社が証明したものに限ります。）	☐
3	贈与の時における会社の**定款の写し**（会社法その他の法律の規定により定款の変更をしたものとみなされる事項がある場合には、当該事項を記載した書面を含みます。）	☐
4	円滑化省令第7条第14項の都道府県知事の**認定書**（円滑化省令第6条第1項第11号又は第13号の事由に係るものに限ります。）の写し及び円滑化省令第7条第6項（同条第8項において準用する場合を含みます。）の**申請書の写し**	☐
5	円滑化省令第17条第5項の都道府県知事の**確認書の写し**及び同条第2項の**申請書の写し**	☐

（注）1 **担保提供書**及び**担保関係書類**が別途必要となります。
　　　2 この制度の適用に係る贈与者から贈与を受けた非上場株式等について**相続時精算課税の適用を受ける場合**には、**「相続時精算課税選択届出書」**及びその添付書類の提出が別途必要になります。なお、当該贈与者から贈与を受けた財産について、前年以前に「相続時精算課税選択届出書」を提出している場合には、再度提出する必要はありません。
　（参考）相続時精算課税の適用要件
　　　・贈与者…その年の1月1日において60歳以上である者
　　　・受贈者…その年の1月1日において18歳以上である者で、次に掲げる者
　　　　　　① 贈与を受けた日現在において贈与者の直系卑属（子や孫など）である推定相続人又は孫
　　　　　　② ①以外の者で、租税特別措置法第70条の7の5第1項の規定の適用を受ける者

第6章
相続税の納税猶予の申請

1. 相続税の納税猶予の申請

　実務上は、中小企業庁の HP にある「**経営承継円滑化法申請マニュアル**」・「**認定申請書（様式）・添付書類・記載例**」を参考に、申請書類を作成します（出力の方法は**図表 5-1-1** 参照）。

　相続税の納税猶予を受けるためには、まず、相続開始（死亡日）の翌日から 5 カ月以降 8 カ月以内に、所定の「**認定申請書**」（様式第 8 の 3）を都道府県に提出し、都道府県知事の認定を受けます。

　特例承継計画の確認申請と異なり、納税猶予の認定申請は、多岐にわたる要件をすべて満たす必要があり、煩雑です。最低 3 年分以上の会社の決算書類一式、会社の定款や株主名簿、会社と子会社に関する誓約書、従業員数証明書やその裏付資料など、数多くの書類を提出しなければなりません（**図表 6-1** 参照）。

　納税申告や自社株式の担保提供も絡んでくるため、税理士・会計士など税務の専門家に委ねるべきです。

　相続認定申請書を提出した後、都道府県の審査には通常約 2 カ月程度かかります。提出された申請書が認定されると、「**認定書**」が都道府県から交付されます。申請が認められないときには、「認定しない旨の通知書」が送られてきます。

　この「認定書」に税務申告に関する書類等を整え、所轄税務署に納税猶予の申告を行います。**相続税の申告期限**は、**先代経営者の死亡日の翌日から 10 カ月以内**です。

　相続認定申請書を、都道府県の締切日ギリギリの 8 カ月以内に提出した場合、書類の不備や添付資料の取り直し等で、申告期限である 10 カ月以内に認定書の交付が間に合わないケースも想定されます。余裕を持った申請が重要です。慌ただしい申告スケジュールの中で、時間的制約があるので、段取りと事前の準備が重要です。

1. 相続税の納税猶予の申請　*177*

図表 6-1-1　第一種特例相続認定申請時の提出書類

第一種特例相続認定中小企業者の認定申請書類

【添付書類】

申請に当たって、提出が必要な書類は下記のとおりです。

1. **認定申請書（原本１部、写し１部）**（→2P）

2. **定款の写し**（→2P）

3. **株主名簿の写し**（→3P）

4. **登記事項証明書**（→3P）

5. **遺言書又は遺産分割協議書の写し**　及び　**相続税額の見込み額を記載した書類**（→4P）

6. **従業員数証明書**（→4P～6P）

7. 相続認定申請基準年度の**決算書類**（→8P9）

8. 上場会社等及び風俗営業会社のいずれにも該当しない旨の**誓約書**（→10P）

9. 特別子会社・特定特別子会社に関する**誓約書**（→10P～14P）

10. 被相続人・相続人・その他の一定の親族の**戸籍謄本等又は当該被相続人の法定相続情報一覧図**（→14P）

11. 特例承継計画　又は　その確認書の写し（→15P）

12. その他、認定の参考となる書類（→15P）

13. 返信用封筒（A4を折らずに返送可能なもの。返送用の宛先を記載し、切手を貼付してください。）（→15P）

（注）中小企業庁の HP にある　「添付書類」の見本。
　　　（→　ページ数）は、マニュアルの参照ページであり、本書の参照ページではない。
　　　第二種特例相続の場合は、添付書類が違ってくる（マニュアル参照）。

178 第6章 相続税の納税猶予の申請

2. 第一種特例相続認定申請

第一種特例相続とは、先代経営者から後継者への特例措置による相続のことです。また、**第二種特例相続**とは、先代経営者以外の株主から後継者への特例措置による相続のことです。

先代経営者からの第一種特例相続が、必ず先行しなければなりません。例えば、先代経営者（父）の相続よりも前に、先代経営者以外の株主（代表権のない母）が亡くなったとしても、母の相続に伴う株式の納税猶予の申請はできません。

先代経営者（父）から後継者（子）への第一種特例相続より後に、第二種特例贈与として母から後継者に贈与する、あるいは、第二種特例相続として母から後継者に相続して、株式の納税猶予を申請することができます。

図表6-2-1は、第一種特例相続の事例です。「第一種特例相続認定申請書」（様式第8の3）に関する様式見本と記入例については、**図表6-2-2**のとおりです。以下に、記入上の留意点を示します。なお、申請書面上の法令用語を整理しておきますが、当事者は会社と被相続人と相続人です。

相続認定中小企業者	相続税の納税猶予の申請を行う中小企業
特例代表者	特例承継計画に記載のある先代経営者
特例後継者	特例承継計画に記載のある後継者
被相続人	非上場株式の被相続人
特例経営承継相続人	非上場株式の相続人

【記入上の留意点】

申請書本文冒頭

- ・申請書右上の日付は、認定申請書を提出する日です。
- ・提出先は、主たる事務所の所在地を所管する都道府県の知事宛となっていますが、原則として「会社の登記簿上の本店所在地を管轄する都道府県」になります。知事名まで記入すると丁寧ですが、選挙で交代する時期に知事名が変わる懸念もありますので、「○○県知事　殿」で十分でしょう。

2. 第一種特例相続認定申請   179

図表 6-2-1　第一種特例相続の事例

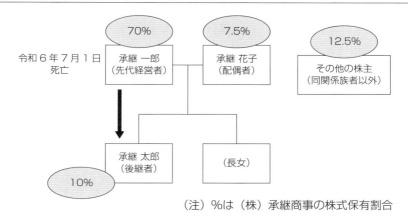

先代経営者（父）から、後継者へ第一種特例相続を行ったケース。

株主および保有株式割合の推移

日付 株主	相続前 （R6. 6. 30）	相続後 （R6. 7. 1）
承継 一郎	70%	0%
承継 花子	7.5%	7.5%
承継 太郎	10%	80%
その他の株主 （同族関係者以外）	12.5%	12.5%
合　計	100%	100%

180 第6章 相続税の納税猶予の申請

・代表者の氏名は、代表取締役○○○○とするのが一般的ですが、役職名までは求めていないので、代表者の氏名だけでもかまいません。なお、申請書・添付書類においては、押印欄が削除され、押印が不要となっています。

1 特例承継計画の確認について

・「確認の有無」は、特例承継計画の確認を受けていない場合は「無」にチェックを入れます。特例承継計画が未提出の場合は、遅くとも本申請と併せて提出することが必要です。この場合でも、2026（令和8）年3月31日までの期限内であることを要します。

特例承継計画の確認を受けている場合は「有」にチェックを入れて、確認の年月日及び確認番号、特例代表者、特例後継者の氏名を記入します。複数の後継者がいて、それぞれ認定を受ける場合は、一人ずつ本申請書の作成が必要になります（特例後継者の氏名は必ず1名のみ記載）。

2 被相続人及び第一種特例経営承継相続人について

・「**第一種特例相続認定申請基準日**」とは、相続開始の日の翌日から5カ月を経過する日（応当日）です。「死亡日＋5カ月」になります。
・「相続税申告期限」は、土日祝日にあたるときは翌日が申告期限となります。
・「**第一種特例相続認定申請基準年度**」とは、次の①～③の事業年度をいいます。2つの事業年度になることもあります。
　①　相続開始の日からみて直前の事業年度
　②　相続認定申請基準日の翌日の属する事業年度の直前の事業年度
　③　①と②の間の各事業年度
・「**総株主等議決権数**」(a)(b)の欄には、完全に議決権のないものは除きます。一部でも議決権があるものは含みます。
・「被相続人」の欄における、過去の認定に係る贈与の有無は、「無」となります。
・「被相続人」の欄は、被相続人とその同族関係者の株主名、株式保有状

況、および納税猶予を受けることが可能な株数を判定する箇所ですので、項目に従って慎重に記入します。

・相続の開始の時における (h)の欄は完全に議決権がある株式に限られます。一部でも議決権がないものは含みません。「総株主等議決権数」(a)(b)との違いに注意します。

　贈与の場合と異なり、全株式数の3分の2以上になるように株式を相続しなければならないというような要件はありません。

・「第一種特例経営承継相続人」の欄で、「相続の開始の直前における被相続人との関係」の記入項目があります。「**直系卑属**（ちょっけいひぞく）」とは、自分より後の世代に属する直系の血族のことです。たとえば、子・孫・ひ孫などです。「直系卑属以外の親族」とは、それ以外の親族になります。また、「**親族**」とは、配偶者・6親等内の血族・3親等内の姻族をいいます。ここでは、相続人について、被相続人からみて、いずれに該当するのかを記入します。

・相続人は一般措置による適用を受けていないことが要件ですので、過去の認定に係る受贈が「有」の場合は、特例の認定を受けることはできません。

3　会社法第108条第1項第8号に掲げる…株式について

・「会社法第108条第1項第8号に掲げる事項について定めがある種類株式」とは、**拒否権付株式（黄金株）**のことです。発行の有無を記入します。黄金株を発行している場合には、株式の相続を受けた後継者のみが、黄金株を保有していれば認定は可能です。

（別紙1）　認定中小企業者の特定資産等について

・「主たる事業内容」は、事業承継税制における中小企業者の定義によります。製造業その他・卸売業・小売業・サービス業のいずれに該当するのか、そして、資本金または従業員数の判定で、中小企業に該当するかどうかの確認は重要です。

　特例承継計画を提出した時点よりも、業容が拡大し、資本金・従業員数

182　第6章　相続税の納税猶予の申請

が増えて、相続税の納税猶予の認定申請の段階で、中小企業に該当しなくなるケースもありますので、注意が必要です。複数の事業を行っている場合は、主たる事業を一つ記載します。

・「資本金の額又は出資の総額」は、相続認定申請基準日時点のものを記入します。

・「**認定申請基準事業年度における特定資産等に係る明細表**」の欄は、少々厄介です。まず、「認定申請事業年度」が2期分になる場合には、事業年度ごとに別紙1を複数作成します。

・次に、「**特定資産**」の判定を行いますが、中小企業庁のマニュアルにある「別紙1の記載例」は、汎用的なケースとしているので、特定資産の判定上の記載例が詳細に掲載されています。

　すべての中小企業について、この特定資産の計算を行わなければならないかというと、そうではありません。

認定を受けようとする中小企業が、

① 　常時使用する従業員（後継者と生計を一にする親族を除く）が5人以上いること

② 　事務所、店舗、工場などを所有または賃貸していること

③ 　相続開始の日まで引き続き3年以上事業を行っていること

　の3つの要件（**事業実態要件**）をいずれも満たす場合、「資産保有型会社」および「資産運用型会社」に該当しないとみなされます。

　この場合には、「認定申請書（様式第8の3）」の（別紙1）にある「認定申請基準事業年度における特定資産等に係る明細表」(1)～(30)の項目の記入は不要ということです。なお、事業実態があることを示す書類を添付する必要があります。

　業種や売上高にかかわらず、相続開始の日において、常時使用する従業員（後継者と生計を一にする親族を除く）が5人未満の中小企業は、特定資産等に係る明細表の記入が必須となります。明細表の記入による計算の結果、「資産保有型会社」または「資産運用型会社」に該当することとなった場合には、認定を受けることはできません。

　事業実態要件については、認定申請時だけでなく、認定後もついて回る

要件です。納税猶予の認定申請時に常時使用する従業員（後継者と生計を一にする親族を除く）が5人以上であったとしても、4人以下となった場合には、特定資産等に係る明細表の記入により、「資産保有型会社」および「資産運用型会社」に該当するかの判定を行わなければなりません。

　あくまでも一般論ですが、不動産会社の場合は注意を要します。不動産会社は、賃貸・売買業の業態にかかわらず、ほとんどの会社が「資産保有型会社」に該当します。このため、認定申請時点では従業員数が5人以上であったとしても、その後1日でも4人以下になった場合には認定取消に該当する可能性が高いのです。認定取消になれば、納税猶予額と利子税を併せて納めることになります。

　従業員を多く抱え、雇用を維持確保して、常に事業実態要件を満たしている不動産会社の場合はその心配には及びません。

・「総収入金額（営業外収益及び特別利益を除く。）」の欄には、売上高を記入します。総収入金額が零を超えていないと認定要件を満たしません。売上高が零で、営業外収益や特別利益しかない形態の会社は認定対象外ということになります。

・「やむを得ない事由により資産保有型会社または資産運用型会社に該当した場合」における「やむを得ない事由」とは、資金の借入れ、資産の売却・譲渡、損害に起因した保険金の取得等、事業活動上生じた偶発的な事由をいいます。

　この箇所は、事業実態要件を満たさず、かつ、「資産保有型会社」または「資産運用型会社」に該当したが、その該当事由が一時的である中小企業の救済措置といえるものです。通常はブランクになります。

（別紙2）　認定中小企業者の常時使用する従業員の数および特別子会社について
1　相続認定中小企業者が常時使用する従業員の数について

・記入の仕方がよくわからない箇所です。従業員数要件が大幅に緩和になったとはいえ、認定申請における従業員数は、その後の8割要件を判定する上で基準となるものであり、正確に把握する必要があります。

　特例承継計画を提出する際は、従業員数の証明資料を求められません

が、納税猶予認定申請時は、相続の開始の日における常時使用する従業員数について、「従業員数証明書」およびその確認資料を提出する必要がありますので、細心の注意が必要です。

基本的な考え方を押さえておきましょう。事業承継税制が適用されるためには、従業員数が1人以上いることが必要です。

「**常時使用する従業員の数**」とは、主として社会保険に加入している従業員のことです。「常時使用する」とは、適用事業所で働き、労働の対価として賃金や給与を支払うという使用関係が常用的であることをいいます。平均的な従業員と比較して、1週の所定労働時間または1カ月の所定労働時間が4分の3に満たない**短時間労働者**などは含みません。

実務上は、厚生年金保険の被保険者を基本とします。厚生年金は原則として70歳未満の方が加入します。70歳以上75歳未満の方は厚生年金保険の加入対象外となりますが、健康保険の被保険者である方は「常時使用する従業員の数」に含めます。パート・アルバイト、役員は除きます。

75歳以上で厚生年金保険・健康保険のいずれの被保険者でもない方で、2カ月を超える雇用契約を会社と締結しており、かつ、1週の所定労働時間および1カ月の所定労働時間が通常の労働者の4分の3以上である方は、「常時使用する従業員の数」に含めます（**図表5-2-2**参照）。

役員とは、株式会社の場合には取締役、会計参与および監査役を指します。会社の業務に従事する役員は、厚生年金保険や健康保険に加入しています。**使用人兼務役員**とは、役員のうち、法人の使用人としての職制上の地位を有し、かつ、常時使用人としての職務に従事する者です。役員には含めません。従業員になります。（別紙2）では、厚生年金等の被保険者としてカウント済みの役員の数を除きます。登記上の役員数とは異なります。

証明資料としては、「被保険者縦覧照会回答票」、「健保・厚年被保険者標準報酬決定通知書」、「被保険者資格取得（喪失）確認通知書」などの公的な書類（写し）の提出が求められます。

なお、証明資料は「経営承継円滑化法申請マニュアル」に定められた手順に従って、時系列的に提出する必要があります。

2 相続の開始の時以後におけるに認定中小企業者の特別子会社について

・この欄は、特別子会社がない場合は記入不要です。特別子会社が、特定特別子会社に該当する場合には、会社名から株主又は社員の欄までを記入します。

・「**特別子会社**」と「**特定特別子会社**」の詳細については**図表 4-1-3・4-1-4**、具体例については**図表 5-2-3** にまとめています。

・特別子会社が外国法人に該当し、かつ、納税猶予を申請する中小企業またはその支配関係にある法人が、その外国法人の株式を保有する場合、納税猶予を申請する会社の常時使用する従業員数は 5 人以上であることが要件となります。

・また、納税猶予を申請する中小企業の特定特別子会社が上場会社等、大会社または風俗営業会社のいずれにも該当しないことが要件になります。実務上は、それぞれ所定の「**子会社に関する誓約書**」を提出します。

186 第6章 相続税の納税猶予の申請

図表6-2-2 第一種特例相続認定申請書の様式・記入例

様式第8の3

第一種特例相続認定中小企業者に係る認定申請書

> 提出日を記入。

令和6年12月20日

○○県知事 殿

> 登記簿上の本店を所轄する都道府県の知事宛。

郵便番号	○○○−○○○○
会社所在地	○○県○○市○○
会社名	株式会社承継商事
電話番号	○○○−○○○○−○○○○
代表者の氏名	承継 太郎

会社印
押印不要

中小企業における経営の承継の円滑化に関する法律（以下「法」という。）第12条第1項の認定（中小企業における経営の承継の円滑化に関する法律施行規則（以下「施行規則」という。）第6条第1項第12号の事由に係るものに限る。）を受けたいので、下記のとおり申請します。

記

> 知事による「特例承継計画」（様式21）の確認の有無。
> 有の時、チェックを入れる。特例承継計画を未提出の場合は本申請と併せて提出することもできる。

1 特例承継計画の確認について

施行規則第17条第1項第1号の確認（施行規則第18条第1項又は第2項の変更の確認をした場合には変更後の確認）に係る確認事項	確認の有無	☑有 □無（本申請と併せて提出）
	「有」の場合	確認の年月日及び番号	○○年○○月○○日（○○第○○号）
		特例代表者の氏名	承継 一郎
		特例後継者の氏名	承継 太郎

> 特例承継計画の確認を受けている場合は、当該確認書に記載されている事項を記載。
> なお、複数の後継者が認定を受ける場合は、一人ずつ本申請書の作成が必要です。
> （特例後継者の氏名には必ず1名のみ記載）

出所：経済産業省「経営承継円滑化法申請マニュアル」の記載例を一部修正

2. 第一種特例相続認定申請　187

2　被相続人及び第一種特例経営承継相続人について

相続の開始の日			令和6年7月1日
第一種特例相続認定申請基準日			令和6年12月1日
相続税申告期限			令和7年5月1日
第一種特例相続認定申請基準事業年度	令和5年4月1から令和6年3月31日まで		
総株主等議決権数	相続の開始の直前	(a)	1000個
	相続の開始の時	(b)	1000個

第一種特例相続認定申請基準日

相続認定申請基準日とは、相続開始の日の翌日から5カ月を経過する日（応当日）です。

申告期限の日が土日祝日に当たるときはこれらの日の翌日が贈与税の申告期限となります。

第一種特例相続認定申請基準事業年度

①〜③の事業年度をいいます。2期分となる場合もあります

①	相続開始の日からみて直前の事業年度
②	相続認定申請基準日の翌日からみて直前の事業年度
③	①と②の間の各事業年度

申請会社が発行する株式総数に係る議決権数を記載します。
自己株式や完全に議決権のない種類株式などは含みません。
(a)(b)欄
一部でも議決権があるものは含む。
単位は「(議決権)個」

188　第6章　相続税の納税猶予の申請

	氏名			承継　一郎
被相続人	最後の住所			○○県○○市△△△
	相続の開始の日の年齢			
	相続の開始の時における過去の法第12条第1項の認定（施行規則第6条第1項第11号又は第13号の事由に係るものに限る。）に係る贈与の有無			□有　☑無
	代表者であった時期			平成4年4月1日から令和6年6月30日
	代表者であって、同族関係者と合わせて申請者の総株主等議決権数の100分の50を超える数を有し、かつ、いずれの同族関係者（第一種特例経営承継相続人となる者を除く。）が有する議決権数をも下回っていなかった時期（*）			平成4年4月1日から令和6年6月30日
	(*)の時期における総株主等議決権数			(c)　1000個
	(*)の時期における同族関係者との保有議決権数			(d)＋(e)　875個 ((d)＋(e))/(c)　87.5%
	(*)の時期における保有議決権数及びその割合			(d)　800個 (d)/(c)　80%
	(*)の時期における同族関係者	氏名(会社名)	住所（会社所在地）	保有議決権数及びその割合
		承継　花子	○○県△△△	
	相続の開始の直前における同族関係者との保有議決権数の合計及びその割合			
	相続の開始の直前における保有議決権数及びその割合			
	相続の開始の直前における同族関係者	氏名(会社名)	住所（会社所在地）	
		承継　花子		5個 5%
		太郎		0個 0%

過去、被相続人が当該会社の株式を贈与し、事業承継税制の特例の適用を受けているかについて、有無を記載。

申請会社の議決権を保有する同族関係者が複数いる場合は、欄を追加して各々記載してください。

代表者が
①代表者であった
②同族関係者と合わせると総議決権の過半数を占めていた
③同族関係者（特例経営承継相続人となる者を除く。）の中で最も多く議決権を有していた
①～③の全ての条件を満たしていた時期を記載。

(*)の時期のうち、任意の日の状態で、被相続人（先代経営者）及びその同族関係者が保有していた議決権数の合計及びその割合を記載してください。

%の欄は、小数第一位までの値を記載する。（小数第二位切り捨て）

この日における株主名簿の写しを添付します。

(*)の時期のうち、任意の日の状態で、被相続人（先代経営者）が保有していた議決権数及びその割合を記載して下さい。

2. 第一種特例相続認定申請　189

<table>
<tr><td rowspan="15">第一種特例経営承継相続人</td><td colspan="3">氏名</td><td colspan="2">承継　太郎</td></tr>
<tr><td colspan="3">住所</td><td colspan="2">○○県○○市○○－○</td></tr>
<tr><td colspan="3">相続の開始の直前における被相続人との関係</td><td colspan="2">☑直系卑属
□直系卑属以外の親族
□親族外</td></tr>
<tr><td colspan="3">相続の開始の日の翌日から５月を経過する日における代表者への就任の有無</td><td colspan="2">☑有　□無</td></tr>
<tr><td colspan="3">相続の開始の直前における役員への就任の有無</td><td colspan="2">☑有　□無</td></tr>
<tr><td colspan="3">相続の開始の時における過去の法第12条第1項の認定（施行規則第6条第1項第7号又は第9号の事由に係るものに限る。）に係る受贈の有無又は法第12条第1項の認定（施行規則第6条第1項第8号又は第10号の事由に係るものに限る。）に係る相続若しくは遺贈の有無</td><td colspan="2">□有　☑無</td></tr>
<tr><td colspan="3">相続の開始の時における同族関係者との保有議決権数の合計及びその割合</td><td>(h)＋(i)＋(j)　　　　875個
((h)＋(i)＋(j))/(b)　87.5%</td></tr>
<tr><td rowspan="4">保有議決権数及びその割合</td><td>相続の開始の直前</td><td>(h)　　　　　100個
(h)／(a)　　10%</td><td rowspan="2">被相続人から相続又は遺贈により取得した数
(*1)</td><td rowspan="2">(i)　700個</td></tr>
<tr><td>相続の開始の時</td><td>(h)＋(i)　　800個
((h)＋(i))/(b)　　80%</td></tr>
<tr><td colspan="2">(*1)のうち租税特別措置法第70条の7の6第1項の適用を受けようとする株式等に係る数(*2)</td><td colspan="2">700 個</td></tr>
<tr><td colspan="2">(*2)のうち第一種特例相続認定申請基準日までに譲渡した数</td><td colspan="2"></td></tr>
<tr><td colspan="2">相続の開始の時における同族関係者</td><td>氏名（会社名）</td><td>住所（会社所</td><td></td></tr>
</table>

> 事業承継税制の適用を受けようとする議決権の数を記載。

> 過去、相続人が会社の株式について贈与又は相続を受け、事業承継税制（一般）の認定をうけているかについて、有無を記載。
> 「有」の場合は、一般の認定と特例の認定を合わせて受けることはできません。

> 申請会社の議決権を保有する同族関係者が複数いる場合は、欄を追加して各々記載してください。

> 事業承継税制の適用を受けようとする株式を、第一種特例経営承継相続人が既に手放した場合に記載してください。
> ０個以外は認定されません。

190　第6章　相続税の納税猶予の申請

3　会社法第108条第1項第8号に掲げる事項について定めがある種類の株式について

会社法第108条第1項第8号に掲げる事項について定めがある種類の株式（*3）の発行の有無		有□　無☑
(*3)を発行している場合にはその保有者	氏名（会社名）	住所（会社所在地）

黄金株の発行の有無。
発行が有りの場合、株式を
相続した後継者のみが黄金
株を保有している場合は認
定可能。

（備考）
①　用紙の大きさは、日本工業規格A4とする。
②　申請書の写し（別紙1及び別紙2を含む）及び施行規則第7条第7項の各号に掲げる書類を添付する。
③　「施行規則第17条第1項第1号の確認（施行規則第18条第1項又は第2項の変更の確認をした場合には変更後の確認）に係る確認事項」については、当該確認を受けていない場合には、施行規則第17条第2項各号に掲げる書類を添付する。また、施行規則第18条第1項又は第2項に定める変更をし、当該変更後の確認を受けていない場合には、同条第5項の規定により読み替えられた前条第2項に掲げる書類を添付する。
④　施行規則第6条第2項の規定により申請者が資産保有型会社又は資産運用型会社に該当しないものとみなされた場合には、その旨を証する書類を添付する。
⑤　第一種特例相続認定申請基準事業年度終了の日において申請者に特別子会社がある場合にあっては特別子会社に該当する旨を証する書類、当該特別子会社が資産保有型子会社又は資産運用型子会社に該当しないとき（施行規則第6条第2項の規定によりそれぞれに該当しないものとみなされた場合を含む。）には、その旨を証する書類を添付する。

（記載要領）
①　単位が「％」の欄は小数点第1位までの値を記載する。
②　「被相続人から相続又は遺贈により取得した数」については、相続の開始の時以後のいずれかの時において申請者が合併により消滅した場合にあっては当該合併に際して交付された吸収合併存続会社等の株式等（会社法第234条第1項の規定により競売しなければならない株式を除く。）に係る議決権の数、相続の開始の時以後のいずれかの時において申請者が株式交換等により他の会社の株式交換完全子会社等となった場合にあっては当該株式交換等に際して交付された株式交換完全親会社等の株式等（会社法第234条第1項の規定により競売しなければならない株式を除く。）に係る議決権の数とする。

③ 「(*3) を発行している場合にはその保有者」については、申請者が会社法第108条第1項第8号に掲げる事項について定めがある種類の株式を発行している場合に記載し、該当する者が複数ある場合には同様の欄を追加して記載する。

④ 「認定申請基準事業年度（　年　月　日から　年　月　日まで）における特定資産等に係る明細表」については、第一種特例相続認定申請基準事業年度に該当する事業年度が複数ある場合には、その事業年度ごとに同様の表を記載する。「特定資産」又は「運用収入」については、該当するものが複数ある場合には同様の欄を追加して記載する。（施行規則第6条第2項の規定によりそれぞれに該当しないものとみなされた場合には空欄とする。）

⑤ 「損金不算入となる給与」については、法人税法第34条及び第36条の規定により申請者の各事業年度の所得の金額の計算上損金の額に算入されないこととなる給与（債務の免除による利益その他の経済的な利益を含む。）の額を記載する。（施行規則第6条第2項の規定によりそれぞれに該当しないものとみなされた場合には空欄とする。）

⑥ 「総収入金額（営業外収入及び特別利益を除く。)」については、会社計算規則（平成18年法務省令第13号）第88条第1項第4号に掲げる営業外収益及び同項第6号に掲げる特別利益を除いて記載する。

⑦ 「同族関係者」については、該当する者が複数ある場合には同様の欄を追加して記載する。

⑧ 「特別子会社」については、相続の開始の時以後において申請者に特別子会社がある場合に記載する。特別子会社が複数ある場合には、それぞれにつき記載する。「株主又は社員」が複数ある場合には、同様の欄を追加して記載する。

⑨ 申請者が施行規則第6条第9項の規定により読み替えられた第6条第3項に該当する場合には、「相続の開始」を「贈与」と読み替えて記載する。ただし、「相続の開始の日の翌日から5月を経過する日における代表者への就任」は「贈与の時における代表者への就任」と、「相続の開始の直前における役員への就任」は「贈与の日前3年以上にわたる役員への就任」と読み替えて記載する。

⑩ 「やむを得ない事由により資産保有型会社又は資産運用型会社に該当した場合」については、その該当した日、その理由及び解消見込時期を記載する。

> 下線部分は筆者が追記したもので、特に留意したい点です。

192　第6章　相続税の納税猶予の申請

> 認定申請基準事業年度が2期分になる場合は、事業年度ごとに（別紙1）を複数作成し、その事業年度を記入します。

（別紙1）

> 複数の事業を行っている場合、主たる事業をひとつ記入。

> 認定申請基準日における資本金の額又は出資の総額を記入。

企業者の特定資産等について

主たる事業内容	○○の卸売業
資本金の額又は出資の総額	10,000,000 円

認定申請基準事業年度（令和5年4月1日から令和6年3月31日まで）における特定資産等に係る明細表

	種別	内容	利用状況	帳簿価額	運用収入
有価証券	特別子会社の株式又は持分（（*4）を除く。）			(1)　　　円	(12)　　　円
	資産保有型子会社又は資産運用型子会社に該当する特別子会社の株			(2)　　　円	(13)　　　円
	式又は			(3)　　　円	(14)　　　円
不動産	現に自ら使用しているもの			(4)　　　円	(15)　　　円
	現に自ら使用していないもの			(5)　　　円	(16)　　　円
ゴルフ場その他の施設の利用に関する権利	事業の用に供することを目的として有するもの			(6)　　　円	(17)　　　円
	事業の用に供することを目的としないで有するもの			(7)　　　円	(18)　　　円
絵画、彫刻、工芸品その他の有形の文化的所産である動産、貴金属及び宝石	事業の用に供することを目的として有するもの			(8)　　　円	(19)　　　円
	事業の用に供することを目的としないで有するもの			(9)　　　円	(20)　　　円

> 事業実態要件を満たす場合は、(1)～(30)の記入不要。ブランクでよい。

現金、預貯金等	現金及び預貯金その他これらに類する資産		(10) 円	(21) 円
	経営承継相続人及び当該経営承継相続人に係る同族関係者等（施行規則第1条第12項第2号ホに掲げる者をいう。）に対する貸付金及び未収金その他これらに類する資産		(11) 円	(22) 円
特定資産の帳簿価額の合計額	(23)＝(2)＋(3)＋(5)＋(7)＋(9)＋(10)＋(11) 円	特定資産の運用収入の合計額	(25)＝(13)＋(14)＋(16)＋(18)＋(20)＋(21)＋(22) 円	
資産の帳簿価額の総額	(24) 円	総収入金額	(26) 円	
相続開始の日前の5年間（相続… に経営承継相続人及び当該経営承継相続… 同族関係者に対して支払われた剰余金の配当等及び損金不算入となる給与の金額		剰余金の配当等	(27) 円	
		損金不算入となる給与	(28) 円	
特定資産の帳簿価額等の合計額が資産の帳簿価額等の総額に対する割合	(29)＝((23)＋(27)＋(28))/((24)＋(27)＋(28)) ％	特定資産の運用収入の合計額が総収入金額に占める割合	(30)＝(25)/(26) ％	
総収入金額（営業外収益及び特別利益を除く。）			450,000,000 円	

> 事業実態要件を満たす場合は、(1)～(30)の記入不要。ブランクでよい。

> 事業年度の売上高を記入。

やむを得ない事由により資産保有型会社又は資産運用型会社に該当した場合

該当した日	年　　月　　日
その事由	
解消見込時期	年　　月頃

194　第6章　相続税の納税猶予の申請

（別紙2）

認定中小企業者が常時使用する従業員の数及び特別子会社について

1　相続認定中小企業者が常時使用する従業員の数について

常時使用する従業員の数	相続の開始の時 (a)＋(b)＋(c)－(d) 100人	
厚生年金保険の被保険者の数	(a)	95人
厚生年金保険の被保険者ではなく健康保険の被保険者である従業員の数	(b)	7人
厚生年金保険・健康保険のいずれの被保険者でもない従業員の数	(c)	1人
役員（使用人兼務役員を除く。）の数	(d)	3人

相続の開始の日における常時使用する従業員の数。
「従業員数証明書」の人数と一致。所定の確認資料を提出します。

(a) 欄には、厚生年金保険に加入している人数を記載してください。
　　平均的な従業員と比して労働時間が4分の3に満たない短時間労働者などは含みません。

(b) 欄には、厚生年金保険の加入対象外で健康保険のみに加入している人数を記載してください。
　　（例：70歳以上75歳未満の従業員または役員）

(c) 欄には、社会保険加入対象外の常時使用する従業員数を記載して下さい。
　　（例：75歳以上の従業員）
　　平均的な従業員と比して労働時間が4分の3に満たない短時間労働者などは含みません。

(d) 欄には、(a)(b)でカウントした方のうち役員の数を記載してください。
　　（申請会社にいる全役員の人数ではありません）
　　役員とは、株式会社の場合には取締役、会計参与及び監査役を指します。
　　使用人兼務役員の方は役員から除きます。

2 相続の開始の時以後における特別子会社について

区分			特定特別子会社に （該当）/ 非該当	
会社名			承継運送株式会社	
会社所在地			○○県○○市○○－○	
主たる事業内容			運送業	
資本金の額又は出資の総額			10,000,000 円	
常時使用する従業員の数			15 人	
総株主等議決権数			(a)	100 個
株主又は社員	氏名（会社名）	住所（会社所在地）	保有議決権数及びその割合	
	株式会社承継商事	○○県○○市○○－○	(b) (b)/(a)	100 個 100%

> 相続の時以後に特別子会社が複数ある場合は、表を追加してそれぞれ記載してください。
> なお、特別子会社が特定特別子会社に該当するかどうかも記載してください。
>
> それぞれの定義は下記のとおりです。会社法上の子会社の定義とは異なりますのでご注意ください。

特別子会社
次に掲げる者により、その総株主議決権数の過半数を保有される会社

(1) 中小企業者
(2) 後継者
(3) 後継者の親族（配偶者、6 親等内の血族及び 3 親等内の姻族）
(4) 後継者と事実上婚姻関係にある者など特別の関係がある者
(5) 次に掲げる会社

①(2)～(4)により総株主議決権数の過半数を保有されている会社
②(2)～(4)及びこれと(5)①の関係がある会社により総株主議決権数の過半数を保有されている会社
③(2)～(4)及びこれと(5)①又は(5)②の関係がある会社により総株主議決権数の過半数を保有されている会社

特定特別子会社
次に掲げる者により、その総株主議決権数の過半数を保有される会社

(1) 中小企業者
(2) 後継者
(3) 後継者と生計を一にする親族
(4) 後継者と事実上婚姻関係にある者など特別の関係がある者
(5) 次に掲げる会社

①(2)～(4)により総株主議決権数の過半数を保有されている会社
②(2)～(4)及びこれと(5)①の関係がある会社により総株主議決権数の過半数を保有されている会社
③(2)～(4)及びこれと(5)①又は(5)②の関係がある会社により総株主議決権数の過半数を保有されている会社

196　第6章　相続税の納税猶予の申請

3. 第二種特例相続認定申請

　第二種特例相続とは、先代経営者以外の株主から後継者への特例措置による相続のことです。先代経営者からの贈与（または相続）に係る認定の有効期間内に、当該相続に係る相続税申告期限が到来する場合に限ります。先代経営者の最初の贈与（または相続）からは、約5年の有効期限がありますが、先代経営者以外の株主の相続は、その発生時期が特定できません。

　先代経営者からの第一種特例贈与または第一種特例相続が、必ず先行しなければなりません。第二種特例相続は、第一種特例贈与または第一種特例相続より後になります。

　図表6-3-1は、第二種特例相続の事例です。「第二種特例相続認定申請書」（様式第8の4）に関する様式と記入例については、**図表6-3-2**のとおりです。以下に、記入上の留意点を示します。「第一種特例相続認定申請書」（様式第8の3）と共通するところは、割愛しています。

　なお、申請書面上の法令用語を整理しておきますが、当事者は会社と先代経営者以外の株主である被相続人と後継者です

相続認定中小企業者	相続税の納税猶予の申請を行う中小企業 第一種・第二種とも同一会社
当該贈与者（当該被相続人）	先代経営者
第一種特例経営承継受贈者 （第一種特例経営承継相続人）	後継者
被相続人	先代経営者以外の株主である被相続人
第二種特例経営承継相続人	先代経営者以外の株主から非上場株式を相続する相続人（後継者）

【記入上の留意点】
1　第一種特例経営承継贈与又は第一種特例経営承継相続について

　・第一種特例贈与（相続）がなければ、第二種特例相続を行うことはできませんので、「有」にチェックを入れます。

　　　第一種特例贈与の場合は、贈与者・受贈者の氏名を記入します。第一種

3. 第二種特例相続認定申請　197

図表6-3-1　第二種特例相続の事例

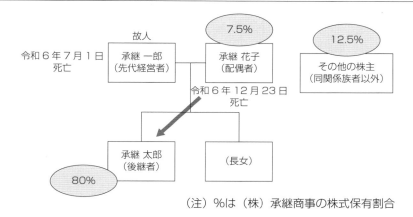

先代経営者（父）以外の株主（母）から、後継者へ第二種特例相続を行ったケース。

（株）承継商事の株主および保有株式割合の推移

株　主 ＼ 日　付	相続前 （R6.12.22）	相続後 （R6.12.23）
承継 花子	7.5%	0%
承継 太郎	80%	87.5%
その他の株主 （同族関係者以外）	12.5%	12.5%
合　計	100%	100%

198　第6章　相続税の納税猶予の申請

　　特例相続の場合は、被相続人・相続人を記入します。次に、第一種の贈与
　日または相続の開始の日を記入します。

　　認定の有効期間は、当初の贈与の贈与税申告期限（相続の場合は最初の
　相続税の申告期限）の翌日から5年を経過する日です。第一種特例相続の
　場合は、当初の相続税申告期限＋5年になります。

2　被相続人及び第二種特例経営承継相続人について

・「**第二種特例相続認定申請基準日**」とは、先代経営者以外の株主の相続開
　始の日の翌日から5カ月を経過する日（応当日）です。「先代経営者以外
　の株主の死亡日＋5カ月」になります。

・「相続税申告期限」は、土日祝日にあたるときは翌日が申告期限となりま
　す。

・「**第二種特例相続認定申請基準年度**」とは、次の①～③の事業年度をいい
　ます。2つの事業年度になることもあります。
　　①　相続開始の日からみて直前の事業年度
　　②　相続認定申請基準日の翌日の属する事業年度の直前の事業年度
　　③　①と②の間の各事業年度

・「**総株主等議決権数**」（a）（b）の欄には、完全に議決権のないものは除きま
　す。一部でも議決権があるものは含みます。

・「第二種特例経営承継相続人」の欄は、後継者を記入します。過去の認定
　に係る受贈の有無は、「無」となります。

・「相続の開始の時における同族関係者との保有議決権数合計及びその割合」
　については、項目に従って慎重に記入します。

・以下は、第一種特例相続の記入例と同一です。

・なお、**図表6-3-2**「第二種特例相続認定申請書の様式・記入例」では、
　認定申請事業年度が2期に及ぶ場合の記入例を掲載していますので、参
　考にしてください。

3. 第二種特例相続認定申請　199

図表 6-3-2　第二種特例相続認定申請書の様式・記入例

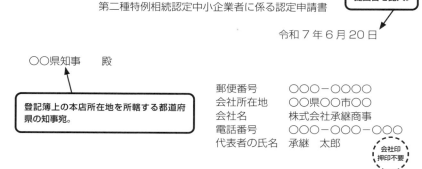

様式第8の4

第二種特例相続認定中小企業者に係る認定申請書

> 提出日を記入。

令和7年6月20日

○○県知事　殿

> 登記簿上の本店所在地を所轄する都道府県の知事宛。

郵便番号　　○○○−○○○○
会社所在地　○○県○○市○○
会社名　　　株式会社承継商事
電話番号　　○○○−○○○−○○○
代表者の氏名　承継　太郎

> 会社印押印不要

　中小企業における経営の承継の円滑化に関する法律（以下「法」という。）第12条第1項の認定（中小企業における経営の承継の円滑化に関する法律施行規則（以下「施行規則」という。）第6条第1項第14号の事由に係るものに限る。）を受けたいので、下記のとおり申請します。

記

> 第一種特例贈与（相続）の有無。
> 有の時、チェックを入れる。
> 第一種特例贈与（相続）の贈与者（被相続人）、受贈者（相続人）の氏名、第一種特例贈与日（相続開始日）を記入する。

1　第一種特例経営承継贈与又は第一種特例経営承継相続について

本申請に係る認定にあたり必要な施行規則第6条第1項第11号又は第12号の事由に係る第一種特例経営承継贈与又は第一種特例経営承継相続の有無		☑有　□無
「有」の場合	当該贈与者（当該被相続人）	承継　一郎
	第一種特例経営承継受贈者（第一種特例経営承継相続人）	承継　太郎
	□当該贈与の日　☑当該相続の開始の日	令和6年7月1日
	当該第一種特例経営承継贈与又は第一種特例経営承継相続に係る認定の有効期限（当該認定を受ける前の場合は、その見込み）	令和12年5月1日

> 認定の有効期限は、
> 　第一種特例贈与の場合は、贈与税申告期限＋5年。
> 　第一種特例相続の場合は、相続税申告期限＋5年。

出所：経済産業省「経営承継円滑化法申請マニュアル」の記載例を一部修正

200 第6章 相続税の納税猶予の申請

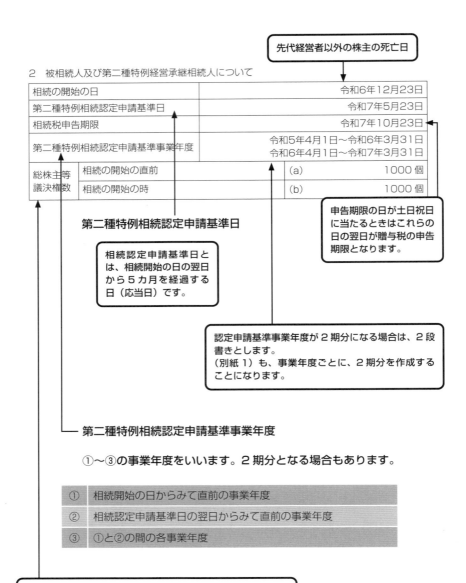

3. 第二種特例相続認定申請　*201*

先代経営者以外の株主

被相続人	氏名	承継　花子
	最後の住所	○○県○○市△△－△
	相続の開始の日の年齢	○○歳

第二種特例経営承継相続人	氏名	承継　太郎
	住所	○○県○○市○○－○
	相続の開始の日の年齢	△△歳
	相続の開始の直前における被相続人との関係	☑直系卑属 □直系卑属以外の親族 □親族外
	相続の開始の日の翌日から５月を経過する日における代表者への就任の有無	☑有　□無
	相続の開始の直前における役員への就任の有無	☑有　□無
	相続開始の時における過去の法第12条第1項の認定（施行規則第6条第1項第7号又は第9号の事由に係るものに限る。）に係る受贈の有無又は法第12条第1項の認定（施行規則第6条第1項第8号又は第10号の事由に係るものに限る。）に係る相続若しくは遺贈の有無	□有　☑無

相続の開始の時における同族関係者との保有議決権数の合計及びその割合

(c)＋(d)＋(e)	875個
((c)＋(d)＋(e))/(b)	87.5%

保有議決権数及びその割合	相続の開始の直前	(c)	800個	被相続人から相続又は遺贈により取得した数(*1)	(d)	75個
		(c)/(a)	80%			
	相続の開始の時	(c)＋(d)	875個			
		((c)＋(d))/(b)	87.5%			
	(*1)のうち租税特別措置法第70条の7の6第1項の適用を受けようとする株式等に係る数(*2)					75個
	(*2)のうち第二種特例相続認定申請基準日までに譲渡した数					0個
相続の開始の時に	氏名（会社名）		住所（会社所在地）		保有議決権数及びその割合	

> 申請会社の議決権を保有する同族関係者が複数いる場合は、欄を追加して各々記載してください。

> 事業承継税制の適用を受けようとする議決権の数を記載。

> 過去、相続人が会社の株式について贈与又は相続を受け、事業承継税制（一般）の認定をうけているかについて、有無を記載。
「有」の場合は、一般の認定と特例の認定を合わせて受けることはできません。

> 事業承継税制の適用を受けようとする株式を、第一種特例経営承継相続人が既に手放した場合に記載してください。0個以外は認定されません。

202　第6章　相続税の納税猶予の申請

3　会社法第108条第1項第8号に掲げる事項について定めがある種類の株式について

会社法第108条第1項第8号に掲げる事項について定めがある種類の株式（*3）の発行の有無		有□　無☑
（*3）を発行している場合にはその保有者	氏名（会社名）	住所（会社所在地）

> 黄金株の発行の有無。
> 発行が有りの場合、
> 株式を相続した後継者のみ
> が黄金株を保有している場
> 合は認定可能。

（備考）
①　用紙の大きさは、日本工業規格A4とする。
②　申請書の写し（別紙1及び別紙2を含む）及び施行規則第7条第9項の規定により読み替えられた同条第7項各号に掲げる書類を添付する。
③　施行規則第6条第2項の規定により申請者が資産保有型会社又は資産運用型会社に該当しないものとみなされた場合には、その旨を証する書類を添付する。
④　第二種特例相続認定申請基準事業年度終了の日において申請者に特別子会社がある場合にあっては特別子会社に該当する旨を証する書類、当該特別子会社が資産保有型子会社又は資産運用型子会社に該当しないとき（施行規則第6条第2項の規定によりそれぞれに該当しないものとみなされた場合を含む。）には、その旨を証する書類を添付する。

（記載要領）
①　単位が「％」の欄は小数点第1位までの値を記載する。
②　「被相続人から相続又は遺贈により取得した数」については、相続の開始の時以後のいずれかの時において申請者が合併により消滅した場合にあっては当該合併に際して交付された吸収合併存続会社等の株式等（会社法第234条第1項の規定により競売しなければならない株式を除く。）に係る議決権の数、相続の開始の時以後のいずれかの時において申請者が株式交換等により他の会社の株式交換完全子会社等となった場合にあっては当該株式交換等に際して交付された株式交換完全親会社等の株式等（会社法第234条第1項の規定により競売しなければならない株式を除く。）に係る議決権の数とする。

3. 第二種特例相続認定申請　*203*

③　「（*3）を発行している場合にはその保有者」については、申請者が会社法第108条第1項第8号に掲げる事項について定めがある種類の株式を発行している場合に記載し、該当する者が複数ある場合には同様の欄を追加して記載する。

④　「認定申請基準事業年度（　年　月　日から　年　月　日まで）における特定資産等に係る明細表」については、第二種特例相続認定申請基準事業年度に該当する事業年度が複数ある場合には、その事業年度ごとに同様の表を記載する。「特定資産」又は「運用収入」については、該当するものが複数ある場合には同様の欄を追加して記載する。（施行規則第6条第2項の規定によりそれぞれに該当しないものとみなされた場合には空欄とする。）

⑤　「損金不算入となる給与」については、法人税法第34条及び第36条の規定により申請者の各事業年度の所得の金額の計算上損金の額に算入されないこととなる給与（債務の免除による利益その他の経済的な利益を含む。）の額を記載する。（施行規則第6条第2項の規定によりそれぞれに該当しないものとみなされた場合には空欄とする。）

⑥　「総収入金額（営業外収入及び特別利益を除く。）」については、会社計算規則（平成18年法務省令第13号）第88条第1項第4号に掲げる営業外収益及び同項第6号に掲げる特別利益を除いて記載する。

⑦　「同族関係者」については、該当する者が複数ある場合には同様の欄を追加して記載する。

⑧　「特別子会社」については、相続の開始の時以後において申請者に特別子会社がある場合に記載する。特別子会社が複数ある場合には、それぞれにつき記載する。「株主又は社員」が複数ある場合には、同様の欄を追加して記載する。

⑨　申請者が施行規則第6条第12項の規定により読み替えられた第6条第3項に該当する場合には、「相続の開始」を「贈与」と読み替えて記載する。ただし、「相続の開始の日の翌日から5月を経過する日における代表者への就任」は「贈与の時における代表者への就任」と、「相続の開始の直前における役員への就任」は「贈与の日前3年以上にわたる役員への就任」と読み替えて記載する。

⑩　「やむを得ない事由により資産保有型会社又は資産運用型会社に該当した場合」については、その該当した日、その理由及び解消見込時期を記載する。

> 下線部分は筆者が追記したものです。特に留意したい点です。

204 第6章 相続税の納税猶予の申請

認定申請基準事業年度が2期分になる場合は、事業年度ごとに
（別紙1）を複数作成し、その事業年度を記入します。

複数の事業を行っている場合、
主たる事業をひとつ記入。

（別紙1）

認定申請基準日における資本金
の額又は出資の総額を記入。

○業者の特定資産等について

事業実態要件を満たす場合は、
（1）〜（30）の記入不要。
ブランクでよい。

主たる事業内容					○○の卸売業
資本金の額又は出資の総額					10,000,000円
認定申請基準事業年度（令和5年4月1日から令和6年3月31日まで）における特定資産等に係る明細表					
種別		内容	利用状況	帳簿価額	運用収入
有価証券	特別子会社の株式又は持分（（*4）を除く。）			(1) 円	(12) 円
	資産保有型子会社又は資産運用型子会社に該当する特別子会社の株式又は持分			(2) 円	(13) 円
	○○の株式又は○○もの			(3) 円	(14) 円
不動産	現に自ら使用しているもの			(4) 円	(15) 円
	現に自ら使用していないもの			(5) 円	(16) 円
ゴルフ場その他の施設の利用に関する権利	事業の用に供することを目的として有するもの			(6) 円	(17) 円
	事業の用に供することを目的としないで有するもの			(7) 円	(18) 円
絵画、彫刻、工芸品その他の有形の文化的所産である動産、貴金属及び宝石	事業の用に供することを目的として有するもの			(8) 円	(19) 円
	事業の用に供することを目的としないで有するもの			(9) 円	(20) 円

3. 第二種特例相続認定申請　205

現金、預貯金等	現金及び預貯金その他これらに類する資産			(10)　　円	(21)　　円
	経営承継相続人及び当該経営承継相続人に係る同族関係者等（施行規則第1条第12項第2号ホに掲げる者をいう。）に対する貸付金及び未収金その他これらに類する資産			(11)　　円	(22)　　円
特定資産の帳簿価額の合計額	(23)＝(2)＋(3)＋(5)＋(7)＋(9)＋(10)＋(11)　　円		特定資産の運用収入の合計額		(25)＝(13)＋(14)＋(16)＋(18)＋(20)＋(21)＋(22)　　円
資産の帳簿価額の総額	(24)　　円		総収入金額		(26)　　円
認定申請基準事業年度終了の日以前の5年間（相続の開始の日前の期間を除く。）に経営承継相続人			剰余金の配当等		(27)　　円
		族関係者に対して金不算入となる給	損金不算入となる給与		(28)　　円
計額か資産の帳簿価額等の総額に対する割合	)＝((23)＋(27)＋(28))/((24)＋(27)＋(28))　　%		特定資産の運用収入の合計額が総収入金額に占める割合		(30)＝(25)/(26)　　%
総収入金額（営業外収益及び特別利益を除く。）					450,000,000円

> 事業実態要件を満たす場合は、(1)～(30)の記入不要。ブランクでよい。

> 1期目の事業年度の売上高を記入。

やむを得ない事由により資産保有型会社又は資産運用型会社に該当した場合

該当した日	年　　月　　日
その事由	
解消見込時期	年　　月頃

206 第6章　相続税の納税猶予の申請

> この事例では、（別紙1）の2枚目を作成。
> 認定申請基準事業年度の2期目を記入する。
> 事業実態要件を満たす場合は、
> （1）～（30）の記入不要。
> 当該事業年度の売上高だけを記入する。

（別紙1）

認定中小企業者の特定資産等について

主たる事業内容				○○の卸売業	
資本金の額又は出資の総額				10,000,000円	
認定申請基準事業年度（令和6年4月1日から令和7年3月31日まで）における特定資産等に係る明細表					
種別		内容	利用状況	帳簿価額	運用収入
有価証券	特別子会社の株式又は持分（（*4）を除く。）			(1)　　　円	(12)　　　円
	資産保有型子会社又は資産運用型子会社に該当する特別子会社の株式又は持分(*4)			(2)　　　円	(13)　　　円
	特別子会社の株式又は持分以外のもの			(3)　　　円	(14)　　　円
不動産	現に自ら使用しているもの			(4)　　　円	(15)　　　円
	現に自ら使用していないもの			(5)　　　円	(16)　　　円
ゴルフ場その他の施設の利用に関する権利	事業の用に供することを目的として有するもの			(6)　　　円	(17)　　　円
	事業の用に供することを目的としないで有するもの			(7)　　　円	(18)　　　円
絵画、彫刻、工芸品その他の有形の文化的所産である動産、貴金属及び宝石	事業の用に供することを目的として有するもの			(8)　　　円	(19)　　　円
	事業の用に供することを目的としないで有するもの			(9)　　　円	(20)　　　円

3. 第二種特例相続認定申請 207

現金、預貯金等	現金及び預貯金その他これらに類する資産			(10) 円	(21) 円
	経営承継相続人及び当該経営承継相続人に係る同族関係者等（施行規則第1条第12項第2号ホに掲げる者をいう。）に対する貸付金及び未収金その他これらに類する資産			(11) 円	(22) 円
特定資産の帳簿価額の合計額	(23)＝(2)＋(3)＋(5)＋(7)＋(9)＋(10)＋(11) 円		特定資産の運用収入の合計額		(25)＝(13)＋(14)＋(16)＋(18)＋(20)＋(21)＋(22) 円
資産の帳簿価額の総額	(24) 円		総収入金額		(26) 円
認定申請基準事業年度終了の日以前の5年間（相続の開始の日前の期間を除く。）に経営承継相続人		剰余金の配当等		(27) 円	
		損金不算入となる給与		(28) 円	
計額が資産の帳簿価額等の総額に対する割合	＝((23)＋(27)＋(28))／((24)＋(27)＋(28)) ％		特定資産の運用収入の合計額が総収入金額に占める割合		(30)＝(25)／(26) ％
総収入金額（営業外収益及び特別利益を除く。）				472,500,000円	

> 事業実態要件を満たす場合は、(1) ～ (30) の記入不要。ブランクでよい。

> 2期目の事業年度の売上高を記入。

やむを得ない事由により資産保有型会社又は資産運用型会社に該当した場合

該当した日	年　月　日
その事由	
解消見込時期	年　月頃

208　第 6 章　相続税の納税猶予の申請

（別紙 2）

認定中小企業者が常時使用する従業員の数及び特別子会社について

1　認定中小企業者が常時使用する従業員の数について

常時使用する従業員の数		相続の開始の時 (a)＋(b)＋(c)－(d) 105人
	厚生年金保険の被保険者の数	(a) 98人
	厚生年金保険の被保険者ではなく健康保険の被保険者である従業員の数	(b) 9人
	厚生年金保険・健康保険のいずれの被保険者でもない従業員の数	(c) 1人
	役員（使用人兼務役員を除く。）の数	(d) 3人

相続の開始の日における常時使用する従業員の数。
「従業員数証明書」の人数と一致。所定の確認資料を提出します。

(a) 欄には、厚生年金保険に加入している人数を記載してください。平均的な従業員と比して労働時間が 4 分の 3 に満たない短時間労働者などは含みません。

(b) 欄には、厚生年金保険の加入対象外で健康保険のみに加入している人数を記載してください。（例：70 歳以上 75 歳未満の従業員または役員）

(c) 欄には、社会保険加入対象外の常時使用する従業員数を記載して下さい。
（例：75 歳以上の従業員）
平均的な従業員と比して労働時間が 4 分の 3 に満たない短時間労働者などは含みません。

(d) 欄には、(a)(b) でカウントした方のうち役員の数を記載してください。（申請会社にいる全役員の人数ではありません）
役員とは、株式会社の場合には取締役、会計参与及び監査役を指します。
使用人兼務役員の方は役員から除きます。

（注）記入例は、先代経営者以外の株主の死亡日における従業員数のため、先代経営者死亡日の従業員数とは異なるイメージです。

3．第二種特例相続認定申請　*209*

2　贈与の時以後における認定中小企業者の特別子会社について

区分			特定特別子会社に （該当）/ 非該当	
会社名			承継運送株式会社	
会社所在地			○○県○○市○○－○	
主たる事業内容			運送業	
資本金の額又は出資の総額			10,000,000 円	
常時使用する従業員の数			15 人	
総株主等議決権数			(a)	100 個
株主又は社員	氏名（会社名）	住所（会社所在地）	保有議決権数及びその割合	
	株式会社承継商事	○○県○○市○○－○	(b)	100個
			(b)/(a)	100%

> 贈与の時以後に特別子会社が複数ある場合は、表を追加してそれぞれ記載してください。
> なお、特別子会社が特定特別子会社に該当するかどうかも記載してください。
>
> それぞれの定義は下記のとおりです。会社法上の子会社の定義とは異なりますのでご注意ください。

特別子会社
次に掲げる者により、その総株主議決権数の過半数を保有される会社

(1) 中小企業者
(2) 後継者
(3) 後継者の親族（配偶者、6 親等内の血族及び 3 親等内の姻族）
(4) 後継者と事実上婚姻関係にある者など特別の関係がある者
(5) 次に掲げる会社

① (2)～(4)により総株主議決権数の過半数を保有されている会社
② (2)～(4)及びこれと(5)①の関係がある会社により総株主議決権数の過半数を保有されている会社
③ (2)～(4)及びこれと(5)①又は(5)②の関係がある会社により総株主議決権数の過半数を保有されている会社

特定特別子会社
次に掲げる者により、その総株主議決権数の過半数を保有される会社

(1) 中小企業者
(2) 後継者
(3) 後継者と生計を一にする親族
(4) 後継者と事実上婚姻関係にある者など特別の関係がある者
(5) 次に掲げる会社

①(2)～(4)により総株主議決権数の過半数を保有されている会社
②(2)～(4)及びこれと(5)①の関係がある会社により総株主議決権数の過半数を保有されている会社
③(2)～(4)及びこれと(5)①又は(5)②の関係がある会社により総株主議決権数の過半数を保有されている会社

4. 認定中小企業者の特定資産等について

　相続税の納税猶予の**「認定申請書」の（別紙1）**には、「認定中小企業者の特定資産等について」と題する項目があり、「特定資産等に係る明細表」を記入することになっています。詳細は、第5章4項および**図表5-4-4**を参照してください。

5. 税務署への相続税の申告手続き

　相続税の納税猶予の申請を行い、都道府県知事の認定を受けた後は、申告期限までに相続税の申告をします。通常は、税理士に依頼して申告をしてもらいます。

　この特例の適用を受ける旨を記載した**相続税の申告書**を、相続開始の日の翌日から10カ月以内に、被相続人の死亡時における住所地の所轄税務署長に提出する必要があります。企業の本店所在地に法人税を納めるのと異なります。

　相続開始の日から5カ月を経過する日から8カ月を経過する日までの間に、本社が所在する都道府県への認定申請を行います。都道府県の認定申請は、通常2カ月間かかるため、余裕を持った対応が必要です。

　なお、税務署への申告に際しては、**図表6-5-1**の「適用要件チェックシート」、また、提出書類については、**図表6-5-2**の「提出書類チェックシート」を添付しますので、あらかじめ確認しておくとよいでしょう（いずれも国税庁のHPから、ダウンロードできます）。

4. 認定中小企業者の特定資産等について　5. 税務署への相続税の申告手続き　*211*
6. 申告期限までの担保提供

6. 申告期限までの担保提供

　特例措置の適用を受けるためには、相続税申告書の提出期限までに、納税猶予額に相当する担保を提供する必要があります。担保として提供できるのは、不動産、国債・地方債、税務署長が認める有価証券などですが、後継者が対象株式の全部を**担保提供**した場合には、納税猶予額に満たないときであっても、納税猶予額に相当する担保提供がなされたものとみなされます（**みなす充足**）。

　会社が**株券発行会社**の場合、対象株式に係る株券を法務局（供託所）に供託し、供託書の正本を税務署長に提出するなど、手続きが面倒で時間かかります。**株券不発行会社**の場合は、税務署長が質権を設定することについて承諾した旨を記載した書類等を提出することで済みます。詳細については、あらかじめ税務署の確認をとっておくとよいでしょう。

212 第6章　相続税の納税猶予の申請

図表 6-5-1　特例措置の適用要件チェックシート

（1面）

[令和5年分用]「非上場株式等についての相続税の納税猶予及び免除の特例」（特例措置）の適用要件チェックシート

（はじめにお読みください。）
1　このチェックシートは、「非上場株式等についての相続税の納税猶予及び免除の特例」（租税特別措置法第70条の7の6）の適用を受けるため（※）の適用要件を確認する際に使用してください。
2　「確認結果」欄の左側のみに○がある場合には、原則としてこの特例の適用を受けることができます。
3　このチェックシートは、申告書の作成に際して、特例の適用に係る会社ごとに適用要件等を確認の上、申告書に添付してご提出ください。　4　被相続人からの特例贈与により非上場株式等を取得している場合において当該贈与の日の属する年に当該被相続人の相続が開始したことによりこの特例の適用を受ける場合には、このチェックシートは使用できません。詳しくは税務署にお尋ねください。
5　「非上場株式等の特例贈与者が死亡した場合の相続税の納税猶予及び免除の特例」（租税特別措置法第70条の7の8）の適用を受ける場合には、このチェックシートではなく、「非上場株式等の特例贈与者が死亡した場合の相続税の納税猶予及び免除の特例」（特例措置）の適用要件チェックシートを使用してください。
　※　「非上場株式等についての相続税の納税猶予及び免除」（租税特別措置法第70条の7の2）の適用を受ける場合には、「『非上場株式等についての相続税の納税猶予及び免除』（一般措置）の適用要件チェックシート」を使用してください。

特例の適用に係る会社の名称：　　　　　　　　　　　　　　　　　　　被相続人氏名：

相続人等（特例適用者）

住　　　所＿＿＿＿＿＿＿＿＿＿＿＿＿＿＿＿＿

氏　　　名＿＿＿＿＿＿＿＿＿＿＿＿＿＿＿＿＿

電　　　話　　　　（　　　　）

| 関与税理士 | 所在地 | |
| | 氏名 | | 電話 | |

項目		確認内容（適用要件）		確認結果		確認の基となる資料
被相続人	（1）（2）の場合以外の場合ですか。			はい		－
	相続開始前のいずれかの日（注1）	① その会社の代表権（制限が加えられたものを除きます。以下同じです。）を有していたことがありますか。		はい	いいえ	○ 登記事項証明書、定款の写しなど
	相続開始の直前（注1）	② 被相続人及び被相続人と特別の関係がある者がその会社の総議決権数の50%超の議決権数を保有していますか。（注2）・（注3）		はい	いいえ	○ 株主名簿の写し、定款の写し、戸籍の謄本又は抄本など
		③ 被相続人が被相続人及び被相続人と特別の関係がある者（会社の特例経営承継相続人等となる者を除きます。）の中で最も多くの議決権数を保有していますか。（注2）・（注3）		はい	いいえ	○ 株主名簿の写し、定款の写し、戸籍の謄本又は抄本など
	（2）その会社の非上場株式等について既に租税特別措置法第70条の7の5第			はい		○ 相続税の申告書第8の2

図表 6-5-2　特例措置の提出書類チェックシート

[令和5年分用]　「非上場株式等についての相続税の納税猶予及び免除の特例」（特例措置）の提出書類チェックシート

（はじめにお読みください。）
1　このチェックシートは、「非上場株式等についての相続税の納税猶予及び免除の特例」（租税特別措置法第70条の7の6）の適用を受けるため（※）の提出書類を確認する際に使用してください。
2　このチェックシートは、申告書の作成に際して、特例の適用に係る会社ごとに提出書類を確認の上、申告書に添付してご提出ください。
3　被相続人からの特例贈与により非上場株式等を取得している場合において当該贈与の日の属する年に当該被相続人の相続が開始したことによりこの特例の適用を受ける場合には、このチェックシートは使用できません。詳しくは税務署にお尋ねください。
4　「非上場株式等の特例贈与者が死亡した場合の相続税の納税猶予及び免除の特例」（租税特別措置法第70条の7の8）の適用を受ける場合には、このチェックシートではなく、「非上場株式等の特例贈与者が死亡した場合の相続税の納税猶予及び免除の特例」（特例措置）の提出書類チェックシートを使用してください。
　※　「非上場株式等についての相続税の納税猶予及び免除」（租税特別措置法第70条の7の2）の適用を受ける場合には、「『非上場株式等についての相続税の納税猶予及び免除』（一般措置）の提出書類チェックシート」を使用してください。

特例の適用に係る会社の名称：　　　　　　　　　　　　　　　　　　　被相続人氏名：

相続人等（特例適用者）

住　　　所＿＿＿＿＿＿＿＿＿＿＿＿＿＿＿＿＿

氏　　　名＿＿＿＿＿＿＿＿＿＿＿＿＿＿＿＿＿

電　　　話　　　　　　　（　　　　）

| 関与税理士 | 所在地 | |
| | 氏名 | | 電話 | |

（注）担保提供書及び担保提供関係書類が別途必要となります。

	提出書類	チェック欄
1	会社の株主名簿の写しなど、相続開始の直前及び相続開始の時における会社の全ての株主又は社員の氏名等及び住所等並びにこれらの者が有する株式等に係る議決権の数が確認できる書類等（その会社が証明したものに限ります。）	□

第 7 章
報告と届出

1. 年次報告

　年次報告（事業継続報告）とは、贈与税（相続税）の納税猶予の適用を引き続き受けるために、認定の取消事由に該当しないことを報告するものです。

　贈与税（相続税）の納税猶予の認定を受けた後は、事業継続期間中（当初の納税猶予の申告期限の翌日から5年間）、毎年、都道府県庁に「**年次報告書**」（様式11）を提出しなければなりません。

　年次報告を行った結果、取消事由に該当することが判明した場合は、認定が取り消されます。また、年次報告を怠った場合にも認定が取り消されることになります。

　年次報告を行った結果、取消事由に該当しないことが確認された場合には、都道府県から「**確認書**」が交付されます。

　「年次報告書」の提出時期は、贈与の場合は、贈与税の申告期限の翌日から起算して1年を経過するごとの日（応当日）の翌日から3カ月を経過する日までとなります。原則として、贈与税の申告期限は贈与の翌年の3月15日ですから、通常であれば、毎年3月16日から6月15日までの間に年次報告書を提出することになります（実務上、土日祝日の関係でずれることはあります）。

　相続の場合は、相続税の申告期限の翌日から起算して1年を経過するごとの日（応当日）の翌日から3カ月を経過する日までとなります。相続の年次報告書の提出期限は、被相続人の死亡日によって異なってきますので、うっかり忘れないように報告期限には注意を払う必要があります。

　事業継続期間内の5年間に納税猶予を維持するための要件は、後継者が代表者であること、株式の継続保有などがあり、年次報告書では、これらの要件を確認する項目が盛り込まれています。主なものを挙げれば、**図表7-1-1**のとおりとなります。

　年次報告では、認定時の要件を満たしていることが前提になりますが、**資本金・準備金**が減少していないという要件が加わります。準備金には、資本準備金と利益準備金があり、欠損補填目的以外に減額処理を行うと取り消し事由に

図表 7-1-1　年次報告の主な要件

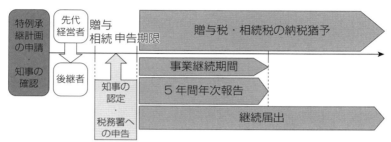

年次報告の要件	5年間（年次報告）	5年経過後
後継者が代表権を有し続けていること	○	―
同族関係者で過半数の議決権を有し、後継者が筆頭株主	○	―
納税猶予対象株式を譲渡していないこと	○	―
上場会社等、風俗営業会社、資産保有型会社等に該当しないこと	○	○
総収入金額が零ではないこと	○	○
資本金、準備金が減少していないこと	○	○
特定特別子会社が風俗営業会社に該当しないこと	○	○
黄金株を後継者以外の者が保有していないこと	○	―
常時使用する従業員数の5年平均が、贈与（相続）時の従業員数の8割以上	○	―

出所：「経営承継円滑化法申請マニュアル」を一部修正

216　第7章　報告と届出

該当します。

　年次報告を行うにあたっては、会社の従業員数および貸借対照表上の純資産の表示に大きな変更が生じる場合には、納税猶予の取消事由（第8章参照）に該当しないかについて注意を払う必要があります。

　なお、会社が解散した場合には、納税猶予されていた税額および利子税を納付することになります。また、会社分割や組織変更、合併、株式交換・株式移転等があった場合、ケースによっては納税猶予が取り消される場合があります。

(1)　年次報告書

　年次報告の法令用語は、贈与と相続、特例措置と一般措置の年次報告を兼ねるため、少々わかりにくいところがあります（**図表7-1-2** 参照）。

　平成30（2018）年1月1日以降令和9（2027）年12月31日までに行われる自社株式の贈与または相続に対して、**特例措置**による納税猶予を申請する際、それぞれ**特例贈与・特例相続**と呼びます。そして、先代経営者からの株式の贈与（相続）を**第一種**、先代経営者以外の株主からの株式の贈与（相続）を**第二種**として、区別しています。

　従来からあった**一般措置**による納税猶予は、**特別贈与・特別相続**と呼びます。特別と特例の一字違いですが、意味合いは異なります。

　平成29（2017）年12月31日以前に行われた贈与・相続に関する贈与（相続）税の納税猶予は一般措置のみでした。**一般措置の年次報告**は5年間の期間があるため、令和5年まで継続されることになります。

　一方、平成30（2018）年1月1日以降に行われる贈与・相続に関する納税猶予は、通常、特例措置を適用するので、**特例措置の年次報告**を行うことになります。

　例えば、令和6（2024）年7月1日に贈与して、特例措置を適用した贈与税の申告期限は令和7（2025）年3月17日（土日の翌日）です。年次報告の1回目は、実務上、令和8（2026）年3月18日から6月17日までの間に行います。

　また、令和6（2024）年7月1日に相続が開始して、特例措置を適用した相続税の納税猶予の申告期限は令和7（2025）年5月1日です。年次報告の1回

1. 年次報告　217

図表 7-1-2　年次報告の種別

〈特例措置の年次報告〉

・平成 30 年 1 月 1 日〜令和 9 年 12 月 31 日までに行った贈与・相続に係る納税
　猶予申請の年次報告

贈与者・被相続人	贈　与	相　続
先代経営者	第一種特例贈与	第一種特例相続
先代経営者以外の株主	第二種特例贈与	第二種特例相続

〈一般措置の年次報告〉

・平成 29 年 12 月 31 日までに行った贈与・相続に係る納税猶予申請の年次報告
・令和 10 年 1 月 1 日以降に行う贈与・相続に係る納税猶予申請の年次報告

贈与者・被相続人	贈　与	相　続
先代経営者	第一種特別贈与	第一種特別相続
先代経営者以外の株主	第二種特別贈与	第二種特別相続

（注）平成 30 年 1 月 1 日以降も、一般措置の認定申請は制度とし存在するが、稀少と思われるため
　　　省略している。

目は、実務上、令和8（2026）年5月2日から8月1日までの間に行います。

　早くから事業承継税制の納税猶予申請に携わってきた税理士・会計士の方々にとっては、同じ年次報告でも、贈与の実行日あるいは相続の発生日によって、一般措置と特例措置があり、それぞれ取り扱いや年次報告書の記入方法が異なりますので、注意が必要です。

　とりわけ、平成29（2017）年12月31日以前に行われた贈与・相続に関する納税猶予の**一般措置の年次報告**では、「5年平均で従業員数の8割以上の雇用を維持すること」という要件が依然として存在します。この要件を5年目に達成できない場合は、納税猶予は取り消しとなりますので、この点は、特例措置の取り扱いと混同しないことです。

　「年次報告書」（様式11）に関する記入例については、**図表7-1-3**のとおりです。以下に、記入上の留意点を示します。

【年次報告書の記入上の留意点】

　報告者の種別と申請基準日等について

　　報告者の種別がわかりにくいので、**図表7-1-3**の記入例にまとめています。先代経営者から後継者への特例贈与（第一種特例贈与）の場合は、「第一種特例贈与認定中小企業者」の欄にチェックを入れます。

　　年次報告書は、「**報告基準日**」・「**報告基準期間**」・「**報告基準事業年度**」のそれぞれにおいて、納税猶予の適用要件を満たしていることを報告するのが目的です。それぞれの用語の解説については記入例にあるとおりです。

　　報告者に係る認定の認定年月日等

　　「認定年月日及び番号」は、認定時に都道府県から送付された「**認定書**」（様式第9）の右上にある認定当時の認定年月日および認定番号を転記します。同様に、「認定申請基準日」は、当初の認定申請書にある認定申請基準日になります。

（別紙1）

様式第11の表紙で記入した報告者の種別、認定年月日、認定番号を記入します。

1　経営承継受贈者（経営承継相続人）について

　株式が要件どおり保有されているかを項目に沿って記入しますが、認定時と同様の記入方法で、それほど難しくはありません。

　わかりにくいのは、適用を受ける租税特別措置法の規定がどの種別に該当するかですが、これも記入例にまとめていますので参考にして下さい。

2　本申請に係る株式等の贈与が該当する贈与の類型

　通常は「該当無し」になります。猶予継続贈与の適用を受ける場合など当該申請会社が過去に納税猶予を活用したことがある場合に記載します。**猶予継続贈与**とは、納税猶予を受けている後継者（2代目経営者）が、株式を次の後継者（3代目経営者）に贈与し、その後継者が納税猶予を受ける場合における贈与をいいます。

3　認定中小企業者について

　会社の要件（主たる事業内容や常時使用する従業員数、代表権の維持）について記入します。

　年次報告では、資本金・準備金が減少している（欠損目的等の減少の場合を除く）と認定取消となります。ここは、認定申請時にはなかった要件ですが、5年経過後も求められる要件であり、貸借対照表上の純資産の部に変化をきたす諸状況には、慎重な対応が必要になります。

（別紙2）

認定中小企業者における特定資産等については、認定申請時の記入要領と同様です。

(2) 後継者が複数いる場合の年次報告

　承継のパターンに関して、一般措置では、1人の株主から1人の後継者に対してのみでした。平成30（2018）年1月以降、特例措置においては、複数の株主から最大3人の後継者に対する承継が認められています。同時に一般措置でも複数の株主から1人の後継者への株式承継が認められるようなっています（**図表2-1-1**参照）。

　このため、令和5年までの年次報告に限っていえば、原則的には、一般措置では贈与者（被相続人）と後継者が1人の場合であり、特例措置の年次報告では、贈与者（被相続人）が複数あり、後継者が2人また3人となるケースがあるということになります。

　以下は、年次報告の特殊なケースについて述べます。年次報告に携わる税理士・会計士の方々は、実務上必要になりますので、詳細については「経営承継円滑化法申請マニュアル」も参照してください。

①贈与者（被相続人）が複数いる場合

　1人の後継者が、その会社の株式について、複数の者から事業承継税制の納税猶予の適用に係る贈与または相続を受けている場合には、それらに係る年次報告は、年に一度同時に報告することになります。

　また、先代経営者以外の者からの贈与に係る年次報告については、先代経営者からの贈与（相続）に係る申告期限から5年間となります。この場合、先代経営者の贈与（相続）が先行し、先代経営者以外の者からの贈与または相続に係る申告期限以前の期間は除かれるため、年次報告を5回行わないケースが発生します。

②後継者が2人または3人いる場合

　後継者が2人または3人いる場合は、後継者毎に年次報告を行います。それぞれの後継者は、その会社の株式について最初に事業承継税制の適用を受けた贈与税（相続税）の申告期限の翌日から5年間、年次報告を行います。

　後継者が複数の場合は、報告期間、事業継続期間が各後継者の特例措置の適

用に係る当初の贈与または相続ごとに異なります。

⑶　年次報告書の「報告基準日」について

申告期限が延長される場合は、報告基準日も延長されます。

災害の発生や新型コロナウィルス感染症による影響により、贈与税または相続税の申告期限が延長される場合があります。

申告期限が延長された場合には、延長後の申告期限に基づく報告基準日を記載することになります。

すなわち、延長された申告期限の翌日から起算して1年を経過するごとの日が年次報告の報告基準日となる点にご注意ください。

【申告期限が延長されている主な例】

令和元年分贈与税の申告期限：令和2年4月16日
令和2年分贈与税の申告期限：令和3年4月15日

個別に申告期限の延長申請があった場合は、上記の申告期限よりも遅い日が申告期限とされている場合もあります。

222　第 7 章　報告と届出

図表 7-1-3　年次報告書の様式・記入例（第一種特例贈与）

様式第 11

年次報告書

> 提出日を記入。

令和 8 年 4 月 16 日

○○県知事　　殿

> 登記簿上の本店所在地を所轄する都道府県の知事宛。

郵 便 番 号　　　○○○－○○○○
会社所在地　　　○○県○○市○○
会 社 名　　　　株式会社承継商事
電 話 番 号　　　○○○－○○○－○
代表者の氏名　　承継　太郎

> 会社印押印不要

　　中小企業における経営の承継の円滑化に関する法律施行規則（以下「施行規則」という。）第 12 条第 1 項又は第 3 項の規定（当該規定が準用される場合を含む。）により、下記の種別に該当する報告者として別紙の事項を報告します。

記

> 報告者は、「認定中小企業者」という名称になる。

報告者の種別と申請基準日等について

報告者の種別	□第一種特別贈与認定中小企業者　　□第二種特別贈与認定中小企業者 □第一種特別相続認定中小企業者　　□第二種特別相続認定中小企業者 ☑第一種特例贈与認定中小企業者　　□第二種特例贈与認定中小企業者 □第一種特例相続認定中小企業者　　□第二種特例相続認定中小企業者

報告者の種別	株　主	適　用	報告者の種別	株　主	適　用
第一種特別贈与	先代経営者	一般措置	第二種特別贈与	先代経営者以外	一般措置
第一種特別相続	先代経営者	一般措置	第二種特別相続	先代経営者以外	一般措置
第一種特例贈与	先代経営者	特例措置	第二種特例贈与	先代経営者以外	特例措置
第一種特例相続	先代経営者	特例措置	第二種特例相続	先代経営者以外	特例措置

出所：経済産業省「経営承継円滑化法申請マニュアル」の記載例を一部修正。

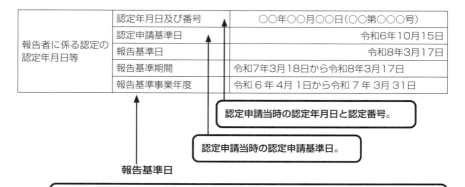

報告基準日

・贈与税（相続税）申告期限の翌日から起算して1年を経過するごとの日（応当日）。
　贈与税（相続税）申告期限日　＋　1年　　となります。
・当初の贈与税（相続税）の申告期限日は、土日祝日に当たるとき、翌日となりますが、
　報告基準日の場合は、毎年の応当日となり、土日祝日には影響されません。

報告基準期間

①第1回目の年次報告は、贈与（相続）認定申請基準日の翌日から、当該報告基準日まで。
②第2回目以降の年次報告は、前年の報告基準日の翌日から、当該報告基準日まで。

報告基準事業年度

①第1回目の年次報告は、贈与（相続）認定申請基準日の翌日の属する事業年度。
　第2回目以降の年次報告は、前年の贈与（相続）報告基準日の翌日の属する事業年度。
②当該贈与（相続）報告基準日の翌日からみて直前の事業年度。
③①と②の間にある事業年度。

（備考）
① 　用紙の大きさは、日本工業規格 A4 とする。
② 　本様式における第一種特別贈与（相続）認定中小企業者に係る規定は、第二種特別贈与（相続）認定中小企業者、第一種特例贈与（相続）認定中小企業者又は第二種特例贈与（相続）認定中小企業者について準用する。なお、本様式において「認定中小企業者」、「経営承継受贈者（経営承継相続人）」、「認定贈与株式」、「贈与認定申請基準日（相続認定申請基準日）」「贈与報告基準日（相続報告基準日）」、「贈与報告基準期間（相続報告基準期間）」又は「贈与報告基準事業年度（相続報告基準事業年度）」とある場合は、報告者の種別に合わせて対応する語句に読み替えるものとする。
③ 　報告書の写し（別紙1及び別紙2を含む）及び施行規則第12条第2項（第4項）各号に掲げる書類を添付する。

224 第7章 報告と届出

④　報告者が資産保有型会社又は資産運用型会社（以下「資産保有型会社等」という。）に該当する場合において、施行規則第6条第2項第1号及び第2号に該当する場合であって、同項第3号イからハまでに掲げるいずれかの業務をしているときには、その旨を証する書類を添付する。

⑤　贈与報告基準事業年度（相続報告基準事業年度）終了の日において報告者に特別子会社がある場合にあっては特別子会社に該当する旨を証する書類、当該特別子会社が資産保有型子会社又は資産運用型子会社に該当しないとき（施行規則第6条第2項第1号及び第2号に該当する場合であって、同項第3号イからハまでに掲げるいずれかの業務をしているときを含む。）には、その旨を証する書類を添付する。

⑥　報告者の経営承継受贈者（経営承継相続人）が当該報告者の代表者でない場合（その代表権を制限されている場合を含む。）又は経営承継贈与者が当該報告者の代表者若しくは役員（代表者を除き、当該報告者から給与（債務の免除による利益その他の経済的な利益を含む。）の支給を受けた役員に限る。）となった場合には、当該経営承継受贈者（経営承継相続人）が施行規則第9条第10項各号のいずれかに該当するに至っていたときには、その旨を証する書類を添付する。

⑦　報告者が施行規則第9条第2項第12号及び第13号に規定するやむを得ない事由により資産保有型会社等に該当する場合であって、一定の期間内に解消できる見込みであるときには、当該事由がやむを得ない事由に該当する旨を証する書類を添付する。

（記載要領）

①　単位が「％」の欄は小数点第1位までの値を記載する。

②　報告者が株式交換等により認定中小企業者たる地位を承継した株式交換完全親会社等である場合にあっては、贈与報告基準日（相続報告基準日）における常時使用する従業員の数」については、認定中小企業者の常時使用する従業員の数に株式交換完全子会社等（承継前に認定中小企業者だったものに限る。）の常時使用する従業員の数を加算した数を記載する。

③　「各贈与報告基準日（相続報告基準日）における常時使用する従業員の数及び常時使用する従業員の数の5年平均人数」については、過去の年次報告分も含めて各贈与報告基準日（相続報告基準日）における常時使用する従業員の数を記載し、5回目の年次報告時には、常時使用する従業員数の5年平均人数（その数に一人未満の端数があるときは、その端数を切り捨てた数）も記載する。

④　「贈与報告基準期間（相続報告基準期間）における代表者の氏名」については、贈与報告基準期間（相続報告基準期間）内に代表者の就任又は退任があった場合には、すべての代表者の氏名をその就任又は退任のあった期間ごとに記載する。

⑤　「（＊2）を発行している場合にはその保有者」については、申請者が会社法第108条第1項第8号に掲げる事項について定めがある種類の株式を発行している場合に記載し、該当する者が複数ある場合には同様の欄を追加して記載する。

⑥　「贈与報告基準事業年度（相続報告基準事業年度）（年月日から年月日まで）における特定資産等に係る明細表」については、贈与報告基準事業年度（相続報告基準事業年度）に該当する事業年度が複数ある場合には、その事業年度ごとに同様の表を記載する。「特定資産」又は「運用収入」については、該当するものが複数ある場合には同様の欄を追加して記載する。（施行規則第6条第2項の規定によりそれぞれに該当しないものとみなされた場合には空欄とする。

⑦　「損金不算入となる給与」については、法人税法第34条及び第36条の規定により報告者の各事業年度の所得の金額の計算上損金の額に算入されないこととなる給与（債務の免除による利益その他の経済的な利益を含む。）の額を記載する。（施行規則第6条第2項の規定によりそれぞれに該当しないものとみなされた場合には空欄とする。）

⑧　「総収入金額（営業外収益及び特別利益を除く。）」については、会社計算規則（平成18年法務省令第13号）第88条第1項第4号に掲げる営業外収益及び同項第6号に掲げる特別利益を除いて記載する。

⑨　「同族関係者」については、該当する者が複数ある場合には同様の欄を追加して記載する。

⑩ 「特別子会社」については、贈与報告基準期間（相続報告基準期間）中において報告者に特別子会社がある場合に記載する。なお、特別子会社が複数ある場合には、それぞれにつき記載する。「「株主又は社員」が複数ある場合には、同様の欄を追加して記載する。

⑪ 「やむを得ない事由により資産保有型会社等に該当した場合」については、その該当した日、その理由及び解消見込時期を記載する。

⑫ 「前回の年次報告時にやむを得ない事由により資産保有型会社等に該当していた場合」については、資産保有型会社の場合は当該事由が生じた日から同日以後六月を経過する日までの期間に、資産運用型会社の場合は当該事由が生じた日かの属する事業年度から当該事業年度終了の日の翌日以後六月を経過する日の属する事業年度までの各事業年度までの期間における当該事由の解消の有無を記載する。解消している場合には、解消したことを証する書類を添付する。

下線部分は筆者が追記したもので、特に留意したい点です。

226　第 7 章　報告と届出

（別紙 1）

> 様式 11 の表紙で記入した報告者の種別、認定年月日、認定番号を記入。

第 一 種 特 例 贈 与　認定中小企業者に係る報告事項①
（認定年月日：○○年○○月○○日、認定番号：○○　第○○○号）

> 自己株式や完全に議決権のない種類株式などは含まない。

1　経営承継受贈者（経営承継相続人）について

贈与報告基準日（相続報告基準日）における総株主等議決権数		(a)		1000個
氏名		承継　太郎		
住所		○○県○○市○○－○		
贈与報告基準日（相続報告基準日）における同族関係者との保有議決権数の合計及びその割合		(b)＋(c)　　　　875個 ((b)＋(c))/(a) 87.5%		
	贈与報告基準日（相続報告基準日）における保有議決権数及びその割合	(b)　　　　　　875個 (b)/(a)　　　　87.5%		
	適用を受ける租税特別措置法の規定及び当該規定の適用を受ける株式等に係る議決権数（＊1） （本認定番号の認定に係る株式等に係る議決権数のみを記載。） □第 70 条の 7　　　☑第 70 条の 7 の 5 □第 70 条の 7 の 2　□第 70 条の 7 の 6 □第 70 条の 7 の 4　□第 70 条の 7 の 8	納税猶予の適用を受けている株式等の議決権数 700個		
	（＊1）のうち贈与報告基準日（相続報告基準日）までに譲渡した数	0個		
贈与報告基準日（相続報告基準日）における同族関係者	氏名（会社名）	住所（会社所在地）	保有議決権数及びその割合	
			(c)　　　　　　　　個 (c)/(a)　　　　　　％	

> 納税猶予の適用を受けている株式等の議決権数

> 報告基準日における保有議決権数およびその割合を書式に従って記入。同族過半数・後継者筆頭株主を維持し、猶予対象株式の譲渡がないことを報告します。

「納税猶予の適用規定と納税猶予を受ける議決権数」の欄について（第一種・第二種共通）

規　　定	種　別	規　　定	種　別
第 70 条の 7	特別贈与	第 70 条の 7 の 5	特例贈与
第 70 条の 7 の 2	特別相続	第 70 条の 7 の 6	特例相続
第 70 条の 7 の 4	特別切替	第 70 条の 7 の 8	特例切替

2 　贈与者が経営承継受贈者へ認定贈与株式を中小企業における経営の承継の円滑化に関する法律（以下「法」という。）第12条第1項の認定に係る贈与をする前に、当該認定贈与株式を法第12条第1項の認定に係る受贈をしている場合に記載する事項について

本申請に係る株式等の贈与が該当する贈与の類型	☑該当無し □第一種特別贈与認定株式再贈与　　□第二種特別贈与認定株式再贈与 □第一種特例贈与認定株式再贈与　　□第二種特例贈与認定株式再贈与			
	氏名	認定日	左記認定番号	左記認定を受けた株式数
認定中小企業者の認定贈与株式を法第12条第1項の認定に係る受贈をした者に、贈与をした者。 （当該贈与をした者が複数ある場合には、贈与した順にすべてを記				

見落としやすいので注意。通常は、該当無し。
「猶予継続贈与」の適用を受ける場合（当該申請会社が過去に納税猶予制度を活用したことがある場合）のみ記載します。

年次報告では、上場会社等または風俗営業会社に該当しないことが求められます。

3 　認定中小企業者について

主たる事業内容	○○の卸売業
贈与認定申請基準日（相続認定申請基準日）（合併効力発生日等）（株式交換効力発生日等）における資本金の額又は出資の総額	10,000,000 円
贈与報告基準日（相続報告基準日）における資本金の額又は出資の総額	10,000,000 円
贈与認定申請基準日（相続認定申請基準日）（合併効力発生日等）（株式交換効力発生日等）と比して減少した場合にはその理由	
贈与認定申請基準日（相続認定申請基準日）（合併効力発生日等）（株式交換効力発生日等）における準備金の額	2,500,000 円
贈与報告基準日（相続報告基準日）における準備金の額	2,500,000 円
贈与認定申請基準日（相続認定申請基準日）（合併効力発生日等）（株式交換効力　　　　　場合にはその理由	

年次報告では、資本金・準備金が減少していると認定取消となります。準備金とは、利益準備金および資本準備金のことです。
欠損目的等補填等の減少の場合を除きます。

228 第7章 報告と届出

贈与報告基準日（相続報告基準日）における常時使用する従業員の数		(a)＋(b)＋(c)－(d) 100
	厚生年金保険の被保険者の数 (a)	95人
	厚生年金保険の被保険者ではなく健康保険の被保険者である者の数 (b)	7人
	厚生年金保険・健康保険のいずれの被保険者でもない従業員の数 (c)	1人
	役員（使用人兼務役員を除く。）の数 (d)	3人
各贈与報告基準日（相続報告基準日）における常時使用する従業員の数及び常時使用する従業員の数の5年平均人数	1回目（令和8年3月17日） (イ)	100人
	2回目（　年　月　日） (ロ)	人
	3回目（　年　月　日） (ハ)	人
	4回目（　年　月　日） (ニ)	人
	5回目（　年　月　日） (ホ)	人
	5年平均人数	((イ)＋(ロ)＋(ハ)＋(ニ)＋(ホ))/5 人
贈与報告基準期間（相続報告基準期間）における代表者の氏名	令和7年3月18日から令和8年3月17日まで	承継　太郎
	年　月　日から　年　月　日まで	
	年　月　日から　年　月　日まで	

同数

5年平均人数は、5回目に記入。
それ以外の年はブランクのままでよい。

報告基準日における常時使用する従業員の数。
「従業員数証明書」の人数と一致。所定の確認資料を提出します。

(a) 欄には、厚生年金保険に加入している人数を記載してください。
　　平均的な従業員と比して労働時間が4分の3に満たない短時間労働者などは含みません。

(b) 欄には、厚生年金保険の加入対象外で健康保険のみに加入している人数を記載してください。
　　（例：75歳以上75歳未満の従業員または役員）

(c) 欄には、社会保険加入対象外の常時使用する従業員数を記載して下さい。
　　（例：75歳以上の従業員）
　　平均的な従業員と比して労働時間が4分の3に満たない短時間労働者などは含みません。

(d) 欄には、(a)(b)でカウントした方のうち役員の数を記載してください。
　　（申請会社にいる全役員の人数ではありません）
　　役員とは、株式会社の場合には取締役、会計参与及び監査役を指します。
　　使用人兼務役員の方は役員から除きます。

1. 年次報告　229

4　贈与報告基準期間（相続報告基準期間）中における特別子会社について

区分	特定特別子会社に　該当 / 非該当
会社名	承継運送株式会社
会社所在地	○○県○○市○○－○
主たる事業内容	運送業
総株主等議決権数	(a)　　　　　　　　　　　　　100 個

	氏名（会社名）	住所（会社所在地）	保有議決権数及びその割合
株主又は			

> 特別子会社が特定特別子会社に該当するかどうかを記載します。記入は認定申請時と同様ですが、年次報告においては、特定特別子会社がある場合、風俗営業会社に該当しないことが求められます。それぞれの定義は下記のとおりです。会社法上の子会社の定義とは異なります。

特別子会社

次に掲げる者により、その総株主議決権数の過半数を保有される会社

(1) 中小企業者
(2) 後継者
(3) 後継者の親族（配偶者、6 親等内の血族及び 3 親等内の姻族）
(4) 後継者と事実上婚姻関係にある者など特別の関係がある者
(5) 次に掲げる会社

①(2)～(4)により総株主議決権数の過半数を保有されている会社
②(2)～(4)及びこれと(5)①の関係がある会社により総株主議決権数の過半数を保有されている会社
③(2)～(4)及びこれと(5)①又は(5)②の関係がある会社により総株主議決権数の過半数を保有されている会社

特定特別子会社

次に掲げる者により、その総株主議決権数の過半数を保有される会社

(1) 中小企業者
(2) 後継者
(3) 後継者と生計を一にする親族
(4) 後継者と事実上婚姻関係にある者など特別の関係がある者
(5) 次に掲げる会社

①(2)～(4)により総株主議決権数の過半数を保有されている会社
②(2)～(4)及びこれと(5)①の関係がある会社により総株主議決権数の過半数を保有されている会社
③(2)～(4)及びこれと(5)①又は(5)②の関係がある会社により総株主議決権数の過半数を保有されている会社

5　会社法第 108 条第 1 項第 8 号に掲げる事項について定めがある種類の株式について

会社法第 108 条第 1 項第 8 号に掲げる事項について定めがある種類の株式（*2）の発行の有無		有□　無☑
(*2) を発行している場合にはその保有者	氏名（会社名）	住所（会社所在地）

> 黄金株の発行の有無。発行無および発行が有りの場合でも、株式を贈与された後継者のみが黄金株を保有してれば、認定継続が可能。

230　第7章　報告と届出

報告基準事業年度が2期分になる場合には、事業年度ごとに
（別紙2）を複数作成し、その事業年度の内容を記入します。

（別紙2）

様式11の表紙で記入した報告者の種別、
認定年月日、認定番号を記入。

第 一 種 特 例 贈 与 認定中小企業者に係る報告事項②
（認定年月日：○○年○○月○○日、認定番号：○○　　第○○○号）

1　認定中小企業者における特定資産等について

贈与報告基準事業年度（相続報告基準事業年度）（令和6年4月1日から令和7年3月31日まで）における特定資産等に係る明細表

種別		内容	利用状況	帳簿価額	運用収入
有価証券	特別子会社の株式又は持分（（*3）を除く。）			(1)　　　円	(12)　　　円
	資産保有型子会社又は資産運用型子会社に該当する特別子会社の株式又は持分（*3）			(2)　　　円	(13)　　　円
	特別子会社の株式又は持分			(3)　　　円	(14)　　　円
	〔事業の用に供〕しているもの			(4)　　　円	(15)　　　円
	〔事業の用に供〕していないもの			(5)　　　円	(16)　　　円
ゴルフ場その他の施設の利用に関する権利	事業の用に供することを目的として有するもの			(6)　　　円	(17)　　　円
	事業の用に供することを目的としないで有するもの			(7)　　　円	(18)　　　円
絵画、彫刻、工芸品その他の有形の文化的所産である動産、貴金属及び宝石	事業の用に供することを目的として有するもの			(8)　　　円	(19)　　　円
	経営承継受贈者（経営承継相続人）及び当該経営承継受贈者（経営承継相続人）			(9)　　　円	(20)　　　円
現金、預貯金等	現金及び預貯金その他これらに類する資産			(10)　　　円	(21)　　　円
	経営承継受贈者（経営承継相続人）及び当該経営承継受贈者（経営承継相続人）			(11)　　　円	(22)　　　円

事業実態要件を満たす場合は、(1)～(30)の記入不要。ブランクでよい。

1. 年次報告 231

	に係る同族関係者等（施行規則第1条第13項第2号ホに掲げる者をいう。）に対する貸付金及び未収金その他これらに類する資産			
特定資産の帳簿価額の合計額	(23)=(2)+(3)+(5)+(7)+(9)+(10)+(11) 円	特定資産の運用収入の合計額		(25)=(13)+(14)+(16)+(18)+(20)+(21)+(22) 円
資産の帳簿価額の総額	(24) 円	総収入金額		(26) 円
贈与報告基準事業年度（相続報告基準事業年度）終了の日以前の5年間（贈与（相続の開始）の日前の期間を除く。）に経営承継受贈者（経営承継相続人）及び当該経営承継受贈者（経営承継相続人）に係る同族関係者に対する剰余金の配当等及び給与の額		剰余金の配当等	(27)	円
		損金不算入となる給与	(28)	円
価額等の総額に対する割合	=((23)+(27)+(28))/((24)+(27)+(28)) %	特定資産の運用収入の合計額が総収入金額に占める割合		(30)=(25)/(26)
総収入金額（営業外収益及び特別利益を除く。）				472,500,000円

> 事業実態要件を満たす場合は、（1）～（30）の記入不要。ブランクでよい。

> 事業年度の売上高を記入。

2 やむを得ない事由により資産保有型会社等に該当した場合

該当した日	年　　月　　日
その事由	
解消見込時期	年　　月頃

3 前回の年次報告時にやむを得ない事由により資産保有型会社等に該当していた場合

解消の有無	□有　□無

> やむを得ない事由により資産保有型会社等に該当した場合、前回の年次報告時にやむを得ない事由により資産保有型会社等に該当していた場合に、記入します。詳細については、「申請マニュアル」を参照ください。該当しない場合は、ブランクとします。

232　第 7 章　報告と届出

2. 随時報告

　年次報告が、納税猶予の認定について取消事由に該当しないことを報告する
のに対し、**随時報告**は、事業承継期間（納税猶予の申告期限の翌日から 5 年間）
中、次の 3 つの場合に報告することになります。なお、事業承継期間経過後は
報告の必要はありません。
　①　認定取消事由に該当した場合。
　②　贈与税（相続税）の納税猶予制度の適用を受けている受贈者（相続人）
　　　が死亡した場合。
　③　贈与税（相続税）の納税猶予制度の適用を受けている受贈者（相続人）
　　　がやむを得ない理由で退任し、次の後継者へ猶予株式を贈与した場合。

①　認定取消事由に該当した場合
　認定取消事由（詳細は第 8 章参照）に該当した場合には、年 1 回の年次報告
とは別に、認定取消事由に該当した日から原則として **1 カ月内**に報告をしな
ければなりません。認定取消事由に該当するかどうかは、受贈者（相続人）ご
とに判定・報告をします。報告後、都道府県からは、認定取消通知書が交付さ
れます。
　自ら取消申請を行う場合には、随時報告は不要ですが、取消申請書を提出し
ます。

②　納税猶予を受けている受贈者（相続人）が死亡した場合
　受贈者（相続人）の死亡は、猶予された贈与税（相続税）の免除要件となっ
ています。随時報告は、贈与税（相続税）を免除するにあたって、死亡以外の
認定取消事由に該当していないことを報告するものです。随時報告書の提出期
限は、死亡の日の翌日から **4 カ月以内**です。報告の結果、認定取消事由に該
当しないことが確認された場合には都道府県から「**確認書**」が交付されます。

③　納税猶予を受けている受贈者（相続人）がやむを得ない理由で代表者を退任し次の後継者へ猶予株式を贈与した場合

　受贈者（相続人）が代表者を退任する場合は、事業承継期間中であれば、認定取消事由に該当します。

　退任事由がやむを得ない理由であり、次の後継者へ猶予株式を贈与した場合には、他の認定取消事由に該当しないことを報告する必要があります。

　「やむを得ない理由」とは、精神障害者福祉手帳1級を受けたこと、身体障害者手帳1級または2級の交付を受けたこと、要介護5の認定を受けたこと、これらに類すると認められたことなどが該当します。

　やむを得ない理由で代表者を退任し、または代表権が制限された場合、認定取消事由には該当しないものとみなされます。

　この場合の随時報告書の提出期限は、代表者退任の日の翌日から**4カ月以内**です。報告の結果、認定取消事由に該当しないことが確認された場合には都道府県から確認書が交付されます。

3. 臨時報告

　臨時報告とは、贈与者の死亡時に行う報告のことです。贈与者が死亡したとき、受贈者は納税猶予額の免除を受けることができますが、納税猶予額の免除を受けるにあたり、一定の要件に該当しないことを報告するものです。

　事業継続期間中（当初の納税猶予の申告期限の翌日から5年間）に、贈与者が死亡した場合には、死亡日（相続開始日）の翌日から**8カ月以内**に、毎年の年次報告とは別に、臨時報告を行うことが必要です。臨時報告の結果、一定の事由に該当しないことが確認された場合には、都道府県から「**確認書**」が交付されます。

　納税猶予額の免除を受けるためには、贈与者の相続開始日の翌日から10カ月以内に、都道府県から交付された確認書を添付した一定の届出書を税務署長に提出することが必要です。

　なお、臨時報告は、贈与税の納税猶予制度の適用を受けている受贈者ごとに提出が必要になります。事業継続期間経過後に、贈与者が死亡した場合は提出不要です。また、後に述べる**切替確認を受ける場合には臨時報告は不要**になります。

4. 切替確認

(1) 都道府県への申請

　贈与税の特例措置に係る**贈与者（先代経営者）が死亡したとき**は、猶予されていた贈与税額が免除されます。同時に、後継者（受贈者）は、対象株式をその贈与者から相続または遺贈（以下、相続等）により取得したものとみなされます（**みなし相続**）。贈与税が免除された非上場株式について、後継者に相続税がかかることになります。

　切替確認とは、贈与者の相続等により取得したものとみなされた非上場株式に係る相続税につき、その納税猶予の適用を受けるための手続きです。切替確認を受けることにより、贈与税の納税猶予制度の対象となっていた非上場株式について、相続税の納税猶予制度の特例の適用を受けることが可能になります。

　贈与者の相続開始から8カ月以内に、都道府県へ切替確認申請を行う必要があります。申請の結果、一定の要件に合致することが確認された場合には、都道府県から「**確認書**」が交付されます。

　贈与者の相続開始から10カ月以内に、税務署長に対し、みなし相続の特例措置を受ける旨を記載した相続税申告書、切替確認書等の一定の書類を提出することで、相続税の納税猶予を受けることができます。

　切替確認は、贈与をした贈与者の相続が開始した場合に、その贈与者に係る認定ごとに手続きします。例えば、第一種特例贈与では経営者、第二種特例贈与では経営者以外の株主の死亡が発生したときには、それぞれ切替確認の手続きが必要になります。

　切替確認を受ける場合は臨時報告は不要です。切替確認を受けないときは、臨時報告を相続開始の日から8カ月以内に行い、10カ月以内に相続税を支払うことになります。

　なお、贈与税の特例措置を受けていれば、贈与者の相続の発生が特例措置の

期限である令和9（2027）年12月を過ぎていても、特例措置による相続税の納税猶予が適用されます。

切替確認を受けるための要件は、事業継続期間内と事業継続期間経過後では異なります。主な要件は**図表 7-4-1** にまとめています。

(2) 切替確認後の継続届出

事業継続期間内に、贈与者の相続が発生した場合は、切替確認によって相続税納税猶予を受けた後継者は、残りの期間、都道府県への年次報告と税務署への継続届出書を毎年提出することになります。

事業継続期間後に、贈与者の相続が発生した場合は、切替確認によって相続税納税猶予を受けた後継者は、年次報告を行う必要はありません。3年に1回、税務署へ継続届出書を提出することで、相続税の納税猶予を継続することができます。

4. 切替確認　*237*

図表 7-4-1　切替確認を受けるための要件

切替確認の要件	事業継続期間 （5 年）内	事業継続期間 （5 年）経過後
中小企業者であること	―	―
風俗営業会社に該当しないこと	○	○
上場会社等に該当しないこと	○	―
資産保有型会社等に該当しないこと	○	○
総収入金額が零を超えていること	○	○
特定特別子会社が風俗営業会社に該当しないこと	○	○
特定特別子会社が上場会社等に該当しないこと	○	―
後継者が代表者であること	○	○
後継者の同族で過半数の株式を有していること	○	○
後継者が同族内で筆頭株主であること	○	○
後継者以外の者が黄金株を保有していないこと	○	○
従業員数が 1 人（一定の場合は 5 人）以上いること	○	○

出所：「経営承継円滑化法申請マニュアル」を一部修正

238　第 7 章　報告と届出

図表 7-4-2　都道府県への報告一覧

報告	内容	報告期限
年次報告	認定取消事由に該当しないことを報告する。 ⇒　認定継続	・贈与（相続）税の申告期限の翌日から起算して、1 年を経過するごとの日（応当日）の翌日から 3 カ月を経過する日まで
随時報告	①　認定取消事由に該当した場合。 ⇒　認定取り消し ②　受贈者（相続人）が死亡した場合。 ⇒　対象株式に関する贈与税（相続税）の納税免除 ③　受贈者（相続人）がやむを得ない理由で代表者を退任し、次の後継者へ猶予株式を贈与した場合。 ⇒　対象株式に関する贈与税（相続税）の納税免除	①　取消事由該当日の翌日から 1 カ月以内 ②　死亡日の翌日から 4 カ月以内 ③　退任日の翌日から 4 カ月以内
臨時報告	贈与者が死亡した場合。 ⇒　対象株式に関する贈与税の納税免除	・相続の開始の日の翌日から 8 カ月以内
切替確認	贈与者が死亡した場合で、かつ納税猶予制度の対象となっていた非上場株式について相続税の納税猶予制度の特例の適用を受ける場合に申請する。 ⇒　対象株式に関する後継者の相続税の納税猶予	・相続の開始の日の翌日から 8 カ月以内 ・切替確認を申請する場合は、臨時報告は不要

（注）切替確認は、申請であり報告ではないが、便宜的に一覧にまとめている。
　　　それぞれの様式に従って都道府県庁宛に行うが、内容は年次報告とほぼ同一。

5. 継続届出

① 事業継続期間内

事業継続期間（納税猶予の申告期限の翌日から5年間）内は、都道府県知事への「年次報告書」だけでなく、**税務署へ毎年1回**、「**継続届出書**」を提出する必要があります。

継続届出書の提出期限（届出期限）は次のとおりです。

贈与の場合、贈与税の申告期限の翌日から1年を経過するごとの日の翌日から5カ月を経過する日までです。贈与税の申告期限は3月15日ですから、8月15日になります。

相続の場合、相続税の申告期限の翌日から1年を経過するごとの日の翌日から5カ月を経過する日までです。相続税の申告期限は、死亡日＋10カ月ですので、死亡日によって異なります。

都道府県への年次報告書の提出期限＋2カ月が、税務署への継続届出書の届出期限となります。

継続届出書が届出期限までに提出されない場合、届出期限の翌日から2カ月経過後に納税猶予期間が確定（納税猶予の取消し）となります。

「継続届出書（特例措置）」の様式は**図表7-5**のとおりですが、所定の添付書類とともに、年次報告書や年次報告の確認書も必要になります。

② 事業継続期間経過後

事業継続期間（納税猶予の申告期限の翌日から5年間）経過後は、都道府県への年次報告書の提出は不要になります。

常時使用する従業員数の5年平均が、贈与（相続）の時点の従業員数の8割を下回っていた場合には、認定支援機関の所見を記載した「特例承継計画に関する報告書」を提出する必要があります。

5年経過後は、従業員数の維持などの要件はなくなりますが、事業継続期間経過後も、納税猶予を維持するためには、**税務署へ3年に1回**、「**継続届出**

書」を提出する必要があります。なお、届出期限は、2カ月ほど短くなりますので注意が必要です。

5. 継続届出　241

図表7-5　継続届出書

非上場株式等についての 贈 与 税／相 続 税 の納税猶予の継続届出書（特例措置）

	令和＿＿＿＿年＿＿＿月＿＿＿日	※ 欄 は 記 入 し な い で く だ さ い 。

税務署
受付印

＿＿＿＿＿＿税務署長

届出者　住所〒＿＿＿＿＿＿＿＿＿＿＿＿

　　　　氏名＿＿＿＿＿＿＿＿＿＿＿＿
　　　　（電話番号　　　－　　　－　　　）

　　　　　　　　　第70条の7の5第1項
租税特別措置法　第70条の7の6第1項　の規定による　贈与税／相続税　の納税の猶予を引き続いて受けたいので、
　　　　　　　　　第70条の7の8第1項

　　　　　　　　　　　　　　　　　　第6項
次に掲げる税額等について確認し、同条　第7項　の規定により関係書類を添付して届け出ます。
　　　　　　　　　　　　　　　　　　第6項

非上場株式等の	贈 与 を 受 け た相続(遺贈)があった	年月日	平成令和	年　　　月　　　日
贈　与　者被相続人	住所		氏名	

この届出書は、特例認定(贈与・相続)承継会社、贈与者・被相続人ごとに作成してください。

1　経営(贈与・相続)報告基準日（以下「**基準日**」といいます。）　平成令和＿＿＿＿年＿＿＿月＿＿＿日

2　1の基準日における猶予中　贈与税／相続税　額　＿＿＿＿＿＿＿＿＿＿円

3　1の基準日において有する特例対象(受贈・相続)非上場株式等（以下「**非上場株式等**」といいます。）
　の数又は金額　＿＿＿＿＿＿＿＿＿＿株(口・円)
【非上場株式等の内訳等】※ 記載に当たっては、裏面の記載方法等の「2」をご覧ください。

	贈与年月日	贈与者の氏名	贈与者の住所	左記の贈与者が贈与した株式等の数又は金額
イ	・・			株(口・円)
ロ	・・			株(口・円)

4　特例認定(贈与・相続)承継会社の名称　＿＿＿＿＿＿＿＿＿＿

5　1の基準日の直前の経営(贈与・相続)報告基準日の翌日から当該基準日までの間に、特例経営承継者につき納税の猶予
　に係る期限が到来した猶予中贈与税・相続税額がある場合、差額免除・追加免除に係る贈与税相続税額の通知があった
　場合又は再計算免除贈与税・相続税額の通知があった場合には、その明細を「納税の猶予に係る期限が到来した猶予中贈
　与税・相続税額、差額免除・追加免除に係る贈与税・相続税額又は再計算免除贈与税・相続税額の明
　細書（特例措置）」に記載の上、この届出書に添付して提出してください。

【　添付書類　】　特例認定(贈与・相続)承継会社に係る基準日における次に掲げる書類
① 　定款の写し
② 　株主名簿の写しその他の書類で特例認定(贈与・相続)承継会社の株主又は社員の氏名又は名称及び住所又は所在地並
　びにこれらの者が有する特例認定(贈与・相続)承継会社の株式等に係る議決権の数が確認できる書類（特例認定(贈
　与・相続)承継会社が証明したものに限ります。）
③ 　中小企業における経営の承継の円滑化に関する法律施行規則第12条第19項、第22項、第24項若しくは第26項において
　準用する同条第2項又は同規則第12条第20項、第23項、第25項若しくは第27項において準用する同条第4項の報告書の
　写し及び当該報告書に係る同条第37項の確認書の写し
④ 　基準日が特例経営(贈与・相続)承継期間の末日であり、租税特別措置法施行規則第23条の12の2第17項第5号、同
　規則第23条の12の3第17項第5号（同規則第23条の12の5第15項において準用する場合を含みます。）の規定に該当す
　る場合（裏面の4参照）には、中小企業における経営の承継の円滑化に関する法律施行規則第20条第3項の報告書の写
　し及び当該報告書に係る同条第14項の確認書の写し
⑤ 　基準日の直前の経営(贈与・相続)報告基準日（基準日が最初の経営（贈与・相続）報告基準日の場合は、贈与税・相
　続税の申告書の提出期限）の翌日から基準日までの間に会社分割又は組織変更があった場合には、会社分割に係る吸収
　分割契約書若しくは新設分割計画書の写し又は組織変更に係る組織変更計画書の写し
⑥ 　基準日の直前の経営(贈与・相続)報告基準日の翌日から基準日までの間に合併又は株式交換等があった場合には、裏
　面の5に掲げる書類
　（注）　基準日が最初の「非上場株式等についての贈与・相続税の納税猶予及び免除の特例」の適用に係る贈与税又は相続税の申告書の提
　　　　出期限の翌日以後5年を経過する日のいずれか早い日の翌日以後である場合は③の書類の提出は必要ありません。

関与税理士		電話番号	

※	通信日付印の年月日	（確　認）	入　力	確　認	納税猶予番号
	年　　月　　日				

(資12②)-38-A4統一)（令3.6)

第8章
取　消

244　第8章　取消

1. 取消事由

　贈与税または相続税の納税猶予を受けた後、一定の取消事由に該当する場合には、認定が取り消されることになります。認定が取り消されると、納税猶予期限が確定（終了）し、猶予されていた納税額を利子税とともに、原則として期限確定日から**2カ月以内**に納めなければなりません。

　主な**取消事由**（認定取消事由）は、**図表8-1-1・8-1-2**に示したとおりです。取消事由は、贈与税の納税猶予と相続税の納税猶予で若干異なりますが、**事業継続期間（納税猶予開始後5年間）**内に適用される事由と**事業継続期間（5年間）経過後**も適用が続く事由があります。

(1) 事業継続期間内

　事業継続期間の5年間は、原則として**後継者の代表者退任**や**納税猶予対象株式の譲渡**は認められません。

　後継者が退任した場合には、認定が取り消されます。やむを得ない理由で代表者を退任し、または代表権が制限された場合、認定取消事由には該当しないものとみなされます。

　「やむを得ない理由」とは、精神障害者福祉手帳1級を受けたこと、身体障害者手帳1級または2級の交付を受けたこと、要介護5の認定を受けたこと、これらに類すると認められたことなどが該当します。

　5年間は、納税猶予対象株式については、他人はもとより同族内の者に対する贈与や売却も認められません。**納税猶予対象株式**とは、事業承継税制による納税猶予を受けている株式のことをいいます。

　同一会社の株式で、納税猶予対象株式と事業承継税制の適用を受けていない株式のいずれも所有している場合、事業承継税制を受けていない株式を譲渡することは可能です。ただし、同族で過半数の議決権を確保し、かつ、同族内で後継者が筆頭株主であることなど、年次報告上の取消事由に該当しないことが求められます。

特例措置の場合は、常時使用する従業員数を5年間平均で8割以上維持するという雇用要件については、未達成の場合でも所定の報告を行えば取消にはならないので、それほど心配する必要はないでしょう。

なお、合併、会社分割・組織変更・株式交換・株式移転等で所定の事由に該当する場合や、解散の場合には取消事由に該当します。

一般的には、5年間は、株式の移動はしない、議決権は変えない、会社の形は変えないと考えた方が無難です。

5年以内は、毎年1回、都道府県へ年次報告、税務署へ継続届出を行います。

(2) 事業継続期間経過後

5年経過後もずっとついてまわるのは、資産保有型会社・資産運用型会社に該当しないこと、総収入金額が零に該当しないこと、資本金・準備金を減少しないことなどです。

資産保有型会社・資産運用型会社の判定にあたっては、事業実態要件を満たす会社は除かれますので、事業を継続し、従業員数（後継者と生計を一にする親族従業員を除く）を常時5名以上維持している会社は心配には及びません。

従業員数が5名未満で、かつ、特定資産の計算を行った結果、資産運用型会社または資産保有型会社と判定されるケースで、事業活動上生じたやむを得ない偶発的な事由が生じた場合には、一定の期間、資産運用型会社または資産保有型会社に該当しないものとみなされます。

総収入金額（営業外収益および特別利益は除く）が零であった場合には、認定が取り消されます。

5年経過後は、都道府県への報告は不要です。3年に1回税務署へ継続届出だけを行うことになります。

なお、利子税については、租税特別措置法の規定により事業承継期間経過後に取消があった場合、申告期限5年経過時点から起算する取扱いとなっています。例えば、自発的取消を行う場合、申告期限から4年11カ月で取消すれば、4年11カ月分の利子税がかかるが、申告期限から5年1カ月で取消すれば、1カ月分の利子で済むというイメージです。税金については、所轄税務署か国税庁へ確認してください。都道府県庁ではアドバイスしてくれません。

246　第8章　取　消

図表8-1-1　主な取消事由

【贈与税納税猶予の場合】

	取消事由	事業継続期間（5年）内	事業継続期間（5年）経過後
経営者	先代経営者が再び代表者になった場合	×	―
	先代経営者が死亡した場合	×（免除）	×（免除）
	後継者が代表者を退任した場合	×	―
	議決権同族過半数、後継者が同族内筆頭要件を満たさなくなった場合	×	―
	納税猶予対象株式を譲渡した場合	×	×（一部納付）
	自発的な取消申請をした場合	×	×
	後継者（受贈者）が死亡した場合	×（免除）	×（免除）
会社	上場会社・風俗営業会社に該当した場合	×	―
	資産保有型会社・資産運用型会社に該当した場合	×	×
	特定特別子会社が風俗営業会社に該当した場合	×	―
	総収入金額が零になった場合	×	×
	資本金・準備金を減少した場合（欠損補填目的等を除く）	×	×
	後継者以外者が黄金株を保有した場合	×	―
	合併、会社分割・組織変更・株式交換・株式移転等で、所定の事由に該当する場合	×	×（一部納付）
	解散した場合	×	×
報告	雇用の平均8割維持要件を満たさず、かつ、所定の報告を行わなかった場合	×	―
	都道府県への報告を怠った場合	×	―
	税務署への届出を怠った場合	×	×

　×印は、取消事由に該当するもの。
　（免除）は納税猶予額の免除、（一部納付）は納税猶予額の一部の納付を意味します。

出所：「経営営承継円滑化法申請マニュアル」を一部修正

1. 取消事由　247

図表 8-1-2　主な取消事由

【相続税納税猶予の場合】

取消事由		事業継続期間（5年）内	事業継続期間（5年）経過後
経営者	後継者が代表者を退任した場合	×	—
	議決権同族過半数、後継者が同族内筆頭要件を満たさなくなった場合	×	—
	納税猶予対象株式を譲渡した場合	×	×（一部納付）
	自発的な取消申請をした場合	×	×
	後継者（相続人）が死亡した場合	×（免除）	×（免除）
会社	上場会社・風俗営業会社に該当した場合	×	—
	資産保有型会社・資産運用型会社に該当した場合	×	×
	特定特別子会社が風俗営業会社に該当した場合	×	—
	総収入金額が零になった場合	×	×
	資本金・準備金を減少した場合（欠損補填目的等を除く）	×	×
	後継者以外者が黄金株を保有した場合	×	—
	合併、会社分割・組織変更・株式交換・株式移転等で、所定の事由に該当する場合	×	×（一部納付）
	解散した場合	×	×
報告	雇用の平均8割維持要件を満たさず、かつ、所定の報告を行わなかった場合	×	—
	都道府県への報告を怠った場合	×	—
	税務署への届出を怠った場合	×	×

　　　×印は、取消事由に該当するもの。
　　　（免除）は納税猶予額の免除、（一部納付）は納税猶予額の一部の納付を意味します。

出所：「経営営承継円滑化法申請マニュアル」を一部修正

巻末資料

9-1　法定相続分と遺留分

法定相続人	法定相続分		遺留分	
配偶者と子	配偶者	1／2	配偶者	1／4
	子	1／2	子	1／4
配偶者と父母	配偶者	2／3	配偶者	1／3
	父母	1／3	父母	1／6
配偶者と兄弟姉妹	配偶者	3／4	配偶者	1／2
	兄弟姉妹	1／4	兄弟姉妹	な し
配偶者のみ	1（全部）		1／2	
子のみ	1（全部）		1／2	
父母のみ	1（全部）		1／3	
兄弟姉妹のみ	1（全部）		な し	

（注）同一順位者が2人以上いるときは、同一順位内で均等に分けます。

　　相続とは、亡くなった人（**被相続人**）の財産を、**相続人**が引き継ぐこと。
　　相続人が数人いる場合、これらの相続人（**共同相続人**）がそれぞれ相続財産を相続する割合のことを**相続分**という。
　　被相続人は遺言によって相続分を指定できる（**指定相続分**）。
遺言による相続分の指定がなければ、民法で定める相続分（**法定相続分**）によることになる。

法定相続分
・配偶者のみが相続人の場合には、配偶者がすべて相続する。
・配偶者と第1順位者である子が相続する場合、配偶者が2分の1、子が2分の1の割合で相続する。
・第1順位者（子）がいない場合は、配偶者が3分の2、第2順位者（直系尊属）が3分の1の割合で相続する。
・子も親もいない場合、配偶者が4分の3、第3順位（兄弟姉妹）が4分の1の割合で相続する。

遺留分
・相続人が、相続財産から取得することのできる最低限の取り分のこと。
・被相続人に係る一定の財産のうち、一定の相続人が自らその権利（遺留分侵害額請求）を行使すれば取得できる財産の範囲のこと。
・遺留分は配偶者、直系尊属、直系卑属（その代襲相続人）に認められている。兄弟姉妹に遺留分はない。

9-2 遺留分侵害額請求の事例

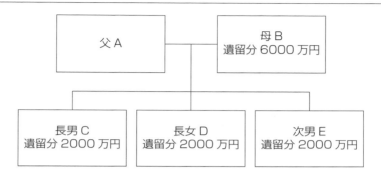

〈父Aの相続財産〉

自社株	1億円
不動産	1億1000万円
現預金	3000万円
計	2億4000万円

〈父Aの遺言内容〉

Bに	1億1000万円
Cに	1億円
Dに	1000万円
Eに	2000万円

　先代経営者である父Aの遺言は、後継者である長男Cに1億円相当の自社株式を相続させる内容であった。
　父の法定相続人は、母と子の4人。

　父の遺産総額が2億4000万円の場合、遺留分としては、母が1/4、子はそれぞれ1/12ずつとなり、金額としては、母6000万円、子はそれぞれ2000万円となる。

　このケースでは、長男Cは、長女Dから1000万円の遺留分侵害額請求を受ける可能性がある。

　先代経営者の遺産に占める自社株の割合が高く、現預金が少ない場合などには、自社株の大半を後継者に集中させようとすると、遺産を巡って揉める原因となり、結果的に自社株式が散逸し、経営権が掌握できず、経営が不安定となる懸念がある。

9-3 親族の範囲（血族6親等・姻族3親等）

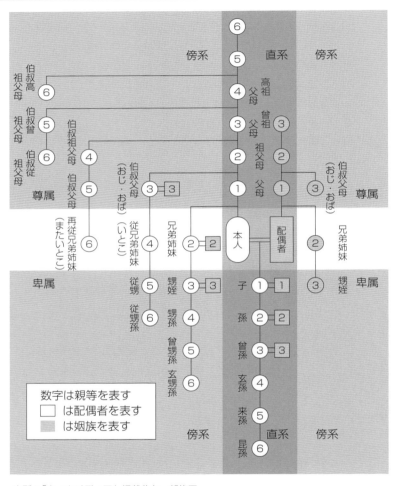

出所：「ウィキペディア」掲載分を一部修正

親族の種類

親族には、配偶者、血族、姻族がある。

①**配偶者**とは、婚姻によって夫婦となった者の一方からみた他方。

配偶者は、血族でも姻族でもなく、親等もない。

②**血族**には、血縁のある者（**自然血族**）と同視される**法定血族**がある。

自然血族は親子兄弟等であり、法定血族は養子縁組によって生じる養子と養親、その血族との血縁関係である。

③**姻族**とは、夫婦の婚姻により生じる配偶者の一方からみた他方の血族の関係である。

④血族関係の中で、血統が直下する形でつながっているものを「**直系**」という。

これに対し、共同の始祖より直下する、血統が共同始祖からつながっているものを「**傍系**」という。

例えば、父母と子、祖父母と孫は「**直系血族**」であり、兄弟姉妹は、父母を共同始祖とする「**傍系血族**」である。

⑤父母や祖父母など自分より前の世代の者を「**尊属**」といい、子や孫などの後の世代の者を「**卑属**」という。

親等

親等とは、親族間の遠近を数字で表したものである。

直系親族はその世数を数え、傍系親族はそれぞれの共同始祖に遡ってから世数を数える。父母は1親等、祖父母・兄弟姉妹は2親等、曽祖父母・叔父叔母、甥姪は3親等にあたる。

親族の範囲

法律は、**配偶者および6親等内の血族、3親等内の姻族**を、親族として規定している（民法725条）。

事業承継税制上、代表者の同族関係者を判定する際、親族については民法の規定による。

前頁の図において、本人からみて、配偶者および6親等内の血族、3親等内の姻族が、親族に該当することになる。

「生計を一にする」の定義 （所得税法基本通達 2-47）

(1) 日常の起居を共にしていない場合であっても、勤務、修学、療養等の都合上のものであり、余暇には親族の元で起居を共にすることを常例としている場合。常に生活費、学資金、療養金等の送金が行われている場合には、これらの親族は生計を一にするものとする。

(2) 親族が同一の家屋に起居している場合には、明らかに互いに独立した生活を営んでいると認められる場合を除き、これらの親族は生計を一にするものとする。

254   巻末資料

9-4　贈与税の速算表

一般税率 （右記以外）			特例税率 （18歳以上の者が父母や祖父母の 直系尊属から贈与を受けた場合）		
（A） 課税価格 （基礎控除後）	（B） 税率	（C） 控除額	（A） 課税価格 （基礎控除後）	（B） 税率	（C） 控除額
200万円以下	10%	—	200万円以下	10%	—
300万円以下	15%	10万円	400万円以下	15%	10万円
400万円以下	20%	25万円	600万円以下	20%	30万円
600万円以下	30%	65万円	1000万円以下	30%	90万円
1000万円以下	40%	125万円	1500万円以下	40%	190万円
1500万円以下	45%	175万円	3000万円以下	45%	265万円
3000万円以下	50%	250万円	4500万円以下	50%	415万円
3000万円超	55%	400万円	4500万円超	55%	640万円

（A）課税価格　　　　　（B）　（C）
（贈与財産の金額－基礎控除110万円）×　税率－控除額

（計算例　1）
　　・親から18歳以上の子や孫に、500万円を贈与する場合
　　　500万円－基礎控除110万円＝390万円

　　　速算表から、特例税率を適用して
　　　390万円×15%－10万円＝48.5万円

（計算例　2）
　　・親から息子の嫁に、500万円を贈与する場合
　　　500万円－基礎控除110万円＝390万円

　　　速算表から、一般税率を摘要して
　　　390万円×20%－25万円＝53万円

9-5 相続税の速算表

基礎控除額

基礎控除額
3,000 万円＋ 600 万円×法定相続人

（注）H27 年 1 月以降の改正で、基礎控除はそれまでの 4 割減。
税率区分は 8 段階、最高税率は 55 ％となった。

速算表による税額の算出方法＝各取得金額×税率－控除額

遺産に係る基礎控除額を控除した後 の法定相続人の各取得金額	税率	控除額
1,000 万円以下	10%	―
1,000 万円超～ 3,000 万円以下	15%	50 万円
3,000 万円超～ 5,000 万円以下	20%	200 万円
5,000 万円超～ 1 億円以下	30%	700 万円
1 億円超　　～ 2 億円以下	40%	1,700 万円
2 億円超　　～ 3 億円以下	45%	2,700 万円
3 億円超　　～ 6 億円以下	50%	4,200 万円
6 億円超	55%	7,200 万円

256　巻末資料

9-6 相続税額の早見表

(万円)

相続財産	配偶者がいる場合（一次相続）				配偶者がいない場合（二次相続）			
	子1人	子2人	子3人	子4人	子1人	子2人	子3人	子4人
5000	40	10	0	0	160	80	20	0
6000	90	60	30	0	310	180	120	60
7000	160	113	80	50	480	320	220	160
8000	235	175	138	100	680	470	330	260
9000	310	240	200	163	920	620	480	360
10000	385	315	263	225	1220	770	630	490
12000	580	480	403	350	1820	1160	930	790
14000	780	655	578	500	2460	1560	1240	1090
16000	1070	860	768	675	3260	2140	1740	1390
18000	1370	1100	993	900	4060	2740	2040	1720
20000	1670	1350	1218	1125	4850	3340	2460	2120
25000	2460	1985	1800	1688	6930	4920	3960	3120
30000	3460	2860	2540	2350	9180	6920	5460	4580
35000	4460	3735	3290	3100	11500	8920	6980	6080
40000	5460	4610	4155	3850	14000	10920	8980	7580
45000	6480	5493	5030	4600	16500	12960	10980	9080
50000	7605	6555	5963	5500	19000	15210	12980	11040
60000	9855	8680	7838	7375	24000	19710	16980	15040
80000	14750	13120	12135	11300	34820	29500	25740	23040
100000	19750	17810	16635	15650	45820	39500	35000	31770

・相続財産は、基礎控除前の課税価格。
・被相続人の遺産を法定相続人が法定相続分どおりに相続するものとして税額を算出。
・配偶者がいる場合には、配偶者の相続分について「配偶者の税額軽減の特例」を適用しているため、配偶者の税額は0。
・表示は、子全体として支払う金額となっている（万円未満四捨五入）。

9-7 暦年課税制度と相続時精算課税制度

	暦年課税制度	相続時精算課税制度
内 容	暦年(1月1日〜12月31日)毎に、贈与された金額に課税する	贈与時に軽減された贈与税を納付し、相続時に相続税で精算する
贈与者	制限なし	60歳以上の父母・祖父母
受贈者	制限なし	18歳以上の子・孫
非課税枠	暦年で110万円の基礎控除	暦年で110万円の基礎控除および2500万円まで特別控除 (限度額まで複数年の利用可)
税率	110万円の基礎控除を超える部分は通常の累進税率	基礎控除を超えさらに特別控除として2500万円を超える部分は一律20%課税
選択の届出	不要	必要 (一度選択すると相続時まで適用)
相続開始時の相続税の計算	相続開始前7年以内の贈与財産を加算	基礎控除額を控除した受贈財産をすべて加算
	加算される贈与財産の評価は贈与時の価額	
	既に支払った贈与税があれば差し引く 相続時精算課税制度については贈与税の方が大きい場合は還付	
メリット	計画的な贈与で節税が可能 身内以外の第三者にも贈与できる 年間110万円以内であれば申告不要	まとまった財産を一度に贈与できる 収益物件や将来値上がりが予想される財産の移転には有効
デメリット	一度に多額の贈与がしにくい	一度選択すると暦年課税に変更できない 実質的には節税にならない

暦年課税制度(2024年1月以降の贈与)

・受贈者1人につき、年間110万円(基礎控除)までの贈与が非課税になる。
　受贈者の基礎控除は、複数の贈与者から受ける場合でも、110万円まで。

・相続人が、相続開始前7年内に被相続人から贈与を受けた場合、その贈与財産は相続財産に加算する。
　2026年までの相続開始分は「相続開始前3年以内」で、2027年以降の相続開始分から段階的に延長され、最終的に「相続開始前7年以内」となるのは2031年以降の相続開始分から。
　このとき、相続財産に加算される価格は贈与時の価額となる。なお、相続開始前4年から7年のものについては総額で100万円を控除した残額が対象となる。

相続時精算課税制度（2024 年 1 月以降の贈与）

・贈与財産の価額から基礎控除 110 万円／年を控除し、特別控除 2500 万円の適用がある場合はその金額を超えた部分については一律 20％の税率で課税される。

　その後、贈与者が死亡（相続開始）した時点で、相続財産に贈与財産が加算されて相続税が計算される。既に支払った贈与税額があればそれを差し引いて納税（贈与税額が相続税額を上回る場合は還付）する制度。

・贈与者は、原則として 60 歳以上の父母または祖父母、受贈者は 18 歳以上の子または孫に限られる（年齢は、贈与の年の 1 月 1 日時点の満年齢で判定）。

・暦年課税から相続時精算課税に変更することはできるが、相続時精算課税を一旦選択すると、暦年課税に戻すことはできない。また、贈与者の相続開始時まで、途中で撤回することはできない。

・相続時精算課税適用者が特定贈与者からの贈与により取得した財産に係るその年分の贈与税については、現行の暦年課税における基礎控除とは別途、課税価格から 110 万円を控除できるようになった。基礎控除（110 万円）以下については、贈与税の申告は不要。

事業承継税制の適用に際して

・事業承継税制における株式の贈与についても、暦年課税と相続時精算課税を利用できる。

　相続時精算課税制度は、一定の直系血族間でしか利用できないが、事業承継税制の特例措置を使う場合は，直系血族以外の親族や第三者でも利用が可能である。

・暦年課税を使って、110 万円の控除を活用することで、毎年、自社株式をコツコツと贈与する。あるいは、遺留分対策として、後継者以外の相続人に対して現金を毎年、贈与することなどの対策が考えられる。

・事業承継税制では、一括贈与が要件となっているので、相続時精算課税を利用すれば第一種特例贈与では、110 万円＋2500 万円までの贈与が非課税にできる。ただし、本文で述べたように、相続時精算課税制度を活用して贈与税が 0 円となるときは、贈与税の納税猶予の申請はできないことに留意する。

9-8 自社株式の評価方法

自社株式の評価の概要

- 贈与税や相続税の計算において、自社株式の税務上の金額を把握する必要がある。非上場株式については、国税庁が「**財産評価基本通達**」で、計算のルールを定めている。
  実際の計算は、実務では税理士・会計士に依頼することになるが、ここでは、その概要をまとめた。

株主の判定

- まず、贈与や相続によって取得する人が、その会社の同族株主か否かを判定する。同族株主とは、議決権割合で30%超を保有している株主グループがある場合、このグループに属する株主を同族株主という。中小企業の場合はそのほとんどが同族株主である。
- 同族株主は一部の例外を除いて、「**原則的評価方式**」で評価される。

会社規模の判定

- 次に、会社規模の判定を行う。総資産価額（帳簿価額）と従業員数、取引金額で判定する。会社規模の判定を行うことにより、評価方法を決定する。

類似業比準価額方式

- 評価会社と似た業種のモデル会社の株価をベースに、1株当たりの「**配当金**」「**利益**」「**簿価純資産**」について、評価会社とモデル会社を比較して、株価を計算する方法である。
  モデル会社の株価は、上場会社の数値を統計的に処理したものであり、国税庁のHPに掲載されている。

純資産価額方式

- 自社の純資産価額を株式数で割って、1株当たりの純資産価額を算出する方式である。
  「**純資産価額**」とは、会社の資産から負債を差し引いた金額のこと。会社を清算したと仮定した場合に、借入金や買掛金を全部返済した後に最終的に残る財産価値といえるものである。
- 決算書の貸借対照表に表示されている資産と負債は簿価（取得時の帳簿価格）で計上されているので、純資産価額を計算する際には、資産と負債を時価に換算して算出する。
- なお、会社を清算した場合には、評価差益に対して法人税に相当する金額がかかってくることを考慮に入れて、計算上は評価差額37%を控除することになる。

配当還元方式

- **同族株主以外**の人が株式を取得する場合に使用する。
  同族株主以外の人とは、例えば、同族株主に属さない自社の従業員で、株式取得後の保有割合が5%未満である少数株主をいう。
- 配当還元方式では、過去2年間の平均配当金額を10%で割り戻して、元本の株価を逆算して計算する。

自社株式の評価方式一覧

原則的評価方式	類似業種比準価額方式	上場している類似業種企業の株価を基にして、配当・利益・簿価純資産の3要素から評価額を算定する
	純資産価額方式	その会社の純資産価額を相続税評価額（時価）で評価して、それを発行済み株式数で割って1株当たりの評価額を算出する
	折衷価額方式（併用方式）	類似業種比準価額方式と純資産価額方式の併用方式
特例的評価方式	配当還元方式	その会社の直前2期の配当金額を基に評価額を算定する

株主の判定

区分	株主の態様				評価方式
同族株主のいる会社	同族株主	議決権割合が5%以上の株主			原則的評価方式
		議決権割合が5%未満の株主	中心的な同族株主がいない場合		
			中心的な同族株主がいる場合	中心的な同族株主	
				役員である株主または役員となる株主	
				その他の株主	特例的評価方式
	同族株主以外の株主				
同族株主のいない会社	議決権割合の合計が15%以上の株主グループに属する株主	議決権割合が5%以上の株主			原則的評価方式
		議決権割合が5%未満の株主	中心的な株主がいない場合		
			中心的な株主がいる場合	役員である株主または役員となる株主	
				その他の株主	特例的評価方式
	議決権割合の合計が15%未満の株主グループに属する株主				

・同族株主とは、会社の株主のうち同族関係者グループの有する議決権割合が30％以上である場合のその株主および同族関係者のこと
・同族関係者とは、基本的には親族をいう（一定の支配関係にある会社を含む）
・議決権割合が50％超を占める同族関係者グループがある場合には、このグループが同族株主となり、ほかの30％以上のグループは同族株主に該当しない
・中心的な同族株主とは、同族株主1人ならびにその配偶者・直系血族・兄弟姉妹および1親等の姻族の有する議決権割合が25％以上である場合のその株主をいう
・中心的な株主とは、株主の1人およびその同族関係者の有する議決権割合が15％以上の株主グループに属し、単独で議決権割合10％以上を有する株主をいう

会社規模の判定

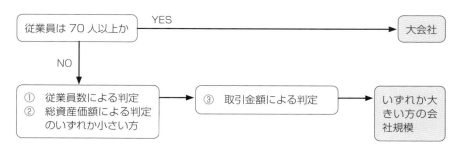

会社の規模		①従業員数	②総資産価額（帳簿価額）			③取引金額（売上高）		
			卸売業	小売業・サービス業	左記以外	卸売業	小売業・サービス業	左記以外
大会社		70人以上	20億円以上	15億円以上		30億円以上	20億円以上	15億円以上
		35人超						
中会社	大	20人超	4億円以上	5億円以上		7億円以上	5億円以上	4億円以上
	中		2億円以上	2.5億円以上		3.5億円以上	2.5億円以上	2億円以上
	小	5人超	7,000万円以上	4,000万円以上	5,000万円以上	2億円以上	6,000万円以上	8,000万円以上
小会社		5人以下	7,000万円未満	4,000万円未満	5,000万円未満	2億円未満	6,000万円未満	8,000万円未満

会社規模による評価方法の決定

会社規模	評価方法	
大会社	類似業種比準価額	純資産価額と選択併用可
中会社の大	類似業種比準価額×0.9＋純資産価額×0.1	
中会社の中	類似業種比準価額×0.75＋純資産価額×0.25	
中会社の小	類似業種比準価額×0.6＋純資産価額×0.4	
小会社	類似業種比準価額×0.5＋純資産価額×0.5	
特定の評価会社	純資産価額	

（注）・0.1～0.9の割合は、会社規模ごとに決められており、L（Large）の割合と呼ばれる
　　　・特定の評価会社とは、土地保有特定会社、株式保有特定会社等のこと

自社株式の評価方式

類似業種比準価額方式

評価会社と業種の類似する上場会社の株価を基にして、「配当」、「利益」、「純資産」の3要素から株価を算出する。

A = 類似業種の株価
  （課税時期の属する月以前3カ月間の各月および前年の平均、課税時期の属する月以前2年間の平均のうち、最も低い金額）
Ⓑ = 類似業種の1株当たりの配当金額（課税時期の属する年分）
B = 評価会社の直前期および直前々期における1株当たりの配当金額の2年間の平均額
Ⓒ = 類似業種の1株当たりの年利益金額（課税時期の属する年分）
C = 評価会社の直前期末以前1年間または2年間の年平均1株当たりの利益金額のうちいずれか低い金額
Ⓓ = 類似業種の1株当たりの簿価純資産額（課税時期の属する年分）
D = 評価会社の直前期末における1株当たりの簿価純資産価額
（注）・利益金額は、損益計算書上の利益ではなく、法人税の課税所得を基礎とした金額である。固定資産売却益等の非経常的な利益を除く。
・上記数値は、1株当たり資本金等の額を50円に換算した金額を用いる。
・ABCDの数値は、国税庁が類似業種の上場会社の株価等から算定し、公表している数値を用いる。

純資産価額方式

会社の資産・負債の相続税評価額を基にして、1株当たりの純資産価額を計算する。課税時期に会社を清算した場合にいくらの払い戻しがあるか（分配可能額）を算出する。評価差額の37%を清算所得に課すべき法人税相当額として、純資産価額からマイナスする。

①総資産額……課税時期における相続税評価額で計算した総資産額
②負債金額……課税時期における相続税評価額で計算した負債金額
③評価差額に対する法人税等相当額
　　=（相続税評価額による純資産価額 − 帳簿価額による純資産価額）×37%

折衷価額方式（併用方式）

　類似業種比準価額方式と純資産価額方式との折衷（併用）方式によって評価する。会社規模によって、折衷の度合であるＬの割合が決められている。

$$評価額　＝　類似業種比準価額　×　Ｌの割合　＋　純資産価額　×（1－Ｌの割合）$$

Ｌ（large）の割合：中会社の大＝0.9　中会社の中＝0.75　中会社の小＝0.60

配当還元方式

　同族株主以外の少数株主が取得した株式については、その会社の規模（大会社・中会社・小会社の区分）にかかわらず、特例的評価方式である配当還元方式による評価を行う。

$$評価額　＝　\frac{①年配当金額}{10\%}　×　\frac{②1株当たりの資本金等の額}{50円}$$

①年配当金額…直前期末以前2年間の配当金額の平均
　　　　　　　その金額が2円50銭未満となる場合または無配の場合には2円50銭とする
　　　　　　　特別配当や記念配当など臨時的な配当を除く

②1株当たりの資本金等の額　＝　$\dfrac{資本金等の額}{発行済株式総数}$

9-9 相続税納税猶予額の計算手順概要

ステップ1	課税価格の合計額に基づいて計算した「相続税の総額」のうち、後継者の課税価格に対応する相続税を計算する。
ステップ2	後継者が取得した財産が特例措置の適用を受ける非上場株式等のみであると仮定して計算した「相続税の総額」のうち、特例措置の適用を受ける非上場株式会社等に対応する後継者の相続税を計算する。この金額が「納税が猶予される相続税」となる。 　債務や葬式費用がある場合は、非上場株式以外の財産から先に控除する。
ステップ3	ステップ1の金額からステップ2の金額を控除した金額は、相続税の申告期限までに納付する必要がある。

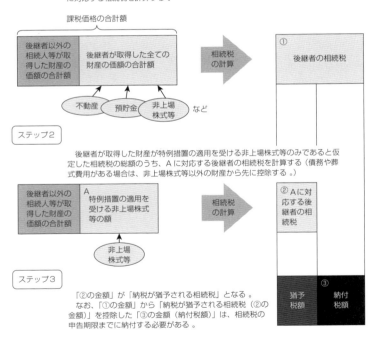

出所：国税庁「非上場株式等についての相続税・贈与税の納税猶予及び免除の特例のあらまし」を一部修正

資料9-10　申請基準日一覧

〈新規認定〉

贈与認定申請基準日	①贈与日が10月15日まで（③除く） ②贈与日が10月16日以降12月31日まで ③贈与日の属する年の5月15日前に受贈者または贈与者の相続開始	→ 10月15日 → 当該贈与日 → 死亡日＋5カ月
相続認定申請基準日	死亡日＋5カ月	
認定申請基準事業年度	①贈与（相続開始）の日からみて直前の事業年度 ②認定申請基準日の翌日からみて直前の事業年度 ③①と②の間の各事業年度	

〈年次報告〉

贈与報告基準日	贈与税申告期限（贈与の翌年3月15日）＋1年
相続報告基準日	相続税申告期限（死亡日＋10カ月）＋1年
報告基準期間	【第1回目年次報告】 　認定申請基準日の翌日から当年報告基準日まで 【第2回目以降の年次報告】 　前年報告基準日の翌日から当年報告基準日まで
報告基準事業年度	【第1回目年次報告】 ①認定申請基準日の翌日の属する事業年度 ②当年報告基準日の翌日からみて直前の事業年度 ③①と②の間の各事業年度 【第2回目以降の年次報告】 ①前年報告基準日の翌日の属する事業年度 ②当年報告基準日の翌日からみて直前の事業年度 ③①と②の間の各事業年度

（注）・申告期限日が、土日祝日にあたるときは、これらの日の翌日が申告期限日となる。
　　　　3月15日が日曜ならば、3月16日が申告期限日。
　　　・年次報告における贈与（相続）報告基準日については、土日祝日は関係ない。
　　　　3月16日が申告期限ならば、以後5回の年次報告では、毎年3月16日が報告基準日となり、土日祝日の関係で17日や18日となることはない。

266　巻末資料

9-11　都道府県庁の担当窓口一覧

令和 6 年 4 月 1 日現在

都道府県庁の担当窓口		
都道府県名	部署名	電話番号
郵便番号	住所	
北海道	経済部地域経済局 中小企業課	011-204-5331
〒 060-8588	北海道札幌市中央区北 3 条西 6 丁目	
青森県	商工労働部 地域産業課 創業支援グループ	017-734-9374
〒 030-8570	青森県青森市長島 1 丁目 1 番 1 号	
岩手県	商工労働観光部 経営支援課	019-629-5544
〒 020-8570	岩手県盛岡市内丸 10 番 1 号	
宮城県	経済商工観光部 中小企業支援室	022-211-2742
〒 980-8570	宮城県仙台市青葉区本町 3 丁目 8 番 1 号	
秋田県	産業労働部 産業政策課	018-860-2215
〒 010-8572	秋田県秋田市山王 3 丁目 1 番 1 号	
山形県	産業労働部 産業創造振興課　スタートアップ推進室	023-630-2708
〒 990-8570	山形県山形市松波 2 丁目 8 番 1 号	
福島県	商工労働部 経営金融課	024-521-7288
〒 960-8670	福島県福島市杉妻町 2 番 16 号	
茨城県	産業戦略部 中小企業課	029-301-3560
〒 310-8555	茨城県水戸市笠原町 978 番 6	
栃木県	産業労働観光部 経営支援課	028-623-3173
〒 320-8501	栃木県宇都宮市塙田 1 丁目 1 番 20 号	
群馬県	産業経済部 地域企業支援課	027-226-3339
〒 371-8570	群馬県前橋市大手町 1 丁目 1 番 1 号	
埼玉県	産業労働部 産業支援課	048-830-3910
〒 330-9301	埼玉県さいたま市浦和区高砂 3 丁目 15 番 1 号	
千葉県	商工労働部 経営支援課	043-223-2712
〒 260-8667	千葉県千葉市中央区市場町 1 番 1 号	
東京都	産業労働局 商工部 経営支援課 事業承継税制担当	03-5320-4785
〒 163-8001	東京都新宿区西新宿 2 丁目 8 番 1 号	
神奈川県	産業労働局 中小企業部 中小企業支援課 （かながわ中小企業成長支援ステーション）	046-235-5620
〒 243-0435	神奈川県海老名市下今泉 705 番地 1 県立産業技術総合研究所 2 階	
新潟県	産業労働部 地域産業振興課　小規模企業支援係	025-280-5235
〒 950-8570	新潟県新潟市中央区新光町 4 番地 1	
富山県	商工労働部 地域産業支援課	076-444-3248
〒 930-8501	富山県富山市新総曲輪 1 番 7 号	
石川県	商工労働部 経営支援課	076-225-1522
〒 920-8580	石川県金沢市鞍月 1 丁目 1 番地	
山梨県	産業労働部 産業振興課	055-223-1541
〒 400-8501	山梨県甲府市丸の内 1 丁目 6 番 1 号	
長野県	産業労働部 経営・創業支援課　創業・承継支援係	026-235-7194
〒 380-8570	長野県長野市大字南長野字幅下 692 番 2 号	
岐阜県	商工労働部 商業・金融課	058-272-8389
〒 500-8570	岐阜県岐阜市薮田南 2 丁目 1 番 1 号	
静岡県	経済産業部 商工業局 経営支援課	054-221-2807
〒 420-8601	静岡県静岡市葵区追手町 9 番 6 号	
愛知県	経済産業局 中小企業部 中小企業金融課	052-954-6332
〒 460-8501	愛知県名古屋市中区三の丸 3 丁目 1 番 2 号	
三重県	雇用経済部 中小企業・サービス産業振興課	059-224-2447
〒 514-8570	三重県津市広明町 13 番地	

都道府県庁の担当窓口		
福井県	産業労働部 創業・経営課（建設業、商業、サービス業等） 産業労働部 産業技術課（製造業等）	0776-20-0367 0776-20-0370
〒910-8580	福井県福井市大手3丁目17番1号	
滋賀県	商工観光労働部 中小企業支援課	077-528-3732
〒520-8577	滋賀県大津市京町4丁目1番1号	
京都府	商工労働観光部 ものづくり振興課	075-414-4851
〒602-8570	京都府京都市上京区下立売通新町西入薮ノ内町	
大阪府	商工労働部 中小企業支援室 経営支援課	06-6210-9490
〒559-8555	大阪市住之江区南港北1丁目14番16号咲洲庁舎25階	
兵庫県	産業労働部 地域経済課	078-362-3313
〒650-8567	兵庫県神戸市中央区下山手通5丁目10番1号	
奈良県	産業振興総合センター 創業・経営支援部 経営支援課	0742-33-0817
〒630-8031	奈良県奈良市柏木町129番地1号	
和歌山県	商工観光労働部 商工労働政策局 商工振興課	073-441-2742
〒640-8585	和歌山県和歌山市小松原通1丁目1番	
鳥取県	商工労働部 企業支援課	0857-26-7453
〒680-8570	鳥取県鳥取市東町1丁目220番地	
島根県	商工労働部 中小企業課	0852-22-5354
〒690-8501	島根県松江市殿町1番地	
岡山県	産業労働部 経営支援課	086-226-7353
〒703-7570	岡山県岡山市北区内山2丁目4番6号	
広島県	商工労働局 イノベーション推進チーム	082-513-3355
〒730-8511	広島県広島市中区基町10番52号	
山口県	商工労働部 経営金融課	083-933-3180
〒753-8501	山口県山口市滝町1番1号	
徳島県	商工労働観光部 商工政策課	088-621-2322
〒770-8570	徳島県徳島市万代町1丁目1番地	
香川県	商工労働部 経営支援課	087-832-3345
〒760-8570	香川県高松市番町四丁目1番10号	
愛媛県	経済労働部 産業支援局経営支援課	089-912-2480
〒790-8570	愛媛県松山市一番町4丁目4番2号	
高知県	商工労働部 経営支援課	088-823-9697
〒780-8570	高知県高知市丸ノ内1丁目2番20号	
福岡県	商工部 中小企業振興課	092-643-3425
〒812-8577	福岡県福岡市博多区東公園7番7号	
佐賀県	産業労働部 産業政策課	0952-25-7182
〒840-8570	佐賀県佐賀市城内1丁目1番59号	
長崎県	産業労働部 経営支援課	095-895-2651
〒850-8570	長崎県長崎市尾上町3番1号	
熊本県	商工労働部 商工雇用創生局 商工振興金融課（製造業以外） 商工労働部 産業振興局 産業支援課（製造業）	096-333-2316 096-333-2319
〒862-8570	熊本県熊本市中央区水前寺6丁目18番1号	
大分県	商工観光労働部 経営創造・金融課	097-506-3226
〒870-8501	大分県大分市大手町3丁目1番1号	
宮崎県	商工観光労働部 商工政策課 経営金融支援室	0985-26-7097
〒880-8501	宮崎県宮崎市橘通東2丁目10番1号	
鹿児島県	商工労働水産部 中小企業支援課	099-286-2944
〒890-8577	鹿児島県鹿児島市鴨池新町10番1号	
沖縄県	商工労働部 中小企業支援課	098-866-2343
〒900-8570	沖縄県那覇市泉崎1丁目2番2号	

参考文献

『経営承継円滑化法申請マニュアル【相続税、贈与税の納税猶予制度の特例】令和6年4月改訂版』（経済産業省）

『特例承継計画に関する指導及び助言を行う機関における事務について 令和6年4月改訂版』（中小企業庁）

『支援者向け事業承継支援マニュアル 令和5年度版』（中小企業基盤整備機構）

『3訂版 法務・税務のすべてがわかる！事業承継実務全書』（日本法令）税理士法人タクトコンサルティング編

『15訂版 図解＆イラスト中小企業の事業承継』（清文社）牧口晴一・齋藤紘一著

『改訂 新事業承継税制申請手続きのすべて』2020年9月（日本法令）伊藤千鶴著

『改訂新版 Q＆A法人版事業承継税制の実務 詳解』令和4年2月（一般財団法人大蔵財務協会）野村資産承継研究所編

『これだけは押さえておきたい！事業承継支援の基礎知識』2019年2月（ぎょうせい）東京弁護士会研修センター運営委員会編

『ケース別事業承継関連書式集』2017年3月（日本実業出版社）田口安克・田中康雄・甘野幸一著

『六訂版 詳説自社株評価Q＆A』2023年10月（清文社）竹内陽一・掛川雅仁・村上晴彦・堀内眞之編著

『事例で学ぶ！事業承継支援完全マニュアル【経営・手続き・後継者の3つの側面】』2019年3月（ロギカ書房）岸田康雄著

『新版Q＆A非上場株式の評価と戦略的活用手法のすべて』2022年12月（ロギカ書房）伊藤俊一著

『ぶっちゃけ相続 増補改訂版』2023年5月（ダイヤモンド社）橘慶太

『2024年版 中小企業白書』2024年5月（中小企業庁）

索　引

【ア行】

ID番号	56
M&A	6
遺言書	9
遺産分割協議	9
遺産分割協議書	9
遺贈	22
一括贈与	30, 89
一般措置	16, 17, 18, 40, 216, 218
遺留分	9, 250
遺留分侵害額請求	9, 251
遺留分に関する民法の特例	11, 13
姻族	253
黄金株	78, 133, 181
沖縄振興開発金融公庫法の特例	14

【カ行】

外国会社	78
解散	245
会社分割	245
確認書	82, 214, 232, 234, 235
確認申請書	40
合併	245
株券発行会社	172, 211
株券不発行会社	172, 211
株式移転	245
株式を承継する時期	58
株式買取資金	10
株式交換	245

株式の集中	9
株式の譲渡	20
株主名簿	102, 104
拒否権付株式	78, 133, 181
切替確認	22, 32, 234, 235
金庫株	102
金融支援措置	11, 13
経営者の引退年齢	2
経営者の平均年齢	2
経営者保証に関するガイドライン	10
経営承継円滑化法	11, 16
——申請マニュアル	126, 127, 176
経営の承継	6
経済産業大臣	11, 13
継続届出書	27, 29, 239, 241
決算書類	126, 128, 176, 177
血族	253
原則的評価方式	259, 260
後継者	91
後継者1人の場合	85, 91, 93, 220
後継者2人または3人の場合	85, 91, 93, 220
後継者の死亡	22, 24, 32, 34, 232
子会社に関する誓約書	136, 185
固定合意	13
雇用確保要件	18, 99

【サ行】

財産の承継	6

財産評価基本通達 259
事業継続期間 20, 22, 214, 244
事業実態要件 76, 134, 166, 167, 182
事業承継 6, 8, 11
事業承継税制 11, 16
自己株式 102, 105
資産運用型会社 76, 134, 164, 166
資産保有型会社 76, 134, 164, 166
資産保有型会社等 20, 24, 76, 164, 166, 167
自社株式 6, 8
自社株式の評価額 8
自社株式の評価方式 260, 262
自然血族 253
指定相続分 250
支配関係法人 79
資本金 214
資本準備金 214
受贈者 20
主たる事業内容 55, 133, 181
種類株式 78, 102
純資産価額方式 259, 262
準備金 214
常時使用する従業員数 55, 77, 135, 137, 168, 184
上場会社等 74, 78
使用人兼務役員 77, 136, 184
商品販売等 76, 167
除外合意 13
所在不明株主に関する会社法の特例 14
親等 252, 253
親族 78, 132, 181, 252, 253
親族内承継 6
随時報告 232

生計を一にする 253
税務署への申告 25, 29, 172, 210
先代経営者 81, 90
先代経営者以外の株主 58, 95
総株主等議決権数 103, 131, 152, 180, 198
相互保有株式 102, 105
総収入金額 77
相続 22, 250
相続時精算課税制度 18, 257, 258
相続税額の早見表 256
相続税の申告期限 9, 29, 34, 176
相続税の申告書 29, 210
相続税の速算表 255
相続税の納税猶予 176
相続人 9, 22, 250
贈与 20
贈与契約書 20
贈与者 20
贈与者の死亡 22, 30, 234, 235
贈与税の申告期限 27, 126
贈与税の申告書 25, 172
贈与税の一般税率 254
贈与税の速算表 254
贈与税の特例税率 254
贈与税の納税猶予 126
組織変更 235
尊属 253

【タ行】

第一種特別相続 216, 217
第一種特別贈与 216, 217
第一種特例相続 99, 178, 216, 217
——認定申請基準事業年度 180

———認定申請基準日 ……………… 180
第一種特例贈与 ……… 96, 129, 216, 217
———認定申請基準事業年度…… 131
———認定申請基準日 ……………… 131
大会社 ……………………………………… 78
第二種特別相続 …………………… 216, 217
第二種特別贈与 …………………… 216, 217
第二種特例相続 ………… 99, 178, 196
———認定申請基準事業年度…… 198
———認定申請基準日 ……………… 198
第二種特例贈与 ………… 96, 129, 151,
216, 217
———認定申請基準事業年度…… 152
———認定申請基準日 ……………… 152
単元未満株式 …………………………… 103
短時間労働者 ………… 135, 137, 184
担保提供 ………………… 27, 29, 172, 211
中小企業基本法上の類型 ……… 74, 75
中小企業者 …………………………… 73, 75
中小企業信用保険法の特例 ………… 14
直系血族 …………………………………… 253
直系卑属 ……………………………… 132, 181
同族関係者 ………………………… 82, 90, 94
同族内筆頭株主 ………………… 82, 90, 94
特定資産 ………… 76, 138, 164, 165, 182
特定資産等に係る明細表 …… 164, 167,
168, 210
特定特別子会社… 78, 80, 136, 138, 185
特別子会社 … 77, 78, 79, 136, 138, 185
特例経営承継期間 ………………………… 22
特例経営贈与承継期間 …………………… 20
特例後継者 …………………………… 55, 58
特例承継計画 … 19, 25, 27, 40, 42, 55
特例承継計画記載マニュアル ………… 44

特例措置 ……… 16, 17, 18, 40, 216, 218
特例代表者 …………………………… 55, 58
特例的評価方式 ………………………… 260
都道府県への報告 ……………………… 238
都道府県知事の確認 ……………… 25, 40
都道府県知事の認定 …… 11, 13, 25, 73
都道府県の担当窓口 ………… 60, 67, 266
取消事由 ……… 232, 244, 246, 247

【ナ行】

日本金融政策公庫法の特例 …………… 14
日本標準産業分類 ……………………… 74
認定会社 …………………………………… 73
認定経営革新等支援機関 ……………… 19
認定支援機関 ……… 19, 27, 29, 40, 45
認定支援機関の指導・助言 …… 19, 40,
45, 57
認定書 …………… 25, 116, 176, 218
認定申請書 ……… 25, 126, 164, 176, 210
認定取消事由 ………… 232, 244, 246, 247
認定要件 …………… 32, 34, 72, 73
年次報告 …………… 214, 216, 218
年次報告書 ………… 27, 29, 214, 216
納税資金 …………………………………… 10
納税猶予制度（個人版）………… 11, 16
納税猶予制度（法人版）………… 11, 16
納税猶予対象株式 ……………………… 244

【ハ行】

配偶者 ……………………………………… 253
配当還元方式 ………………………… 260, 263
非上場株式 ………………………………… 6, 16
被相続人 …………………… 9, 22, 250
卑属 ……………………………………… 241

筆頭株主 ······················· 82, 90
風俗営業会社 ·················· 74, 78
普通株式 ·························· 70
不動産 ························ 164, 165
閉鎖事項証明書 ················· 55
変更確認申請書 ················· 56
報告基準期間 ···················· 218
報告基準事業年度 ················ 218
報告基準日 ······················ 218
傍系血族 ························ 253
法定血族 ························ 253
法定相続人 ······················· 9
法定相続分 ····················· 9, 250

【マ行】

マニュアルの出力方法 ·········· 44, 127
みなし相続 ···················· 37, 235
みなす充足 ··········· 27, 29, 172, 211
民法の特例 ···················· 11, 13

無議決権株式 ···················· 102
免除対象贈与 ······················ 36

【ヤ行】

役員 ················· 77, 92, 136, 184
やむを得ない理由 ············· 233, 244
有価証券 ···················· 164, 165
有効期間 ·········· 151, 152, 196, 198
猶予継続贈与 ············ 34, 132, 219

【ラ行】

利益準備金 ······················ 214
利子税 ·········· 16, 20, 22, 24, 244, 245
履歴事項全部証明書 ··············· 55
臨時報告 ···················· 234, 235
類似業種比準価額方式 ········ 259, 262
暦年課税制度 ···················· 257
連帯保証人 ······················· 10

著者紹介

平賀　均（ひらが　ひとし）

　早稲田大学法学部・早稲田大学ビジネススクール卒業。日本生命保険相互会社入社。営業教育部門において、5万名の営業職員教育に携わる。ニッセイ保険エージェンシー株式会社執行役員を経て、独立。経営指導、セミナー講演、相続・事業承継のコンサルティング業務に従事。都道府県における事業承継税制の認定業務を担当した。

　経済産業大臣認定中小企業診断士、ファイナンシャル・プランナー（CFP認定者）、上級相続診断士、事業承継士、知的財産管理技能士。著書に『新版コンサルタントのフレームワーク』（同友館）、『FP養成講座　相続・事業承継設計』（近代セールス社）ほか。

最後のチャンス！
事業承継税制
特例承継計画と納税猶予の申請（三訂版）

発 行 日	2020年8月20日　初版発行	
	2022年11月30日　新版発行	
	2024年10月20日　三訂版発行	
著　　者	平賀 均	
発 行 者	橋詰 守	
発 行 所	株式会社 ロギカ書房	

　　　　　〒101-0062
　　　　　東京都千代田区神田駿河台3-1-9
　　　　　日光ビル5階B-2号室
　　　　　Tel 03（5244）5143
　　　　　Fax 03（5244）5144
　　　　　http://logicashobo.co.jp/

印刷・製本　　藤原印刷株式会社

定価はカバーに表示してあります。
乱丁・落丁のものはお取り替え致します。
©2024　Hitoshi Hiraga
Printed in Japan
978-4-911064-11-5　C2034